危害医药卫生罪概论

丁朝刚 主编

浙江工商大学出版社
ZHEJIANG GONGSHANG UNIVERSITY PRESS

图书在版编目(CIP)数据

危害医药卫生罪概论 / 丁朝刚主编. —杭州 ：浙江工商大学出版社，2015.6(2016.7 重印)
(卫生法学系列丛书)
ISBN 978-7-5178-1007-0

Ⅰ. ①危… Ⅱ. ①丁… Ⅲ. ①医药卫生管理—刑事犯罪—研究—中国 Ⅳ. ①D924.364

中国版本图书馆 CIP 数据核字(2015)第 070634 号

危害医药卫生罪概论

丁朝刚 主编

责任编辑	郑 建
封面设计	王妤驰
责任印制	包建辉
出版发行	浙江工商大学出版社 (杭州市教工路 198 号 邮政编码 310012) (E-mail:zjgsupress@163.com) (网址:http://www.zjgsupress.com) 电话:0571-88904980,88831806(传真)
排　　版	杭州朝曦图文设计有限公司
印　　刷	杭州五象印务有限公司
开　　本	710mm×1000mm 1/16
印　　张	12.5
字　　数	231 千
版 印 次	2015 年 6 月第 1 版 2016 年 7 月第 2 次印刷
书　　号	ISBN 978-7-5178-1007-0
定　　价	29.00 元

浙江工商大学出版社营销部邮购电话 0571-88904970

“卫生法学系列丛书”总主编

吴崇其

“卫生法学系列丛书”副总主编

徐勤耕　张以善　刘　群　王　毅　蒲　川
张　静　张际文　田　侃　石俊华　罗　刚
王　萍　赵　敏　李冀宁　邓　虹　郑雪倩
陈志华　王梅红　仇永贵　石　悦　杨淑娟
丁朝刚　冯正骏　戴金增　解　放　胡晓翔
崔高明　古津贤　王国平

“卫生法学系列丛书”编纂委员会

本书作者

主　编　丁朝刚

副主编　黄劲松　于慧玲　石　悦

编　委　（以姓氏笔画为序）

丁朝刚（贵州医科大学）

于慧玲（山东中医药大学）

马曾珍（贵州医科大学）

毛子千（云南中医学院）

石　悦（大连医科大学）

冯　斌（贵州医科大学）

范高杰（大连医科大学）

黄劲松（云南中医学院）

章　桦（四川医科大学）

前　言

人与自然紧密联系，生老病死与人相伴，人的生命健康与医药、食品卫生、环境卫生紧密相连。大自然某些因素会危害人的生命健康，如自然界存在的细菌、病毒。医药卫生事业的发展过程就是人自己创造条件保护自己的过程，人对环境的保护过程就是人对自己生存条件的保护。抗拒自然对人的危害本应是人类共同的责任，但总会有人破坏人类为抗拒自然危害开展的各种活动，包括医疗防疫活动、医疗产品的生产活动、环境污染的保护活动等。保护医药卫生产品、医药卫生活动和环境卫生活动就是保护人的生命健康。法律保护当然是当今社会较为重要的保护形式，《中华人民共和国刑法》（以下简称《刑法》）规定，某些危害医药卫生产品、医药卫生活动和环境卫生活动的行为构成犯罪的，从惩治犯罪角度加以保护。

对人的生命健康的危害，主要来自两方面：一方面来自自然；一方面来自人自己。利用自然危害人的行为，或对抗人类抗拒自然危害的行为被规定为犯罪，已经是世界各国公认的事实，如生产、销售假药的行为，造成环境污染的行为等。《刑法》以国家保护的权利类别及其重要性进行分类，把犯罪分为十大类：危害国家安全罪；危害公共安全罪；破坏社会主义市场经济秩序罪；侵犯公民人身权利、民主权利罪；侵犯财产罪；妨害社会管理秩序罪；危害国防利益罪；贪污贿赂罪；渎职罪；军人违反职责罪。这有利于体现国家保护的重点关系和重要权利，对适用《刑法》打击危害社会的犯罪行为、维护社会秩序的稳定具有重要的意义。本书从与侵害自然有密切关系的医药卫生的视角出发，介绍和研究《刑法》规定的罪名，搭建我国危害医药卫生罪的基本框架。其目的，其一是，为相关领域的人学习相关的罪名提供方便；其二是，开辟一个新的视角，研究我国医药卫生领域的犯罪行为及其定罪量刑。

本书从医药卫生的视角，探索性地在第一章中提出危害医药卫生罪的分类；根据《刑法》规定的相关犯罪及其罪名，从医药食品产品、防疫卫生、血液及血液产品、医疗活动、环境卫生的角度，把现行《刑法》涉及医药卫生的罪名划归为五大类，分别列为第二章危害食品、药品及医用器材安全罪，第三章危害卫生防疫管理罪，第四章危害血液安全罪，第五章破坏医疗秩序罪，第六章破坏环境卫生罪。本书还结合与医药卫生有关的现代医药生物技术探讨相关犯罪问题，列为第七章现代卫生技术与犯罪。

本书的具体内容立足基本观点、基本法律规定展开介绍，体系有违一般法律研究及编写常态，唯恐遭受众议，三年中举棋难定，时改时变，经多所院校的专家、学者共同努力，今朝出版。参与本书撰稿的有贵州医科大学、大连医科大学、四川医科大学、云南中医学院、山东中医药大学等开办医药相关法学专业十余年的院校的教师。具体分工：丁朝刚编写第一章，第五章，第六章的第一节、第二节、第五节；石悦编写第二章第一节、第二节、第四节；冯斌编写第二章第三节、第五节、第六节、第七节；章桦编写第三章；黄劲松、毛子千编写第四章；于慧玲、范高杰编写第七章；丁朝刚、马曾珍编写第六章第三节、第四节。全书经由张静、蒲川、王仰玉修改，丁朝刚主编统稿，吴崇其总主编审定。

本书体系力求创新，容众多学者仁者见仁，智者见智，纳众多见解于书中。从我们在编写过程中查阅资料的情况可见，在国内，本书尚属首部以此体系编写的书籍。本书重点放在归类体系的研究编写上，具体罪名编写难免不够全面、深入、翔实，但却是可供医学高等院校、法律院校、司法行政、医药卫生行政、医疗机构、医药企业及众多律师一读的教科书、工具书。本人主编水平有限，在统稿全书之中，如有不妥之处，期盼赐教。

参与本书撰稿的各位作者多有参阅和引用了许多专家、学者的研究成果，我代表他们在此表示衷心感谢！

丁朝刚

2015 年 1 月 27 日中午于贵阳

目　录

第一章　危害医药卫生罪概述

第一节　危害医药卫生罪的概念和特征

一、危害医药卫生罪的概念

危害医药卫生罪是指违反国家医药卫生法律、法规，以及诊疗技术规范、常规，情节严重，触犯《刑法》规定应受刑罚处罚的行为。本书把涉及危害医、药、卫生的犯罪统一称为危害医药卫生罪。

1997年修订的《刑法》打击医药卫生方面的刑事犯罪，保障公民生命健康权。在《刑法》第二编分则第三章破坏社会主义市场经济秩序罪的第一节生产、销售伪劣商品罪中规定的危害医药卫生方面的罪名有：生产、销售假药罪，生产、销售劣药罪，生产、销售不符合安全标准的食品罪，生产、销售有毒、有害食品罪，生产、销售不符合标准的医用器材罪；第二节走私罪中规定了走私废物罪。第六章妨害社会管理秩序罪中专设第五节规定了危害公共卫生罪，共有12个罪名，分别为妨害传染病防治罪，传染病菌种、毒种扩散罪，妨害国境卫生检疫罪，妨害动植物防疫、检疫罪，非法组织卖血罪，强迫卖血罪，故意伤害罪，非法采集、供应血液、制作、供应血液制品罪，采集、供应血液、制作、供应血液制品事故罪，医疗事故罪，非法行医罪，非法进行节育手术罪，妨害动植物防疫、检疫罪；第六节破坏环境资源保护罪中规定了涉及环境卫生的污染环境罪、非法处置进口的固体废物罪、擅自进口固体废物罪等；第七节走私、贩卖、运输、制造毒品罪中规定了涉及药品的非法提供麻醉药品、精神药品罪。第九章渎职罪中规定的涉及卫生防疫方面的罪名有：环境监管失职罪，食品监管渎职罪，传染病防治失职罪，动植物检疫徇私舞弊罪，动植物检疫失职罪。

在《刑法》中，类罪名是以犯罪的同类客体为标准进行分类的，共有10个类罪名，如危害国家安全罪、危害公共安全罪、破坏社会主义市场经济秩序罪等等。类罪名之下，包括了具有该类性质的所有具体罪名。在《刑法》第二编分则中，类罪名是章的标题，没有具体的罪状与法定刑，《刑法》对其犯罪构成也没有明确规定。在类罪名与具体罪名之间还可以有小类罪名，如《刑法》第二编分则第三章与第六章的类罪名之下，分别存在若干小类罪名。在《刑法》中，与医、药、卫生相关的罪名不仅可以划归到破坏社会主义市场经济秩序罪和妨害社会管理秩序罪两个类罪名中，还可以分别划归到生产、销售伪劣商品罪和危害公共卫生罪小类罪名中。生产、销售伪劣商品罪侵犯的客体是社会主义市场经济秩序，具体是产品质量的监管制度。危害公共卫生罪侵犯的客体是国家机关依法对社会进行管理而形成的正常的社会秩序。它包括社会秩序、生产秩序、工作秩序、教学科研秩序和人民群众的生活秩序，具体是国家对公共卫生的管理制度。但是有一个不能否认的事实是，这些犯罪行为都与人的健康、生命安全有密切的关系，会直接或间接地侵犯人的生命健康权。

《刑法》第二编分则第六章妨害社会管理秩序罪中规定危害公共卫生罪类犯罪，包含了医疗、卫生防疫、血液方面的犯罪。但与医学有关的食品药品和医药卫生器材并没有包含进去，因此，涉及医药卫生方面的犯罪还应当包含第三章破坏社会主义市场经济秩序罪中关于食品药品和卫生器材方面的犯罪。

二、危害医药卫生罪的特征

(一)危害医药卫生罪侵犯的是复杂客体，与人的健康、生命安全有密切的关系，直接或间接地侵犯人的生命健康权

现行《刑法》规定的医疗事故罪，在过去司法实践中有的按过失杀人罪、过失重伤罪论处，划归到侵犯公民人身权利、民主权利罪同类客体中；有的按玩忽职守罪论处，划归到渎职罪中；还有的按重大责任事故罪论处，划归到危害公共安全罪中。又如：非法组织卖血罪，在实践中有的定为扰乱社会秩序罪，划归到妨害社会管理秩序罪中；有的定为以危险方法危害公共安全罪，划归到危害公共安全罪中。可见，对危害医、药、卫生方面的犯罪，在侵犯的同类客体上有不同认识和观点。《刑法》第二编把涉及医、药、卫生的犯罪划归到破坏社会主义市场经济秩序罪和妨害社会管理秩序罪中，是一种立法统一或立法归类，但它们侵犯的客体是复杂的。

传统的犯罪客体理论把直接客体区分为简单客体与复杂客体，对同类客体不做这种区分，不认为同类客体有复杂客体的情形，这符合它赖以建立的法律基础。《刑法》第二编分则规定的各类犯罪，其大同类客体都是单一的，但其小同类客体则出现单、复客体之分，有的是单一简单客体，有的是复杂客体。医药卫生方面的犯罪都存在小同类客体是复杂客体的情形，并且除了侵犯其他小同类客体外，都会侵犯人的生命健康权，因此，医药卫生方面犯罪侵犯的是复杂客体，一是侵害国家医药卫生方面的制度，二是侵害人的生命健康权。

犯罪行为同时侵犯两个直接客体，这两个直接客体并不是并列的关系，而是

其中一个为主要客体，另一个为次要客体。既然危害医药卫生罪的同类客体是复杂客体，那么哪种客体是主要客体，哪种客体是次要客体呢？这是由立法者的意志决定的，反映立法者所要保护的社会关系的侧重点。《刑法》之所以将医药卫生方面的犯罪在破坏社会主义市场经济罪和妨害社会管理秩序罪中加以规定，是要侧重强调医疗卫生管理制度的重要性。我国卫生事业是社会公益事业，政府对发展卫生事业负有重要责任。

医药卫生的管理制度是国家医药卫生立法的一项重要内容。医药卫生立法是综合性的社会立法，它不仅包括横向的医药卫生服务方面的立法，还包括纵向的医药卫生管理方面的立法。医药卫生管理关系是国家卫生行政管理部门、企事业单位、社会团体和公民在卫生管理过程中所形成的权利义务关系，包括组织人事管理、企业内部的生产经营管理等诸多内容。具体表现为全国人大常委会及国务院有关部门制定的一系列法律、法规及规章，主要有《中华人民共和国传染病防治法》（以下简称《传染病防治法》）、《中华人民共和国国境卫生检疫法》（以下简称《国境卫生检疫法》）、《采供血机构和血液管理办法》、《血液制品管理条例》、《血站基本标准》、《中华人民共和国献血法》（以下简称《献血法》）、《医疗事故处理条例》、《医疗机构管理条例》、《中华人民共和国进出境动植物检疫法》（以下简称《进出境动植物检疫法》）、《中华人民共和国执业医师法》（以下简称《执业医师法》）、《中华人民共和国母婴保健法》（以下简称《母婴保健法》）等。

国家医药卫生立法的目的是促进医药卫生事业的发展，最终的目的是保障人的生命健康。生产、销售假药罪，生产、销售劣药罪，生产、销售不符合标准的医用器材罪，非法组织卖血罪，强迫卖血罪，非法采集、供应血液、制作、供应血液制品罪，采集、供应血液、制作、供应血液制品事故罪，医疗事故罪，非法行医罪，非法进行节育手术罪，这些涉及医药卫生方面的犯罪不仅直接侵犯了国家医药卫生方面的法律制度，还直接侵犯人的生命健康权。传染病及其菌种、毒种，或动植物疫情防疫方面的犯罪直接侵犯国家防疫方面的管理制度，使国家经济和卫生事业的发展受严重的影响，同时也会侵犯人的生命健康权。医药卫生方面的犯罪只是对人生命健康安全侵犯的方式和程度不同，但都会侵犯人的生命健康权。

（二）危害医药卫生罪以违反国家管理性法律、法规以及相关的技术规范为构成犯罪的基本条件

行政法属于管理性质的法，但民商法中也会有管理性的法律规范；管理性质的法律规范有国家法律层面的，也有国务院制定的行政法律和部委制定的规章。违反国家行政法律、法规要受到行政处罚，但不一定构成犯罪，构成犯罪必须附加一定的加重要素。有学者把这种情况的犯罪称为行政加重犯，即行政违反＋

加重要素。根据加重要素的客观内容和《刑法》的规定,可以分为三类:一是行政违反+严重结果;二是行政违反+严重情节;三是行政违反+选择性情节。危害医药卫生罪中,这些情况都存在,如要构成生产、销售劣药罪,首先,必须是违反《中华人民共和国药品管理法》(以下简称《药品管理法》)等行政法律、法规,实施了生产、销售劣药的行为,其次,要对人体健康造成严重危害,即对人体造成轻伤以上伤害,或者轻度残疾、中度残疾,或者器官组织损伤导致一般功能障碍或者严重功能障碍。又如,要构成非法行医罪,首先必须是违反《执业医师法》等行政法律、法规,实施了非法行医的行为,其次是要情节严重,包括:造成就诊人轻度残疾、器官组织损伤导致一般功能障碍;造成甲类传染病传播、流行或者有传播、流行危险;使用假药、劣药或不符合国家规定标准的卫生材料、医疗器械,足以严重危害人体健康;非法行医被卫生行政部门行政处罚两次以后,再次非法行医等情形。再如,要构成妨害传染病防治罪,首先必须是违反《传染防治法》等行政法律、法规的规定,实施了《刑法》规定的四种情形之一,其次是引起甲类传染病传播或者有传播严重危险。

医药卫生方面的犯罪有行为犯,如非法组织卖血罪、强迫卖血罪等,但《刑法》第一编总则规定情节显著轻微的不构成犯罪,因此,并不是实施了违反《献血法》的非法组织卖血或强迫卖血的行为就构成犯罪,也要根据所实施行为的情节认定是否构成犯罪。在司法实践中,最高人民检察院、公安部规定,有下列情形的才构成该罪:(1)组织卖血三人次以上的。(2)组织卖血非法获利二千元以上的。(3)组织未成年人卖血的。(4)被组织卖血的人的血液含有艾滋病病毒、乙型肝炎病毒、丙型肝炎病毒、梅毒螺旋体等病原微生物的。

医药卫生方面的犯罪还有以不遵守诊疗技术规范、常规为构成犯罪的条件的。《刑法》第三百三十五条规定:医务人员由于严重不负责任,造成就诊人死亡或者严重损害就诊人身体健康的,构成医疗事故罪。《医疗事故处理条例》第二条规定:医疗事故是医疗机构及其医务人员在医疗活动中,违反医疗卫生管理法律、行政法规、部门规章和诊疗护理规范、常规,过失造成患者人身损害的事故。《执业医师法》第三十七条规定:医师在执业活动中,违反卫生行政规章制度或者技术操作规范,造成严重后果的,可依法追究刑事责任。以上规定表明,违反诊疗护理技术规范、常规,可能被以医疗事故罪追究刑事责任。

第二节　危害医药卫生罪的分类

《刑法》第二编分则对犯罪进行分类的依据是以犯罪同类客体为主,以犯罪主体或者惩治犯罪的特殊需要为辅,根据此标准把犯罪分为十大类,并以犯罪的社会危害程度为主，以犯罪主体或者罪种逻辑联系为辅，对犯罪进行排列。医药卫生方面的犯罪分别被归入第三章第一节生产、销售伪劣商品罪和第六章第五节危害公共卫生罪中。《刑法》分则对犯罪分类排列的依据体现了立法者的价值取向。本书以医、药、卫生为基本分类标准，密切联系同类犯罪归类介绍，把危害医药卫生罪分为：

第一类，危害食品、药品及医用器材安全方面的犯罪，包括：生产、销售有毒、有害食品罪，生产、销售不符合安全标准的食品罪，食品监管渎职罪，生产、销售假药罪，生产、销售劣药罪，非法提供麻醉药品、精神药品罪，生产、销售不符合标准的医用器材罪。这类犯罪共同的特点是都涉及与生命健康有密切联系的商品，可以进行市场交易。除个别罪名外，都可以在生产和销售环节犯罪。

第二类，危害卫生防疫管理方面的犯罪，包括：妨害传染病防治罪，菌种、毒种扩散罪，妨害国境卫生检疫罪，妨害动植物防疫、检疫罪，动植物检疫徇私舞弊罪，动植物检疫失职罪，传染病防治失职罪。这类犯罪涉及公众健康，危害公共卫生管理，具体表现为对卫生防疫工作的危害。

第三类，危害血液安全方面的犯罪，包括：非法组织卖血罪，非法采集、供应血液、制作、供应血液制品罪，强迫卖血罪，采集、供应血液、制作、供应血液制品事故罪。血液和血液制品是一种与人的生命健康密切相关的特殊物，血液不能作为一般商品交易，它与药品、食品、医用器材有所不同，因此，把涉及血液的犯罪归为一类。

第四类，破坏医疗秩序方面的犯罪，包括：非法行医罪，非法节育手术罪，医疗事故罪。医疗行为是对患者疾病的诊治活动，这类犯罪的共同点在“医疗”，医疗犯罪行为虽然在《刑法》中规定的罪名不多，但是在危害医药卫生方面的犯罪中具有自身的特点，因此，有归为一类的必要性。

第五类，破坏环境卫生方面的犯罪，包括：污染环境罪，非法处置进口的固体废物罪，擅自进口固体废物罪，环境监管失职罪。环境卫生是从保护人的生存环境的角度维护人的生命健康，医疗、卫生防疫、食品、药品、医用器材、血液或血液制品直接与疾病诊治相关，而环境卫生间接与疾病的诊治相关，环境卫生的破坏会严重影响卫生防疫工作的开展，疾病的治疗以及食品、药品的质量等。因此，把涉及环境卫生的犯罪归为一类。

本书另外探讨现代卫生技术与犯罪问题。这部分是对现代卫生技术带来的刑事法律问题的研究。它是医药卫生方面犯罪的前沿问题，包括对现有罪名在现代卫生技术情况下的研究和因现代卫生技术的发展带来的刑事犯罪问题的探讨。

第二章　危害食品、药品及医用器材安全罪

食品、药品和医用器材是关系到人的生命健康的重要产品，也是社会上大量流通的商品。由于这些商品的特殊性，我国制定了相应的法律、法规加强管理，规定了行政处罚措施。在我国计划经济时代，由于任何人都难以利用这些商品牟取私利，这方面的违法行为较少，对社会的危害性不大。我国1979年《刑法》把生产、销售假药的行为入刑，其他行为则没有入刑。随着我国从计划经济向市场经济转变，这方面的违法行为不断凸显，对人的生命健康和社会市场经济的破坏也很大，有鉴于此，我国开始通过1979年《刑法》已有的罪名归类定罪量刑，也通过全国人大常委会制定有关的决定打击这方面的犯罪行为。1997年修改《刑法》时将之都纳入《刑法》的层面来规范，并且根据实际情况的变化，通过刑法修正案进行了相应修改。

第一节　生产、销售假药罪

一、生产、销售假药罪的概念及特征

生产、销售假药罪，是指生产者、销售者违反国家药品管理法规，非法生产、销售假药，危害人体健康的行为。1993年全国人大常委会《关于惩治生产、销售伪劣商品犯罪的决定》(以下简称《决定》)第二条第一款规定了生产、销售假药罪，补充了1979年《刑法》第一百六十四条的规定，并相应地将法定最高刑7年有期徒刑升格为死刑。司法实践证明，这一规定是成功的。1997年《刑法》将其直接吸收为《刑法》的具体规定，即第一百四十一条生产、销售假药罪，并相应地完善了处罚种类和处罚标准：一是将违法所得改为销售金额；二是将无限额罚金制改为倍比罚金制。2009年《最高人民法院、最高人民检察院关于办理生产、销售假药、劣药刑事案件具体应用法律若干问题的解释》(法释〔2009〕9号)公布，与以往相比，它大大提高了生产、销售假药罪条款的可操作性。2011年2月25日，第十一届全国人大常委会第十九次会议通过了《中华人民共和国刑法修正案(八)》，并于2011年5月1日起施行。《刑法修正案(八)》对《刑法》第一百四十一条进行了修改，使入罪门槛大大降低，无须以“足以严重危害人体健康”作为入

罪要件，生产、销售假药的行为人必将人财两空，取消单处罚金及罚金额度的规定，预留加大打击力度的空间，便于根据实践情况出台新的司法解释。2014 年 12 月 1 日最高人民法院、最高人民检察院发布施行《关于办理危害药品安全刑事案件适用法律若干问题的解释》，同时废止《最高人民法院、最高人民检察院关于办理生产、销售假药、劣药刑事案件具体应用法律若干问题的解释》。该解释对《刑法修正案（八）》修改的生产、销售假药罪中的“其他严重情节”“其他特别严重情节”等内容进行了具体明确的规定，还规定了生产、销售假药、劣药犯罪酌情从重处罚的情形。对生产、销售的含义，危害药品安全非法经营行为的认定等也作了具体规定。

本罪的特征是：

（一）主体

本罪的主体是一般主体，个人和单位都可以成为本罪的主体，表现为假药的生产者和销售者两类人。生产者即药品的制造、加工、采集、收集者，销售者即药品的有偿提供者。

（二）主观方面

主观方面表现为故意，即明知是属于药品管理法规定的假药而故意予以生产或销售，一般是出于营利的目的。当然，生产者、销售者是否出于营利目的并不影响本罪的成立。行为人的主观故意主要表现为有意制造假药，即认识到假药足以危害人体健康而对此持希望或放任的态度；在销售领域内必须具有明知是假药而售卖的心理状态，对不知道是假药而销售的，不构成销售假药罪。

（三）客体

本罪侵犯的客体是复杂客体，既侵犯了国家对药品的管理制度，又侵犯了不特定多数人的身体健康权利。药品是指依法获得国家卫生主管部门批准的，有利于人体健康的，用于预防、治疗、诊断，能恢复人体机能的物品。包括中药材、中药饮片、中成药、化学原药、制剂、抗生素、生化药品、放射性药品、血清药品、诊断药品等。本罪的对象是假药。根据《药品管理法》的规定，假药是药品所含成分与国家药品标准规定的成分不符的和以非药品冒充药品或者以他种药品冒充此种药品的药。《药品管理法》还规定下列药品按假药处理：(1)国务院药品监督管理部门规定禁止使用的。(2)依照本法必须批准而未经批准生产、进口，或者依照本法必须检验而未经检验即销售的。(3)变质的。(4)被污染的。(5)使用依照本法必须取得批准文号而未取得批准文号的原料药生产的。(6)所标明的适应证或者功能主治超出规定范围的。

国家制定了《药品管理法》《中华人民共和国药品管理法实施细则》《药品说明书及标签管理规定》《新药保护和技术转让的规定》《新药审批办法》《新药保护

和技术转让的规定》《药品行政保护条例》《中药品种保护条例》等一系列关于药品管理的法律法规，建立了一套保证药品质量、增进药品疗效、保障用药安全的完整管理制度。生产、销售假药的行为构成对国家关于药品管理制度的侵犯，并同时危害到公众的身体健康。

（四）客观方面

客观方面表现为生产者、销售者违反国家的药品管理法律、法规，生产、销售假药，危害人体健康的行为。违反药品管理的法律、法规主要是指违反《药品管理法》以及为贯彻该法而制定的《中华人民共和国药品管理法实施办法》《药品生产质量管理规范》等法律、法规。上述法律和法规中就药品成分、药品标准、药品生产工艺规程、药品经营条件、药品监督等药品生产、经营和管理的内容均做了明确规定。

生产假药的行为表现为一切制造、加工、采集、收集假药的活动；销售假药的行为是指一切有偿提供假药的行为。生产、销售假药是两种行为，可以分别实施，也可以同时存在：既生产假药又销售假药。按照法律关于本罪的客观行为的规定，只要具备其中一种行为即符合该罪的客观要求。如果行为人同时具有上述两种行为，仍视为一个生产、销售假药罪，不实行数罪并罚。生产、销售假药不以"足以严重危害人体健康"为要件，只要有故意生产、销售假药的行为即可能被追究刑事责任，故生产、销售假药犯罪为行为犯。

二、生产、销售假药罪的认定

（一）罪与非罪的判定

要划清生产、销售假药行为罪与非罪的界限，必须注意以下两点：

一是只要行为人实施了生产、销售假药的行为就构成本罪，不以是否危害人体健康或足以危害人体健康为要件。通过刑法修正案的修改，本罪从危险犯变为典型的行为犯。

二是虽然是典型的行为犯罪，但情节显著轻微的生产、销售假药行为不构成本罪，而应接受行政处罚，包括：没收违法生产、销售的药品、辅材料、包装材料、生产设备和所得，并处违法生产、销售药品货值金额 2 倍以上 5 倍以下的罚款；药品批准证明文件予以撤销，并责令停产、停业整顿；情节严重的，吊销药品生产许可证、药品经营许可证或者医疗机构制剂许可证，从事生产、销售假药行为情节严重的企业或者其他单位，其直接负责的主管人员和其他直接责任人员 10 年内不得从事药品生产、经营活动。

（二）生产、销售假药罪与相关罪的区别

1. 生产、销售假药罪与生产、销售伪劣商品类犯罪中其他罪的区别。对于同时构成生产、销售假药罪和生产、销售伪劣产品罪的，根据《刑法》第一百四十九条第二款规定，应按处罚较重的生产、销售假药罪定罪处罚。这符合法条竞合的适用原则。

生产、销售假药罪与生产、销售劣药罪的区别：(1)犯罪对象不同。一个是假药，一个是劣药。(2)犯罪形态不同。生产、销售假药罪是行为犯，而生产、销售劣药罪是实害犯，即对人体健康造成严重危害的方构成该罪。

2. 生产、销售假药罪与制造、贩卖毒品罪的区别。根据《刑法》第三百四十七条的规定，制造、贩卖毒品罪，是指违反国家毒品管理法规，制造、贩卖毒品的行为。在实践中，一些物品既具有医疗药用价值又具有麻醉毒品的性质，行为人在生产、销售上述具有双重作用的物品时，区分的关键是看行为人生产、销售此类物品的使用目的，即用途是什么。如果行为人生产、销售用于医疗目的的伪劣药品，即使这些药品具有麻醉毒品的性质，也应以生产、销售假药罪论处。如果行为人生产、销售非医疗目的适用的麻醉药品或精神药品，即使这些药品具有某些医疗价值，也应以制造、贩卖毒品罪处理。但若是以假麻醉药品、假精神药品来冒充真药品出售，则按诈骗罪论处。

3. 生产、销售假药罪与以制造假药的危险方法危害公共安全罪的区别。根据《刑法》第一百一十四条、第一百一十五条第一款的规定，以危险方法危害公共安全罪，是指使用除放火、决水、爆炸、投放危险物质以外的其他方法，造成了不特定多数人的伤亡或者公私财产重大损失，危害公共安全的行为。生产、销售假药，既侵犯了国家药品管理制度，又危害了不特定多数人的生命、健康权利，从某种意义上讲，属于《刑法》第一百一十四条、第一百一十五条规定的以危险方法危害公共安全罪的范畴，但《刑法》既已对其做出了单独规定，就有加以区别的必要。以生产假药的危险方法危害公共安全罪与生产、销售假药罪的区别主要表现为犯罪目的不同。生产、销售假药罪，行为人主观上一般是以牟利为目的，即为了牟取暴利，明知其生产、销售的是假药而予以生产、销售，至于对人体的健康、生命安全所造成的严重危害后果，不在行为人所追求的直接故意范围之内，或属过失心理，或属间接故意心理。如果行为人生产、销售假药，目的就是对他人的生命健康、财产安全造成损害进而危害公共安全，则应定为以危险方法危害公共安全罪。

4. 生产、销售假药罪与诈骗罪的区别。以假药骗取钱财，本质上是诈骗行为，但与诈骗罪有如下区别：(1)侵犯的客体不同。前罪侵犯的客体是国家药政管理制度和公民生命权、健康权；而后罪侵犯的则是公私财物的所有权。(2)客观方面的表现不同。前罪表现为生产、销售假药的行为；而后罪则是行为人纯粹采取虚构事实、隐瞒真相的方法，使财物所有人、管理人信以为真，从而自愿交出财物的行为。(3)定罪的标准不同。前罪以是否有行为发生为标准;而后罪则以诈骗公私财物的数额较大为构成该罪的标准。

纯粹以假药作为骗取对方信任的手段来骗取他人财物的,以定诈骗罪为宜。

三、生产、销售假药罪的刑罚处罚

1.生产、销售假药的,处三年以下有期徒刑或者拘役,并处罚金。

2.对人体健康造成严重危害或者有其他严重情节的,处三年以上十年以下有期徒刑,并处罚金。

3.致人死亡或者有其他特别严重情节的,处十年以上有期徒刑、无期徒刑或者死刑,并处罚金或者没收财产。

相关法律条文

《刑法》

第一百四十一条　生产、销售假药的,处三年以下有期徒刑或者拘役,并处罚金;对人体健康造成严重危害或者有其他严重情节的,处三年以上十年以下有期徒刑,并处罚金;致人死亡或者有其他特别严重的,处十年以上有期徒刑、无期徒刑或者死刑,并处罚金或者没收财产。

本条所称假药,是指依照《中华人民共和国药品管理法》的规定属于假药和按假药处理的药品、非药品。

《中华人民共和国刑法修正案(八)》

二十三、将刑法第一百四十一条第一款修改为:“生产、销售假药的,处三年以下有期徒刑或者拘役,并处罚金;对人体健康造成严重危害或者有其他严重情节的,处三年以上十年以下有期徒刑,并处罚金;致人死亡或者有其他特别严重情节的,处十年以上有期徒刑、无期徒刑或者死刑,并处罚金或者没收财产。

《最高人民法院、最高人民检察院关于办理危害药品安全刑事案件若干问题的解释》

第一条　生产、销售假药,具有下列情形之一的,应当酌情从重处罚:

(一)生产、销售的假药以孕产妇、婴幼儿、儿童或者危重病人为主要使用对象的;

(二)生产、销售的假药属于麻醉药品、精神药品、医疗用毒性药品、放射性药品、避孕药品、血液制品、疫苗的;

(三)生产、销售的假药属于注射剂药品、急救药品的;

（四）医疗机构、医疗机构工作人员生产、销售假药的；

（五）在自然灾害、事故灾难、公共卫生事件、社会安全事件等突发事件期间，生产、销售用于应对突发事件的假药的；

（六）两年内曾因危害药品安全违法犯罪活动受过行政处罚或者刑事处罚的；

（七）其他应当酌情从重处罚的情形。

第二条　生产、销售假药，具有下列情形之一的，应当认定为刑法第一百四十一条规定的“对人体健康造成严重危害”：

（一）造成轻伤或者重伤的；

（二）造成轻度残疾或者中度残疾的；

（三）造成器官组织损伤导致一般功能障碍或者严重功能障碍的；

（四）其他对人体健康造成严重危害的情形。

第三条　生产、销售假药，具有下列情形之一的，应当认定为刑法第一百四十一条规定的“其他严重情节”：

（一）造成较大突发公共卫生事件的；

（二）生产、销售金额二十万元以上不满五十万元的；

（三）生产、销售金额十万元以上不满二十万元，并具有本解释第一条规定情形之一的；

（四）根据生产、销售的时间、数量、假药种类等，应当认定为情节严重的。

第四条　生产、销售假药，具有下列情形之一的，应当认定为刑法第一百四十一条规定的“其他特别严重情节”：

（一）致人重度残疾的；

（二）造成三人以上重伤、中度残疾或者器官组织损伤导致严重功能障碍的；

（三）造成五人以上轻度残疾或者器官组织损伤导致一般功能障碍的；

（四）造成十人以上轻伤的；

（五）造成重大、特别重大突发公共卫生事件的；

（六）生产、销售金额五十万元以上的；

（七）生产、销售金额二十万元以上不满五十万元，并具有本解释第一条规定情形之一的；

（八）根据生产、销售的时间、数量、假药种类等，应当认定为情节特别严重的。

第五条　生产、销售劣药，具有本解释第二条规定情形之一的，应当认定为刑法第一百四十二条规定的“对人体健康造成严重危害”。

生产、销售劣药，致人死亡，或者具有本解释第四条第一项至第五项规定情形之一的，应当认定为刑法第一百四十二条规定的“后果特别严重”。

生产、销售劣药，具有本解释第一条规定情形之一的，应当酌情从重处罚。

第六条　以生产、销售假药、劣药为目的，实施下列行为之一的，应当认定为刑法第一百四十一条、第一百四十二条规定的“生产”：

（一）合成、精制、提取、储存、加工炮制药品原料的行为；

（二）将药品原料、辅料、包装材料制成成品过程中，进行配料、混合、制剂、储存、包装的行为；

（三）印制包装材料、标签、说明书的行为。

医疗机构、医疗机构工作人员明知是假药、劣药而有偿提供给他人使用，或者为出售而购买、储存的行为，应当认定为刑法第一百四十一条、第一百四十二条规定的“销售”。

第七条　违反国家药品管理法律法规，未取得或者使用伪造、变造的药品经营许可证，非法经营药品，情节严重的，依照刑法第二百二十五条的规定以非法经营罪定罪处罚。

以提供给他人生产、销售药品为目的，违反国家规定，生产、销售不符合药用要求的非药品原料、辅料，情节严重的，依照刑法第二百二十五条的规定以非法经营罪定罪处罚。

实施前两款行为，非法经营数额在十万元以上，或者违法所得数额在五万元以上的，应当认定为刑法第二百二十五条规定的“情节严重”；非法经营数额在五十万元以上，或者违法所得数额在二十五万元以上的，应当认定为刑法第二百二十五条规定的“情节特别严重”。

实施本条第二款行为，同时又构成生产、销售伪劣产品罪、以危险方法危害公共安全罪等犯罪的，依照处罚较重的规定定罪处罚。

第八条　明知他人生产、销售假药、劣药，而有下列情形之一的，以共同犯罪论处：

（一）提供资金、贷款、账号、发票、证明、许可证件的；

（二）提供生产、经营场所、设备或者运输、储存、保管、邮寄、网络销售渠道等便利条件的；

（三）提供生产技术或者原料、辅料、包装材料、标签、说明书的；

（四）提供广告宣传等帮助行为的。

第九条　广告主、广告经营者、广告发布者违反国家规定，利用广告对药品作虚假宣传，情节严重的，依照刑法第二百二十二条的规定以虚假广告罪定罪处罚。

第十条　实施生产、销售假药、劣药犯罪，同时构成生产、销售伪劣产品、侵犯知识产权、非法经营、非法行医、非法采供血等犯罪的，依照处罚较重的规定定罪处罚。

第十一条　对实施本解释规定之犯罪的犯罪分子，应当依照刑法规定的条件，严格缓刑、免予刑事处罚的适用。对于适用缓刑的，应当同时宣告禁止令，禁止犯罪分子在缓刑考验期内从事药品生产、销售及相关活动。

销售少量根据民间传统配方私自加工的药品，或者销售少量未经批准进口的国外、境外药品，没有造成他人伤害后果或者延误诊治，情节显著轻微危害不大的，不认为是犯罪。

第十二条　犯生产、销售假药罪的，一般应当依法判处生产、销售金额二倍以上的罚金。共同犯罪的，对各共同犯罪人合计判处的罚金应当在生产、销售金额的二倍以上。

第十三条　单位犯本解释规定之罪的，对单位判处罚金，并对直接负责的主管人员和其他直接责任人员，依照本解释规定的自然人犯罪的定罪量刑标准处罚。

第十四条　是否属于刑法第一百四十一条、第一百四十二条规定的"假药""劣药"难以确定的，司法机关可以根据地市级以上药品监督管理部门出具的认定意见等相关材料进行认定。必要时，可以委托省级以上药品监督管理部门设置或者确定的药品检验机构进行检验。

第十五条　本解释所称"生产、销售金额"，是指生产、销售假药、劣药所得和可得的全部违法收入。

第十六条　本解释规定的"轻伤""重伤"按照《人体损伤程度鉴定标准》进行鉴定。

本解释规定的"轻度残疾""中度残疾""重度残疾"按照相关伤残等级评定标准进行评定。

第十七条　本解释发布施行后，《最高人民法院、最高人民检察院关于办理生产、销售假药、劣药刑事案件具体应用法律若干问题的解释》（法释〔2009〕9号）同时废止；之前发布的司法解释和规范性文件与本解释不一致的，以本解释为准。

《药品管理法》

第四十八条　禁止生产（包括配制，下同）、销售假药。

有下列情形之一的，为假药：

（一）药品所含成份（分）与国家药品标准规定的成份（分）不符的；

（二）以非药品冒充药品或者以他种药品冒充此种药品的。

有下列情形之一的药品，按假药论处：

（一）国务院药品监督管理部门规定禁止使用的；

（二）依照本法必须批准而未经批准生产、进口，或者依照本法必须检验而未经检验即销售的；

（三）变质的；

（四）被污染的；

（五）使用依照本法必须取得批准文号而未取得批准文号的原料药生产的；

（六）所标明的适应症（证）或者功能主治超出规定范围的。

第二节　生产、销售劣药罪

一、生产、销售劣药罪的概念及特征

生产、销售劣药罪，是指违反国家药品管理法规，明知是劣药而进行生产、销售，对人体健康造成严重危害的行为。1984 年《药品管理法》第五十一条规定：对生产、销售劣药，危害人民健康，造成严重后果的个人或者单位直接责任人员，比照 1979 年《刑法》第一百六十四条制造、贩卖假药罪的规定追究刑事责任。这可以看作是现在生产、销售劣药罪的雏形。《决定》第二条第二款中规定了生产、销售劣药罪。1997 年《刑法》第一百四十二条将该规定予以吸收，专门规定了生产、销售劣药罪。所做修改有两处：一是将“违法所得”改为“销售金额”；二是将无限额罚款改为倍比罚金制。2011 年《刑法修正案（八）》和 2014 年《最高人民法院、最高人民检察院关于办理危害药品安全刑事案件若干问题的解释》对生产销售劣药罪做出了及时的补充规定和修正。

本罪的特征是：

（一）主体

犯罪主体是一般主体，包括达到法定刑事责任年龄、具有刑事责任能力的自然人。另据《刑法》第一百五十条的规定，单位也可以成为本罪的主体。故本罪犯罪主体既包括自然人，也包括单位。

（二）主观方面

本罪在主观方面表现为故意，过失不能构成本罪。故意的内容分为两部分：一是行为人明知其生产或销售的是劣药，而且其生产或销售劣药的行为可能会对人体健康造成严重危害的结果；二是行为人对上述危害结果的发生采取放任的心理态度。从司法实践看，本罪大多具有牟取利益的目的，但法律没有要求构成本罪必须以营利为目的，所以无论出自何种目的，均不影响本罪的构成。

（三）客体

本罪犯罪客体是复杂客体，既包括国家对药品的管理制度，又包括公民的健康权利，同时也扰乱了市场经济秩序。本罪的对象是劣药。根据《药品管理法》第四十九条规定，劣药是药品成分的含量不符合国家药品标准的药。还规定有下列情形之一的药品，按劣药论处：(1)未标明有效期或者更改有效期的。(2)不注明或者更改生产批号的。(3)超过有效期的。(4)直接接触药品的包装材料和容器未经批准的。(5)擅自添加着色剂、防腐剂、香料、矫味剂及辅料的。(6)其他不符合药品标准规定的。

（四）客观方面

本罪在客观方面表现为违反国家药品管理法规，生产、销售劣药，对人体健康造成严重危害的行为。所谓"对人体健康造成严重危害"，主要指造成用药人残疾或者其他严重后遗症，或因服用劣药延误治疗，致使病情加剧而引起伤害、死亡等严重后果。本罪主要发生在生产和销售两个领域，行为人只要有生产或销售行为即可构成本罪。本罪是实害犯，即只有对人体健康造成了严重危害的才能构成生产、销售劣药罪。

二、生产、销售劣药罪的认定

（一）罪与非罪的判定

要划清生产、销售劣药罪与非罪的界限，必须查清行为人生产、销售劣药的行为是否对人体健康造成严重危害。本罪是实害犯，即只有对人体健康造成严重危害的才能构成本罪。这里的对人体健康造成严重危害，主要是指被害人因服用劣药而延误治疗，致使病情加重造成伤害、死亡等严重后果。如果行为人生产、销售劣药的行为并未对人体健康造成严重危害，且销售金额不足 5 万元的，则可作为一种违法行为，由工商管理、卫生行政等部门给予没收劣药、处以罚款、吊销营业执照等处罚。

生产、销售劣药不构成本罪的，行政处罚可以没收违法生产、销售的药品和违法所得，并处违法生产、销售药品货值金额一倍以上三倍以下的罚款；情节严重的，责令停产、停业整顿或者撤销药品批准证明文件、吊销药品生产许可证、药品经营许可证或者医疗机构制剂许可证。

（二）生产、销售劣药罪与相关罪的区别

1. 生产、销售劣药罪与生产、销售假药罪的区别。在认定这类案件性质时，要注意区分生产、销售劣药罪与生产、销售假药罪的区别，关键在于两点：一是犯罪对象不同，前者犯罪对象是劣药；后者犯罪对象是假药。二是犯罪的客观方面的认定标准不同，生产、销售假药罪只要有行为即构成犯罪，是行为犯；生产、销售劣药罪则须对人体健康造成严重危害才能成立，是实害犯。

2.生产、销售劣药罪与生产、销售伪劣产品罪的区别。生产、销售劣药罪的犯罪对象与生产、销售伪劣产品罪的犯罪对象存在从属关系，因而易于混淆。但两罪在犯罪客体、犯罪对象以及认定标准上存在着明显的差别。生产、销售劣药的行为，如果对人体健康未造成严重危害，则不构成生产、销售劣药罪，但如其销售金额在5万元以上，根据《刑法》第一百四十九条的规定，应构成生产、销售伪劣产品罪。如果生产、销售劣药，既对人体健康造成严重危害，其销售金额又在5万元以上的，应按照《刑法》第一百四十九条第二款的原则处理，即依照处刑较重的规定定罪处罚。

三、生产、销售劣药罪的刑罚适用

1.对人体健康造成严重危害的处三年以上十年以下有期徒刑，并处销售金额百分之五十以上二倍以下罚金。

2.后果特别严重的，处十年以上有期徒刑或者无期徒刑，并处销售金额百分之五十以上二倍以下罚金或者没收财产。

“对人体健康造成严重危害”和“后果特别严重”依据《最高人民法院、最高人民检察院关于办理危害药品安全刑事案件若干问题的解释》第五条认定。

相关法律条文

《刑法》

第一百四十二条　生产、销售劣药，对人体健康造成严重危害的，处三年以上十年以下有期徒刑，并处销售金额百分之五十以上二倍以下罚金；后果特别严重的，处十年以上有期徒刑或者无期徒刑，并处销售金额百分之五十以上二倍以下罚金或者没收财产。

本条所称劣药，是指依照《中华人民共和国药品管理法》的规定属于劣药的药品。

《刑法》

第一百四十九条　生产、销售本节第一百四十一条至第一百四十八条所列产品，不构成各该条规定的犯罪，但是销售金额在五万元以上的，依照本节第一百四十条的规定定罪处罚。

生产、销售本节第一百四十一条至第一百四十八条所列产品，构成各该条规定的犯罪，同时又构成本节第一百四十条规定之罪的，依照处罚较重的规定定罪处罚。

《药品管理法》

第四十九条　禁止生产、销售劣药。

药品成份(分)的含量不符合国家药品标准的,为劣药。

有下列情形之一的药品,按劣药论处:

(一)未标明有效期或者更改有效期的;

(二)不注明或者更改生产批号的;

(三)超过有效期的;

(四)直接接触药品的包装材料和容器未经批准的;

(五)擅自添加着色剂、防腐剂、香料、矫味剂及辅料的;

(六)其他不符合药品标准规定的。

第三节　非法提供麻醉药品、精神药品罪

一、非法提供麻醉药品、精神药品罪的概念及特征

非法提供麻醉药品、精神药品罪,是指依法从事生产、运输、管理、使用国家管制的麻醉药品、精神药品的单位和个人,明知他人是吸毒者,而向其提供国家管制的能够使人成瘾的麻醉药品、精神药品的行为。1979 年《刑法》在制定时,并未规定本罪名。20 世纪 80 年代以来,我国毒品犯罪越来越严重,对社会治安和人民群众生命、财产造成重大危害。1988 年 12 月 19 日,在奥地利维也纳,联合国通过了《禁止非法贩运麻醉药品和精神药物公约》,中国于 1988 年 12 月 20 日签署该公约。全国人大常委会于 1989 年 9 月 4 日批准了该公约。为了维护良好的社会秩序,保护人民群众生命、健康安全,全国人大常委会在借鉴该公约的基础上,于 1990 年 12 月 18 日颁布了《关于禁毒的决定》,其中增设了非法提供麻醉药品、精神药品罪。1997 年修订《刑法》时,将相关内容规定在《刑法》第三百五十五条。

本罪的特征是:

(一)主体

本罪的主体为特殊主体,即依法从事生产、运输、管理、使用国家管制的麻醉药品、精神药品的单位和个人。单位也可以成为本罪主体,包括生产厂家以及销售、运输、管理、教学科研、医疗等部门。

(二)主观方面

本罪在主观方面只能是故意,即行为人明知他人是吸毒者,而向其提供国家

管制的能够使人成瘾的麻醉药品、精神药品。要求行为人有下列三个方面的“明知”:(1)明知提供毒品的对象是吸食、注射毒品的人。(2)明知对方是用于吸食或注射。(3)明知自己所提供的是毒品。如果行为人因过失而将毒品提供给他人,造成严重后果的,应以医疗事故罪、玩忽职守罪等追究刑事责任。如果行为人因为粗心大意,将麻醉药品、精神药品提供给他人,造成严重后果,构成犯罪的,可以以玩忽职守罪等追究刑事责任。

(三)客体

本罪侵犯的客体是国家对麻醉药品、精神药品的管理制度。为了规范麻醉药品、精神药品的生产、运输、管理、使用,我国先后制定了《麻醉药品管理办法》《麻醉药品生产管理办法》《麻醉药品经营管理办法(试行)》《精神药品管理办法》等有关规定。2005年8月,国务院颁布《麻醉药品和精神药品管理条例》,吸收了上述规定,详细规定了麻醉药品和精神药品的实验、生产、使用、运输、储存。

(四)客观方面

本罪在客观方面表现为违反国家规定,向吸食、注射毒品的人员提供国家规定管制的能够使人成瘾的麻醉药品、精神药品。所谓“违反国家规定”是指违反国家有关麻醉药品、精神药品的管理规定。行为人提供毒品的行为必须利用了职务或工作上的便利,即利用了自己从事生产、运输、管理、使用上述药品的职务或工作之便利,违反规定向吸毒的人提供麻醉药品或精神药品。行为人利用职务之便提供,既可以发生在依法从事生产、运输、管理、使用上述药品的过程中,也可以是在从事上述工作中事先截留,在结束之后提供。“提供”,既可以是以营利为目的的有偿出卖,也可以是无偿的赠与。如果行为人向走私贩卖毒品的犯罪分子或者以牟利为目的向吸食、注射毒品的人员提供国家规定管制的能够使人成瘾的麻醉药品、精神药品的,则成立走私、贩卖毒品罪。非法提供麻醉药品、精神药品的数量,不影响本罪的成立。本罪的行为对象,只能是提供麻醉药品、精神药品的人员,至于被提供者是否吸食、注射了所提供的麻醉药品或者精神药品,不影响本罪的成立。

二、非法提供麻醉药品、精神药品罪的认定

(一)罪与非罪的判定

本罪没有规定具体数量标准。也就是说,原则上只要向吸毒人非法提供毒品,就可构成本罪。但在实践中,并不是对所有非法提供毒品的行为都定罪,而要综合全案各种情况,如偶犯、初犯等情况,根据法律规定,如果数额较小,情节显著轻微,危害不大的,不认为是犯罪。在实践中,从事生产、运输、管理、使用国家管制的麻醉药品和精神药品的人员或单位违反规定,向他人提供麻醉药品和

精神药品没有合法的审批手续，但是确实用于医疗、教学、科研的，不构成本罪。

（二）本罪与贩卖毒品罪的区别

两者的主要区别在于：(1)行为表现不同。本罪发生在对麻醉药品、精神药品依法进行生产、运输、管理、使用的过程中；贩卖毒品罪没有这方面的要求。(2)犯罪主体不同。本罪是特殊主体，既依法从事生产、运输、管理、使用国家管制的麻醉药品、精神药品的单位和个人；贩卖毒品罪的主体是一般主体，既可以是从事生产、运输、管理、使用国家管制的麻醉药品、精神药品的单位和个人，明知他人是吸毒者，而向其提供国家管制的能够使人成瘾的麻醉药品、精神药品的单位和个人，也可以是其他达到刑事责任年龄、具有刑事责任能力的自然人。(3)主观目的不同。贩卖毒品罪的目的是牟利；而本罪不要求以牟利为目的。

三、非法提供麻醉药品、精神药品罪的刑罚处罚

依照《刑法》第三百五十五条的规定，犯本罪的，处三年以下有期徒刑或者拘役，并处罚金；情节严重的，处三年以上七年以下有期徒刑，并处罚金。向走私、贩卖毒品的犯罪分子，或者以牟利为目的，向吸食、注射毒品的人提供国家规定管制的能够使人形成瘾癖的麻醉药品、精神药品的，依照《刑法》第三百四十七条规定的走私、贩卖毒品罪定罪处罚。单位犯罪的，对单位判处罚金，并对其直接负责的主管人员和其他直接责任人员，依照自然人犯本罪的规定处罚。根据《刑法》第三百五十六条之规定，因走私、贩卖、运输、制造、非法持有毒品罪被判过刑，又犯本罪的，从重处罚。

相关法律条文

《刑法》

第三百五十五条　依法从事生产、运输、管理、使用国家管制的麻醉药品、精神药品的人员，违反国家规定，向吸食、注射毒品的人提供国家规定管制的能够使人形成瘾癖的麻醉药品、精神药品的，处三年以下有期徒刑或者拘役，并处罚金；情节严重的，处三年以上七年以下有期徒刑，并处罚金。向走私、贩卖毒品的犯罪分子或者以牟利为目的，向吸食、注射毒品的人提供国家规定管制的能够使人形成瘾癖的麻醉药品、精神药品的，依照本法第三百四十七条的规定定罪处罚。

单位犯前款罪的，对单位判处罚金，并对其直接负责的主管人员和其他直接责任人员，依照前款的规定处罚。

第三百五十六条　因走私、贩卖、运输、制造、非法持有毒品罪被判过刑，又犯本节规定之罪的，从重处罚。

《最高人民法院关于适用〈全国人民代表大会常务委员会关于禁毒的决定〉的若干问题的解释》

十二、非法提供麻醉药品、精神药品罪

根据《决定》第十条第二款的规定，非法提供麻醉药品、精神药品罪，是指依法从事生产、运输、管理、使用国家管制的麻醉药品、精神药品的单位和人员，明知他人是吸食、注射毒品的人，而向其提供国家管制的麻醉药品、精神药品的行为。

提供毒品的对象，只能是吸食、注射毒品的人。如果明知对方是毒品犯罪分子，而向其提供国家管制的麻醉药品、精神药品的，则构成有关的毒品犯罪的共犯。

《最高人民检察院、公安部关于公安机关管辖的刑事案件立案追诉标准的规定(三)》

第十二条　[非法提供麻醉药品、精神药品罪(《刑法》第三百五十五条)]依法从事生产、运输、管理、使用国家管制的麻醉药品、精神药品的个人或者单位，违反国家规定，向吸食、注射毒品的人员提供国家规定管制的能够使人形成瘾癖的麻醉药品、精神药品，涉嫌下列情形之一的，应予立案追诉：

(一)非法提供鸦片二十克以上、吗啡二克以上、度冷丁(杜冷丁)五克以上(针剂100mg/支规格的五十支以上，50mg/支规格的一百支以上；片剂25mg/片规格的二百片以上，50mg/片规格的一百片以上)、盐酸二氢埃托啡零点二毫克以上(针剂或者片剂20mg/支、片规格的十支、片以上)、氯胺酮、美沙酮二十克以上、三唑仑、安眠酮一千克以上、咖啡因五千克以上、氯氮卓、艾司唑仑、地西泮、溴西泮十千克以上，以及其他麻醉药品和精神药品数量较大的；

(二)虽未达到上述数量标准，但非法提供麻醉药品、精神药品两次以上，数量累计达到前项规定的数量标准百分之八十以上的；

(三)因非法提供麻醉药品、精神药品被行政处罚，又非法提供麻醉药品、精神药品的；

(四)向吸食、注射毒品的未成年人提供麻醉药品、精神药品的；

(五)造成严重后果或者其他情节严重的。依法从事生产、运输、管理、使用国家管制的麻醉药品、精神药品的人员或者单位，违反国家规定，向走私、贩卖毒品的犯罪分子提供国家规定管制的能够使人形成瘾癖的麻醉药品、精神药品的，或者以牟利为目的，向吸食、注射毒品的人提供国家规定管制的能够使人形成瘾癖的麻醉药品、精神药品的，以走私、贩卖毒品罪立案追诉。

第四节　生产、销售不符合标准的医用器材罪

一、生产、销售不符合标准的医用器材罪的概念及特征

生产、销售不符合标准的医用器材罪，是指违反国家产品质量管理法规，生产不符合保障人体健康的国家标准、行业标准的医疗器械、医用卫生材料，或者销售明知是不符合国家标准、行业标准的医疗器械、医用卫生材料，对人体健康造成严重危害的行为。《决定》第四条规定了生产、销售不符合标准的医用器材罪。1997 年《刑法》，将《决定》第四条吸收修改为《刑法》第一百四十九条的具体规定，其中“违法所得”改为“销售金额”，无限额罚金制改为倍比罚金制。2002 年 12 月通过的《刑法修正案（四）》对该条文又做了修改，将原来的实害犯修改为危险犯，并调整了法定刑。

本罪的特征是：

（一）主体

本罪主体是一般主体，既包括单位，也包括个人，即达到法定刑事责任年龄，具有刑事责任能力的自然人；既包括生产者、销售者，也包括购买使用者。

（二）主观方面

学界通常认为本罪主观上是故意，而且只能是间接故意，即明知是不符合保障人体健康的国家标准、行业标准的医疗器械、医用卫生材料而故意生产或销售，放任危害结果发生进而足以对人体健康造成严重危害的心理态度。行为人实施本罪一般是出于非法营利的目的，但营利目的有无及营利的多少不是构成本罪的必要条件。

有观点认为本罪的主观方面也可能是过失。《最高人民法院、最高人民检察院关于办理生产、销售伪劣商品刑事案件具体应用法律若干问题的解释》第六条规定：“医疗机构或者个人，知道或者应当知道是不符合保障人体健康的国家标准、行业标准的医疗器械、医用卫生材料而购买、使用，对人体健康造成严重危害的，以销售不符合标准的医用器材罪定罪处罚。”所谓“知道”，在此可理解为明知。这是犯罪故意的认识因素。在意志因素上，行为人一般持放任态度。所谓“应当知道”是指根据行为人的经验及相关知识，应当注意到但由于疏忽大意而没有注意到。在此涉及到行为人的“注意义务”与“注意能力”问题。“注意义务”是指行为人由于职务要求所负有的特定职责。“注意能力”是指行为人是否有认识其行为性质的能力。如果行为人既有注意义务又有注意能力，但却由于疏忽大意而没有注意到，即没有认识到其所购买的医疗器械或医用卫生材料是不符

合标准的产品，从而产生了严重后果的，应当认定是该罪的过失形态。

（三）客体

本罪侵犯的客体是复杂客体，既包括国家对生产、销售医疗器械、医用卫生材料的产品质量的监督管理制度，又包括不特定多数人的生命健康安全，同时也扰乱了社会主义的市场经济秩序。本罪的对象是不符合保障人体健康的国家标准、行业标准的医疗器械、医用卫生材料。这里的国家标准和行业标准，是指国家卫生主管部门或者医疗器械、医用卫生材料生产行业制定的旨在保障消费者使用安全，不危害人体健康的有关质量与卫生的标准。所谓医疗器械，是指用于诊断、治疗、预防疾病、调节人体生理功能或者代替人体器官的仪器、设备、装置、器具、植入物、材料及其相关物品。所谓医用卫生材料，是指用于诊断、治疗、预防疾病、调节生理功能的辅助材料。医疗器械的使用旨在达到下列预期目的：(1)对疾病的预防、诊断、治疗、监护、缓解。(2)对损伤或者残疾的诊断、治疗、监护、缓解、补偿。(3)对解剖或者生理过程的研究、替代、调节。(4)妊娠控制。

随着科学技术的发展，直接或间接与人体组织、血液接触以及长期植入人体的各种材料和代替已损伤脏器功能的装置，如人工心脏瓣膜、人工心脏起搏器、人工血管、人工髋关节等生物医学材料和人工脏器，正日益广泛地用于医疗卫生事业。因而，合格的医疗器械和医用卫生材料，能够延长人的寿命，减轻病人的痛苦，恢复病人的生理功能；而伪劣产品，不仅不能起到上述作用，反而会给患者带来无穷烦恼，甚至加重病人的病情，危及病人的生命。

（四）客观方面

本罪在客观方面表现为：

1.行为表现：(1)故意生产、销售不符合保障人体健康的国家标准、行业标准的医疗器械、医用卫生材料。(2)知道或应当知道是不符合保障人体健康的国家标准、行业标准的医疗器械、医用卫生材料而购买、使用的行为。

2.危险结果：足以严重危害人体健康，或对人体健康造成严重危害。

二、生产、销售不符合标准的医用器材罪的认定

（一）罪与非罪的判定

要划清生产、销售不符合标准的医用器材罪与非罪的界限，必须注意两点：一是行为人主观上是否出于故意。若行为人明知是不符合保障人体健康的国家标准、行业标准的医疗器械、医用卫生材料而故意予以生产或销售的，可以构成本罪；但是，如果行为人在主观上是出于过失，是由于业务水平、生产技术、设备落后等原因而生产、销售了不符合标准的医用器材，且没有造成严重危害的，不能以犯罪论处，对于那些情节严重，造成重大事故的，可以按重大责任事故罪论

处。二是行为人生产、销售不符合标准的医用器材是否造成了足以严重损害人体健康的后果，只有足以对人体健康造成严重危害的，才能构成本罪；反之则不能以本罪论处。

司法实践中，该犯罪行为屡禁不止，这往往与一些医疗机构和个人单纯为了追求经济利益，低价购买劣质医疗器材及医用卫生材料有很大关系。鉴于此，2001年《最高人民法院、最高人民检察院关于办理生产、销售伪劣商品刑事案件具体应用法律若干问题的解释》第六条第四款规定，医疗机构或者个人，知道或应当知道是不符合保障人体健康的国家标准、行业标准的医疗器械、医用卫生材料而购买、使用，对人体健康造成严重危害的，以销售不符合标准的医用器材罪定罪处罚。该条规定对比于《刑法》第一百四十五条的规定来看，显然扩大了打击面，将该犯罪行为不仅限定在生产、销售上，还包括购买和使用行为。

本罪是一个选择性罪名，它包括两种具体的个罪名，即生产不符合标准的医用器材罪和销售不符合标准的医用器材罪。由于只有造成严重后果的才构成此罪，因而对生产者来说，一般伴随着销售行为，因为只有商品投放市场后才可能引起实害结果的发生。生产、销售行为往往是互相依存的。在生产者、销售者相互分离的情况下，理论上就可能成立共同犯罪。在这种共犯形态中，一方的犯罪行为依赖于另一方的犯罪行为，两者相互结合，才使各自行为在《刑法》中具有独立的意义。如果销售者自身又是生产者，则其仅成立一罪即生产、销售不符合标准的医用器材罪，而不成立共同犯罪。由于该罪在客观方面所具有的上述特点，我们在对销售行为进行刑事追究的同时，必须追究生产者的刑事责任。

该罪在主观方面是以牟利为目的。这就决定了其对人体健康造成的严重危害只能是过失或间接故意的心理。如果行为人生产、销售伪劣医疗器材是为了追求其他犯罪结果如故意伤害或故意杀人的，则应依照牵连犯的处罚原则择一重处断。如果在实施犯罪行为的过程中为达犯罪目的又实施了其他犯罪行为的，则应以其行为特点分别依照牵连犯处理和数罪并罚。前者如为了取得生产、销售资格而伪造公文、证件、印章的行为，后者如为了打击报复检举人等而对检举人实施报复行为。

（二）生产、销售不符合标准的医用器材罪与相关罪的区别

1. 生产、销售不符合标准的医用器材罪与医疗事故罪的界限。前罪主体为一般主体，后罪主体为特殊主体；前罪在主观方面是故意，后罪则只能是过失；前罪的犯罪客体为社会主义市场经济秩序，后罪的客体为社会管理秩序；前罪在客观方面表现为生产、销售、购买并使用不符合标准的医用器材而出现了严重危害

结果，后罪在客观方面表现为医务人员严重不负责任而造成就诊人死亡或严重损害就诊人身体健康的结果。两者在犯罪构成上的区别，使两罪好像没有什么易混淆之处。但是，当医疗机构或者个人知道或应当知道是不符合标准的医疗器材而购买、使用从而发生了严重后果时，就容易在认定上出现混乱。在此情况下行为人基于一个行为就可能触犯两个罪名，这在理论上应属于想象竞合犯，应择一重处断，即以销售不符合标准的医用器材罪处罚。

2.生产、销售不符合标准的医用器材罪与生产、销售伪劣产品罪的界限。这两个罪名是特别法与一般法的关系。依照刑法理论，当特别法与一般法出现竞合时应以特别法优于一般法为原则，依据上述原则在认定两罪时应按以下三种情况处理：(1)行为人生产、销售的伪劣产品是不符合标准的特定伪劣产品即医用器材，且足以对人体健康造成严重危害的，应定生产、销售不符合标准的医用器材罪。(2)行为人生产、销售的伪劣产品虽是不符合标准的特定伪劣产品即医用器材，但对人体健康不足以造成严重危害，而销售金额在5万元以上的，应定生产、销售伪劣产品罪。(3)行为人生产、销售的伪劣产品是不符合标准的特定伪劣产品即医用器材，且足以对人体健康造成严重危害，符合生产、销售不符合标准的医用器材罪的特征，销售金额又在5万元以上的，符合生产、销售伪劣产品罪的特征的，依照《刑法》第一百四十九条第二款的规定，采用重法优于轻法的原则，依照处刑较重的规定定罪处罚，即定生产、销售伪劣产品罪。

三、生产、销售不符合标准的医用器材罪的刑罚处罚

1.足以严重危害人体健康的，处三年以下有期徒刑，并处销售金额百分之五十以上二倍以下的罚金。

2.后果特别严重的，处三年以上十年以下有期徒刑，并处销售金额百分之五十以上二倍以下的罚金。

3.情节特别恶劣的，处十年以上有期徒刑或者无期徒刑，并处销售金额百分之五十以上二倍以下的罚金或者没收财产。

“严重危害人体健康的”“后果特别严重的”“情节特别恶劣的”，依据《最高人民法院、最高人民检察院关于办理生产、销售伪劣商品刑事案件具体应用法律若干问题的解释》第六条的规定认定。

相关法律条文

《刑法》

第一百四十五条　生产不符合保障人体健康的国家标准、行业标准的医疗器械、医用卫生材料，或者销售明知是不符合保障人体健康的国家标准、行业标

准的医疗器械、医用卫生材料，足以严重危害人体健康的，处三年以下有期徒刑或者拘役，并处销售金额百分之五十以上二倍以下罚金；对人体健康造成严重危害的，处三年以上十年以下有期徒刑，并处销售金额百分之五十以上二倍以下罚金；后果特别严重的，处十年以上有期徒刑或者无期徒刑，并处销售金额百分之五十以上二倍以下罚金或者没收财产。

《最高人民法院、最高人民检察院关于办理妨害预防、控制突发传染病疫情等灾害的刑事案件具体应用法律若干问题的解释》

第三条　在预防、控制突发传染病疫情等灾害期间，生产用于防治传染病的不符合保障人体健康的国家标准、行业标准的医疗器械、医用卫生材料，或者销售明知是用于防治传染病的不符合保障人体健康的国家标准、行业标准的医疗器械、医用卫生材料，不具有防护、救治功能，足以严重危害人体健康的，依照《刑法》第一百四十五条的规定，以生产、销售不符合标准的医用器材罪定罪，依法从重处罚。

医疗机构或者个人，知道或者应当知道系前款规定的不符合保障人体健康的国家标准、行业标准的医疗器械、医用卫生材料而购买并有偿使用的，以销售不符合标准的医用器材罪定罪，依法从重处罚。

《最高人民法院、最高人民检察院关于办理生产、销售伪劣商品刑事案件具体应用法律若干问题的解释》

第六条　生产、销售不符合标准的医疗器械、医用卫生材料，致人轻伤或者其他严重后果的，应认定为《刑法》第一百四十五条规定的“对人体健康造成严重危害”。

生产、销售不符合标准的医疗器械、医用卫生材料，造成感染病毒性肝炎等难以治愈的疾病、一人以上重伤、三人以上轻伤或者其他严重后果的，应认定为“后果特别严重”。

生产、销售不符合标准的医疗器械、医用卫生材料，致人死亡、严重残疾、感染艾滋病、三人以上重伤、十人以上轻伤或者造成其他特别严重后果的，应认定为“情节特别恶劣”。

医疗机构或者个人，知道或者应当知道是不符合保障人体健康的国家标准、行业标准的医疗器械、医用卫生材料而购买、使用，对人体健康造成严重危害的，以销售不符合标准的医用器材罪定罪处罚。

没有国家标准、行业标准的医疗器械，注册产品标准可视为“保障人体健康的行业标准”。

第五节 生产、销售有毒、有害食品罪

一、生产、销售有毒、有害食品罪的概念及特征

生产、销售有毒、有害食品行为是指生产者、销售者违反国家食品卫生管理法规，故意在生产、销售的食品中掺入有毒、有害的非食品原料，或者销售明知掺有有毒、有害的非食品原料的食品的行为。随着经济体制改革的不断深化，一些不法分子为了谋取巨额利益，不惜在生产、销售的食品中添加有毒、有害的非食品原料，造成了十分恶劣的影响。为了打击上述不法行为，《决定》第三条第二款规定了生产、销售有毒、有害食品罪。1997 年在修订《刑法》时，直接吸收《决定》的内容，在《刑法》第一百一十四条规定了生产、销售有毒、有害食品罪。但是处罚力量明显不够，不足以震慑犯罪分子。为了更好地适应打击犯罪的需要，结合同犯罪分子斗争的司法实践，2011 年 5 月 1 日正式生效的《刑法修正案（八）》再次对生产、销售有毒、有害食品罪进行了修订，在原有法律规定基础上，增加了严重情节，废止了有限度的罚金刑，直接改为罚金，这为打击此类犯罪，维护食品安全提供了更有效的法律依据。

本罪的特征是：

（一）主体

本罪的主体为一般主体，任何单位以及达到刑事责任年龄，具有刑事责任能力的自然人都可以构成，既包括合法的食品生产者、销售者，也包括非法的食品生产者、销售者。

（二）主观方面

本罪的主观方面只能是故意。行为人的故意表现在行为人明知是有毒、有害的非食品原料而故意掺入，或明知是掺有有毒、有害的非食品原料的食品而故意销售。至于行为人对生产、销售的有毒、有害食品可能会造成的严重后果则是采取放任的心理态度。行为人实施本罪一般是出于获取非法利润的目的，但谋取非法利润的目的不是本罪构成的必备要件。

（三）客体

本罪侵犯的客体是复杂客体，即国家对食品安全的管理制度以及不特定多数人的生命健康权利。国家为保障人民群众的生命健康，颁布了《中华人民共和国食品安全法》（以下简称《食品安全法》）、《中华人民共和国食品安全法实施细则》等一系列关于食品安全的法律、法规，建立了食品安全的监督管理制度。而生产、销售有毒、有害食品，就是对这一制度的侵犯；同时，在生产、销售的食品中

掺入有毒、有害的非食品原料，一旦进入市场，消费者是不特定的个人或者多数人，因此，生产、销售有毒、有害食品的行为同时侵犯了不特定多数人的生命健康权。

（四）客观方面

本罪在客观方面表现为在生产、销售的食品中掺入有毒、有害的非食品原料，或者销售明知掺有有毒、有害的非食品原料的食品的行为。所谓食品，是指各种供人食用或者饮用的成品和原料以及按照传统既是食品又是药品的物品，但是不包括以治疗为目的的物品。有毒、有害的非食品原料，是指无任何营养价值，根本不能食用，对人体具有生理毒性，食用后会引起不良反应，损害肌体健康的，不能食用的原料。

本罪主要表现为两种行为：一是行为人在生产、销售的食品中掺入有毒、有害的非食品原料的行为。如果掺入有害物属于食品原料，如防腐剂等，不构成本罪，但足以造成严重食物中毒事故或者其他严重食源性疾病的，可定生产、销售不符合安全标准的食品罪。至于非食品原料是否有毒、有害，要经过有关机关鉴定。二是行为人明知是掺有有毒、有害的非食品原料的食品而予以销售。即行为人虽未实施掺入有毒、有害非食品原料的行为，但他明知是有毒、有害食品仍予以销售。

本罪为行为犯罪。只要行为人出于故意，实施了在所生产、销售的食品中掺入有毒、有害的非食品原料之行为，或者明知是掺有有毒、有害物质的食品仍然予以销售的行为，就构成本罪既遂，而不论是否造成食用者人体健康的严重危害、致人死亡或者对人体健康造成特别严重的后果，如果造成上述严重后果，则按照结果加重犯处罚。

二、生产、销售有毒、有害食品罪的认定

（一）罪与非罪的判定

本罪为行为犯，只要行为人实施了生产、销售有毒、有害食品的行为，就可以构成本罪，至于是否已经销售，销售金额多少，不影响本罪的成立。但是，根据《刑法》第十三条的规定，情节显著轻微，危害不大的，不认为是犯罪。因此，行为可能造成危害后果的危险程度和可能造成危害的范围、程度的大小等对构成本罪有重要的影响。如果掺入的有毒、有害非食品原料数量少，情节显著轻微，危害不大的，不宜以犯罪论处。

（二）本罪与投放危险物质罪的界限

投放危险物质罪是指故意投放有毒性、放射性、传染病病原体等危险物质，危害公共安全的行为。投放危险物质罪中的投放有毒性物质的行为和生产、销

售有毒、有害食品罪在客观方面都使用了毒物，并且均危害了公共安全，有一定的相同或者相似之处。但它们的区别也是明显的，主要是：

1.犯罪主体不完全相同。投放危险物质的主体为一般主体且只能是自然人，14 周岁以上的人可以构成投放危险物质罪；本罪的主体为生产者、销售者，既可以是年满 16 周岁的自然人，也可以是单位。

2.犯罪的主观方面不同。本罪的主观方面是为追求不法利润，行为人在追求不法利润的过程中放任危害不待定的多数人的生命健康安全结果的发生。而投放危险物质罪，行为人主观方面可以是直接故意，也可以是间接故意，一般不是出于营利的目的。如果行为人生产、销售有毒、有害食品的目的就是追求致人伤亡的结果，应构成投放危险物质罪。

3.犯罪客体不完全相同。投放危险物质罪的客体为公共安全；本罪的客体为复杂客体，包括国家对食品卫生的监督管理秩序和广大消费者即不特定多数人的生命健康权利。

4.犯罪客观方面不尽相同。投放危险物质除了可以在食品中投放有毒物质外，也可以在其他场合投放有毒物质；本罪在客观方面表现为在生产、销售的食品中掺入有毒、有害的非食品原料，或者销售明知掺有有毒、有害的非食品原料的食品。

三、生产、销售有毒、有害食品罪的刑罚处罚

根据《刑法》第一百四十四条的规定，犯本罪的，处五年以下有期徒刑，并处罚金；对人体健康造成严重危害或者有其他严重情节的，处五年以上十年以下有期徒刑，并处罚金；致人死亡或者有其他特别严重情节的，依照《刑法》第一百四十一条的规定，处十年以上有期徒刑、无期徒刑或者死刑，并处罚金或者没收财产。根据《刑法》第一百五十条的规定，单位犯本罪的，对单位判处罚金，并对其直接负责的主管人员和其他直接责任人员，依照上述规定处罚。

相关法律条文

《刑法》

第一百四十四条　在生产、销售的食品中掺入有毒、有害的非食品原料的，或者销售明知掺有有毒、有害的非食品原料的食品的，处五年以下有期徒刑，并处罚金；对人体健康造成严重危害或者有其他严重情节的，处五年以上十年以下有期徒刑，并处罚金；致人死亡或者有其他严重情节的，依照本法第一百四十一条的规定处罚。

《刑法》

第一百五十条 单位犯本节第一百四十条至第一百四十八条规定之罪的，对单位判处罚金，并对其直接负责的主管人员和其他直接责任人员，依照各该条的规定处罚。

《最高人民法院、最高人民检察院关于办理危害食品安全刑事案件适用法律若干问题的解释》

第二条 生产、销售不符合食品安全标准的食品，具有下列情形之一的，应当认定为《刑法》第一百四十三条规定的“对人体健康造成严重危害”：

（一）造成轻伤以上伤害的；

（二）造成轻度残疾或者中度残疾的；

（三）造成器官组织损伤导致一般功能障碍或者严重功能障碍的；

（四）造成十人以上严重食物中毒或者其他严重食源性疾病的；

（五）其他对人体健康造成严重危害的情形。

第四条 生产、销售不符合食品安全标准的食品，具有下列情形之一的，应当认定为《刑法》第一百四十三条规定的“后果特别严重”：

（一）致人死亡或者重度残疾的；

（二）造成三人以上重伤、中度残疾或者器官组织损伤导致严重功能障碍的；

（三）造成十人以上轻伤、五人以上轻度残疾或者器官组织损伤导致一般功能障碍的；

（四）造成三十人以上严重食物中毒或者其他严重食源性疾病的；

（五）其他特别严重的后果。

第五条 生产、销售有毒、有害食品，具有本解释第二条规定情形之一的，应当认定为《刑法》第一百四十四条规定的“对人体健康造成严重危害”。

第六条 生产、销售有毒、有害食品，具有下列情形之一的，应当认定为《刑法》第一百四十四条规定的“其他严重情节”：

（一）生产、销售金额二十万元以上不满五十万元的；

（二）生产、销售金额十万元以上不满二十万元，有毒、有害食品的数量较大或者生产、销售持续时间较长的；

（三）生产、销售金额十万元以上不满二十万元，属于婴幼儿食品的；

（四）生产、销售金额十万元以上不满二十万元，一年内曾因危害食品安全违法犯罪活动受过行政处罚或者刑事处罚的；

（五）有毒、有害的非食品原料毒害性强或者含量高的；

（六）其他情节严重的情形。

第七条　生产、销售有毒、有害食品，生产、销售金额五十万元以上，或者具有本解释第四条规定的情形之一的，应当认定为《刑法》第一百四十四条规定的“致人死亡或者有其他特别严重情节”。

第九条　在食品加工、销售、运输、贮存等过程中，掺入有毒、有害的非食品原料，或者使用有毒、有害的非食品原料加工食品的，依照《刑法》第一百四十四条的规定以生产、销售有毒、有害食品罪定罪处罚。

在食用农产品种植、养殖、销售、运输、贮存等过程中，使用禁用农药、兽药等禁用物质或者其他有毒、有害物质的，适用前款的规定定罪处罚。

在保健食品或者其他食品中非法添加国家禁用药物等有毒、有害物质的，适用第一款的规定定罪处罚。

第十三条　生产、销售不符合食品安全标准的食品，有毒、有害食品，符合《刑法》第一百四十三条、第一百四十四条规定的，以生产、销售不符合安全标准的食品罪或者生产、销售有毒、有害食品罪定罪处罚。同时构成其他犯罪的，依照处罚较重的规定定罪处罚。

第十四条　明知他人生产、销售不符合食品安全标准的食品，有毒、有害食品，具有下列情形之一的，以生产、销售不符合安全标准的食品罪或者生产、销售有毒、有害食品罪的共犯论处：

（一）提供资金、贷款、账号、发票、证明、许可证件的；

（二）提供生产、经营场所或者运输、贮存、保管、邮寄、网络销售渠道等便利条件的；

（三）提供生产技术或者食品原料、食品添加剂、食品相关产品的；

（四）提供广告等宣传的。

第二十条　下列物质应当认定为“有毒、有害的非食品原料”：

（一）法律、法规禁止在食品生产经营活动中添加、使用的物质；

（二）国务院有关部门公布的《食品中可能违法添加的非食用物质名单》《保健食品中可能非法添加的物质名单》上的物质；

（三）国务院有关部门公告禁止使用的农药、兽药以及其他有毒、有害物质；

（四）其他危害人体健康的物质。

《最高人民检察院、公安部关于公安机关管辖的刑事案件立案追诉标准的规定(一)》

第二十条　[生产、销售有毒、有害食品案(《刑法》第一百四十四条)]在生产、销售的食品中掺入有毒、有害的非食品原料的，或者销售明知掺有有毒、有害的非食品原料的食品的，应予立案追诉。

使用盐酸克仑特罗（俗称“瘦肉精”）等禁止在饲料和动物饮用水中使用的药品或者含有该类药品的饲料养殖供人食用的动物，或者销售明知是使用该类药品或者含有该类药品的饲料养殖的供人食用的动物的，应予立案追诉。

明知是使用盐酸克仑特罗等禁止在饲料和动物饮用水中使用的药品或者含有该类药品的饲料养殖的供人食用的动物，而提供屠宰等加工服务，或者销售其制品的，应予立案追诉。

《最高人民法院、最高人民检察院关于办理非法生产、销售、使用禁止在饲料和动物饮用水中使用的药品等刑事案件具体应用法律若干问题的解释》

第三条　使用盐酸克仑特罗等禁止在饲料和动物饮用水中使用的药品或者含有该类药品的饲料养殖供人食用的动物，或者销售明知是使用该类药品或者含有该类药品的饲料养殖的供人食用的动物的，依照《刑法》第一百四十四条的规定，以生产、销售有毒、有害食品罪追究刑事责任。

第四条　明知是使用盐酸克仑特罗等禁止在饲料和动物饮用水中使用的药品或者含有该类药品的饲料养殖的供人食用的动物，而提供屠宰等加工服务，或者销售其制品的，依照《刑法》第一百四十四条的规定，以生产、销售有毒、有害食品罪追究刑事责任。

第五条　实施本解释规定的行为，同时触犯《刑法》规定的两种以上犯罪的，依照处罚较重的规定追究刑事责任。

第六条　禁止在饲料和动物饮用水中使用的药品，依照国家有关部门公告的禁止在饲料和动物饮用水中使用的药物品种目录确定。

《关于依法严惩“地沟油”犯罪活动的通知》

二、准确理解法律规定，严格区分犯罪界限

（一）对于利用“地沟油”生产“食用油”的，依照《刑法》第 144 条生产有毒、有害食品罪的规定追究刑事责任。

（二）明知是利用“地沟油”生产的“食用油”而予以销售的，依照《刑法》第 144 条销售有毒、有害食品罪的规定追究刑事责任。认定是否“明知”，应当结合犯罪嫌疑人、被告人的认知能力，犯罪嫌疑人、被告人及其同案人的供述和辩解，证人证言，产品质量，进货渠道及进货价格、销售渠道及销售价格等主、客观因素予以综合判断。

（三）对于利用“地沟油”生产的“食用油”，已经销售出去没有实物，但是有证据证明系已被查实生产、销售有毒、有害食品犯罪事实的上线提供的，依照《刑法》第 144 条销售有毒、有害食品罪的规定追究刑事责任。

（四）虽无法查明“食用油”是否系利用“地沟油”生产、加工，但犯罪嫌疑人、被告人明知该“食用油”来源可疑而予以销售的，应分别情形处理：经鉴定，检出有毒、有害成分的，依照《刑法》第144条销售有毒、有害食品罪的规定追究刑事责任；属于不符合安全标准的食品的，依照《刑法》第143条销售不符合安全标准的食品罪追究刑事责任；属于以假充真、以次充好、以不合格产品冒充合格产品或者假冒注册商标，构成犯罪的，依照《刑法》第140条销售伪劣产品罪或者第213条假冒注册商标罪、第214条销售假冒注册商标的商品罪追究刑事责任。

（五）知道或应当知道他人实施以上第（一）、（二）、（三）款犯罪行为，而为其掏捞、加工、贩运“地沟油”，或者提供贷款、资金、账号、发票、证明、许可证件，或者提供技术、生产、经营场所、运输、仓储、保管等便利条件的，依照本条第（一）、（二）、（三）款犯罪的共犯论处。

（六）对违反有关规定，掏捞、加工、贩运“地沟油”，没有证据证明用于生产“食用油”的，交由行政部门处理。

（七）对于国家工作人员在食用油安全监管和查处“地沟油”违法犯罪活动中滥用职权、玩忽职守、徇私枉法，构成犯罪的，依照《刑法》有关规定追究刑事责任。

第六节　生产、销售不符合安全标准的食品罪

一、生产、销售不符合安全标准的食品罪的概念及特征

生产、销售不符合安全标准的食品罪是指违反国家食品卫生管理法规，生产、销售不符合安全标准的食品，足以造成严重食物中毒事故或者其他严重食源性疾患，危害人体健康的行为。1997年在修订《刑法》时，吸收了《决定》的规定，在《刑法》第一百四十六条规定了生产、销售不符合卫生标准的食品罪，随着2009年2月28日《食品安全法》的颁布，1997年《刑法》关于生产、销售不符合卫生标准的规定已经不合时宜，为此，《刑法修正案（八）》将原《刑法》第一百四十三条中的“不符合卫生标准”修改为“不符合食品安全标准”。《最高人民法院、最高人民检察院关于执行〈中华人民共和国刑法〉确定罪名的补充规定（五）》相应地将罪名改为生产、销售不符合安全标准的食品罪。

本罪的特征是：

（一）主体

本罪的主体要件为一般主体，即达到刑事责任年龄，具有刑事责任能力的任何自然人均可构成本罪。单位也能构成本罪的主体。

（二）主观方面

主观方面是故意，即行为人明知生产、销售不符合安全标准的食品足以造成严重食物中毒或者其他食源性疾患，并且希望或者放任这种结果的发生。至于行为人是否以非法牟利为目的，在所不论。过失不构成本罪。

（三）客体

本罪的客体为复杂客体，即国家食品监督管理秩序和不特定多数人的生命健康权利。国家为了保证人民群众的身体健康，实行了严格的食品卫生监督制度，对食品的卫生规定了具体的标准，因而，生产、销售不符合安全标准的食品侵犯了对食品卫生的监督制度；同时，生产、销售不符合安全标准的食品的行为，都可能对他人的生命健康构成伤害，因而，本罪也侵犯了不特定多数人的生命健康权利。

（四）客观方面

本罪在客观方面表现为违反国家食品卫生管理法规，生产、销售不符合卫生标准的食品，足以造成严重食物中毒事故或者其他严重食源性疾患的行为。成立犯罪包括两个方面条件：

1. 行为人实施生产、销售不符合安全标准的食品的行为。所谓生产、销售不符合安全标准的食品主要是指违反《食品安全法》第二十八条的规定，生产、经营下列 11 种食品之一的行为：(1)用非食品原料生产的食品或者添加食品添加剂以外的化学物质和其他可能危害人体健康物质的食品，或者用回收食品作为原料生产的食品。(2)致病性微生物、农药残留、兽药残留、重金属、污染物质以及其他危害人体健康的物质含量超过食品安全标准限量的食品。(3)营养成分不符合食品安全标准的专供婴幼儿和其他特定人群的主辅食品。(4)腐败变质、油脂酸败、霉变生虫、污秽不洁、混有异物、掺假掺杂或者感官性状异常的食品。(5)病死、毒死或者死因不明的禽、畜、兽、水产动物肉类及其制品。(6)未经动物卫生监督机构检疫或者检疫不合格的肉类，或者未经检验或者检验不合格的肉类制品。(7)被包装材料、容器、运输工具等污染的食品。(8)超过保质期的食品。(9)无标签的预包装食品。(10)国家为防病等特殊需要明令禁止生产经营的食品。(11)其他不符合食品安全标准或者要求的食品。

2. 足以造成严重食物中毒事故或者其他严重食源性疾患。所谓足以造成严重食物中毒事故或者其他严重食源性疾患，是指经省级以上卫生行政部门确定的机构鉴定，食品中含有可能导致严重食物中毒事故或者其他严重食源性疾患的超标准的有害细菌或者其他污染物的情况。本罪不要求实际发生严重危害结果。因此，本罪是危险犯，只要行为人实施了生产、销售不符合安全标准的食品，足以造成严重食物中毒或者其他严重食源性疾病的，即成立本罪的既遂。如果不足以造成严重食物中毒事故或者其他严重食源性疾患的，不成立本罪，但销售金额在5万元以上的，应以生产、销售伪劣产品罪论处。

二、生产、销售不符合安全标准的食品罪的认定

(一)本罪与生产、销售伪劣产品罪的区别

两者在犯罪主体、犯罪客体、行为方式等方面具有相同或相似之处，主要区别在于：

1. 犯罪对象不同。本罪的犯罪对象仅限于不符合安全标准的食品；而后者是伪劣产品，比前者的对象范围大得多。

2. 构成犯罪的标准不同。前者要求造成严重后果的，才构成犯罪；而后者则要求销售金额在5万元以上。根据《刑法》第一百四十九条之规定，生产、销售不符合安全标准的产品不构成生产、销售不符合安全标准的产品罪，但是销售金额在5万元以上的，依照生产、销售伪劣产品罪的规定处罚。生产、销售不符合安全标准的产品，构成生产、销售不符合安全标准的产品罪，同时又构成生产、销售伪劣产品罪的，依照处罚较重的规定处罚。

(二)本罪与生产、销售有毒、有害食品罪的区别

两罪在犯罪主体、主观方面、客体和客观方面具有相同或者相似之处。从广义上来说，掺入有毒、有害非食品原料的食品本身也是一种不符合安全标准的食品。生产、销售有毒、有害食品罪与生产、销售不符合安全标准的食品罪的主要区别在于：

1. 生产、销售有毒、有害食品罪是行为犯，不要求必须有实害结果的发生；生产、销售不符合安全标准的食品罪是危险犯，即行为必须足以造成严重食物中毒或者其他严重食源性疾病才可构成犯罪。

2. 主观认识内容不同。前者的认识因素是明知生产、销售的食品不符合安全标准；后者的认识因素是明知掺入食品的是有毒、有害的非食品原料。

3. 犯罪的客体不完全相同。本罪的犯罪客体是有毒、有害食品以外的不符合安全标准的食品；生产、销售有毒、有害食品罪的犯罪客体是含有有毒、有害物质，可能对消费者即不特定多数人的生命健康权利造成不利影响的食品。

4. 犯罪客观方面的行为不同。生产、销售不符合安全标准的食品罪的客观方面表现为在生产、销售的食品中掺入有毒、有害非食品原料；后者在客观方面表现为在生产、销售的食品中掺入有毒、有害非食品原料或者销售明知掺有有毒、有害非食品原料的食品的行为。

三、生产、销售不符合安全标准的食品罪的刑罚处罚

根据《刑法》第一百四十三条、第一百五十条之规定，个人犯本罪的，处三

年以下有期徒刑或者拘役，并处罚金；对人体健康造成严重危害或者有其他严重情节的，处三年以上七年以下有期徒刑，并处罚金；后果特别严重的，处七年以上有期徒刑或者无期徒刑，并处罚金或者没收财产。单位犯本罪的，对单位判处罚金，并对其直接负责的主管人员和其他直接责任人员，依照本条的规定处罚。

相关法律条文

《刑法》

第一百四十三条　生产、销售不符合食品安全标准的食品，足以造成严重食物中毒事故或者其他严重食源性疾病的，处三年以下有期徒刑或者拘役，并处罚金；对人体健康造成严重危害或者有其他严重情节的，处三年以上七年以下有期徒刑，并处罚金；后果特别严重的，处七年以上有期徒刑或者无期徒刑，并处罚金或者没收财产。

《最高人民法院、最高人民检察院关于办理危害食品安全刑事案件适用法律若干问题的解释》

第一条　生产、销售不符合食品安全标准的食品，具有下列情形之一的，应当认定为《刑法》第一百四十三条规定的“足以造成严重食物中毒事故或者其他严重食源性疾病”：

（一）含有严重超出标准限量的致病性微生物、农药残留、兽药残留、重金属、污染物质以及其他危害人体健康的物质的；

（二）属于病死、死因不明或者检验检疫不合格的畜、禽、兽、水产动物及其肉类、肉类制品的；

（三）属于国家为防控疾病等特殊需要明令禁止生产、销售的；

（四）婴幼儿食品中生长发育所需营养成分严重不符合食品安全标准的；

（五）其他足以造成严重食物中毒事故或者严重食源性疾病的情形。

第二条　生产、销售不符合食品安全标准的食品，具有下列情形之一的，应当认定为《刑法》第一百四十三条规定的“对人体健康造成严重危害”：

（一）造成轻伤以上伤害的；

（二）造成轻度残疾或者中度残疾的；

（三）造成器官组织损伤导致一般功能障碍或者严重功能障碍的；

（四）造成十人以上严重食物中毒或者其他严重食源性疾病的；

（五）其他对人体健康造成严重危害的情形。

第三条　生产、销售不符合食品安全标准的食品，具有下列情形之一的，应当认定为《刑法》第一百四十三条规定的“其他严重情节”：

（一）生产、销售金额二十万元以上的；

（二）生产、销售金额十万元以上不满二十万元，不符合食品安全标准的食品数量较大或者生产、销售持续时间较长的；

（三）生产、销售金额十万元以上不满二十万元，属于婴幼儿食品的；

（四）生产、销售金额十万元以上不满二十万元，一年内曾因危害食品安全违法犯罪活动受过行政处罚或者刑事处罚的；

（五）其他情节严重的情形。

第四条　生产、销售不符合食品安全标准的食品，具有下列情形之一的，应当认定为《刑法》第一百四十三条规定的“后果特别严重”：

（一）致人死亡或者重度残疾的；

（二）造成三人以上重伤、中度残疾或者器官组织损伤导致严重功能障碍的；

（三）造成十人以上轻伤、五人以上轻度残疾或者器官组织损伤导致一般功能障碍的；

（四）造成三十人以上严重食物中毒或者其他严重食源性疾病的；

（五）其他特别严重的后果。

《最高人民检察院、公安部关于公安机关管辖的刑事案件立案追诉标准的规定(一)》

第十九条　[生产、销售不符合卫生标准的食品案(《刑法》第一百四十三条)]生产、销售不符合卫生标准的食品，涉嫌下列情形之一的，应予立案追诉：

（一）含有可能导致严重食物中毒事故或者其他严重食源性疾患的超标准的有害细菌的；

（二）含有可能导致严重食物中毒事故或者其他严重食源性疾患的超标准的其他污染物的。

本条规定的“不符合卫生标准的食品”，由省级以上卫生行政部门确定的机构进行鉴定。

《食品安全法》

第二十八条　禁止生产经营下列食品：

（一）用非食品原料生产的食品或者添加食品添加剂以外的化学物质和其他可能危害人体健康物质的食品，或者用回收食品作为原料生产的食品；

（二）致病性微生物、农药残留、兽药残留、重金属、污染物质以及其他危害人体健康的物质含量超过食品安全标准限量的食品；

（三）营养成分不符合食品安全标准的专供婴幼儿和其他特定人群的主辅食品；

（四）腐败变质、油脂酸败、霉变生虫、污秽不洁、混有异物、掺假掺杂或者感官性状异常的食品；

（五）病死、毒死或者死因不明的禽、畜、兽、水产动物肉类及其制品；

（六）未经动物卫生监督机构检疫或者检疫不合格的肉类，或者未经检验或者检验不合格的肉类制品；

（七）被包装材料、容器、运输工具等污染的食品；

（八）超过保质期的食品；

（九）无标签的预包装食品；

（十）国家为防病等特殊需要明令禁止生产经营的食品；

（十一）其他不符合食品安全标准或者要求的食品。

第九十八条　违反本法规定，构成犯罪的，依法追究刑事责任。

第七节　食品监管渎职罪

一、食品监管渎职罪的概念及特征

食品监管渎职罪，是指负有食品安全监督管理职责的国家机关工作人员，滥用职权或者玩忽职守，导致发生重大食品安全事故或者造成其他严重后果的行为。近年来，在我国出现了“地沟油”“毒大米”“阜阳劣质奶粉”“三鹿三聚氰胺奶粉”“双汇健美猪”等等食品安全事件，引发了人民群众对食品安全监管工作人员的严重信任危机。食品安全监管工作人员食品商检不到位、放纵假冒伪劣商品、不执行标准、随意下发产品许可证等渎职行为与食品安全问题突显有必然的关系。2011 年 2 月 25 日《刑法修正案（八）》规定，在《刑法》第四百零八条“环境监管失职罪”后增加一条，作为第四百零八条之一：“负有食品安全监督管理职责的国家机关工作人员，滥用职权或者玩忽职守，导致发生重大食品安全事故或者造成其他严重后果的，处五年以下有期徒刑或者拘役；造成特别严重后果的，处五年以上十年以下有期徒刑。徇私舞弊犯前款罪的，从重处罚。”2011 年 4 月 27 日，《最高人民法院、最高人民检察院关于执行〈中华人民共和国刑法〉确定罪名的补充规定（五）》将该条罪名确定为“食品监管渎职罪”。

本罪的特征是：

（一）主体

本罪的犯罪主体是特殊主体，即负有食品安全监督管理职责的国家机关工作人员。负有食品安全监督管理职责的国家机关工作人员主要是国务院主管食品安全监管的主管部门及其地方相应部门的工作人员,包括国家卫生与计生委员会、国家农业委员会、国家药品食品监管总局、国家工商总局、国家质量监督检验检疫总局等相关部门,以及县级以上人民政府的相关部门工作人员。2002年12月28日颁布的《全国人民代表大会常务委员会关于〈中华人民共和国刑法〉第九章渎职罪主体适用问题的解释》规定:"在依照法律、法规规定行使国家行政管理职能的组织中从事公务的人员,或者在受国家机关委托代表国家机关行使职权的组织中从事公务的人员,或者虽未列入国家机关人员编制但在国家机关中从事公务的人员,在代表国家行使职权时,有渎职行为,构成犯罪的,依照《刑法》关于渎职罪的规定追究刑事责任。"可见,行为人是否具有国家机关工作人员的身份并不是构成犯罪主体的唯一标准,是否履行管理职权才是判断本罪犯罪主体的必要因素。

(二)主观方面

本罪的主观方面表现为滥用职权或玩忽职守两种行为。滥用职权类的犯罪属于故意犯罪,而玩忽职守类的犯罪属于过失犯罪,刑法修正案把两种主观方面表现不同的情形规定为一个罪名。本书认为应做如下理解:一是行为人对于损害国家食品安全监管制度是故意,希望或者放任这一结果发生。二是行为人对发生重大食品安全事故或造成其他严重后果表现为过失。即在主观上应该预见自己的玩忽职守或滥用职权行为可能导致发生重大食品安全事故或者造成其他严重后果,或者已经预见而轻信能够避免。行为人玩忽职守或滥用职权的行为是故意的,但对损害结果的发生是过失。食品监管人员行使国家监督管理职权,熟悉本部门的监管业务活动,对渎职行为的社会危害性即发生的重大安全事故或者其他严重后果具有认识可能性,对渎职行为的违法性即违反食品监督管理法律法规是知道或应当知道的。但滥用职权或者玩忽职守的食品监管人员对结果的发生是持过失的心理状态。若行为人对导致发生重大安全事故或者其他严重后果存在追求、希望的意志因素,则是直接对不特定多数人生命健康或者重大公私财产安全的侵害,就应当构成危害公共安全方面的犯罪。

(三)客体

本罪侵犯的是国家食品安全监管机关的正常监管活动。表现在对食品监督管理制度造成破坏,影响国家食品安全监管活动的合法性、公正性以及有效的执行。客观上还同时会给不特定多数人的生命健康以及公共财产的安全造成威胁,甚至造成损害。虽然食品监管人员的渎职行为在客观上使食品安全犯罪行为增加,进而威胁人们的生命健康和社会公共安全,但是重大食品安全事故或者其他严重后果的发生并不是食品监管人员直接造成的,而是由危害食品安全的违法犯罪行为直接造成的。重大食品安全事故或者其他严重后果是本罪客体被侵害之后表现出来的犯罪结果，而不是食品安全监管机关的行为直接造成的危害结果。食品监管人员的责任具有间接性、非主导性，因而食品监管行为人的不法行为对危害结果的发生是一种可能性而非必然性。食品监管渎职罪是特殊的渎职罪，渎职罪的同类客体是国家机关的正常活动。

（四）客观方面

1.本罪的客观行为表现为玩忽职守或者滥用职权危害社会的行为。包括作为和不作为两种行为方式：一是滥用职权的积极作为，即超越职权范围或者违背法律授权的宗旨，不在职权范围内行使职权。《食品安全法》第六十条规定："食品安全监督管理部门对食品不得实施免检。县级以上质量监督、工商行政管理、食品药品监督管理部门应当对食品进行定期或者不定期的抽样检验。进行抽样检验，应当购买抽取的样品，不得收取检验费和其他任何费用。县级以上质量监督、工商行政管理、食品药品监督管理部门在执法工作中需要对食品进行检验的，应当委托符合本法规定的食品检验机构进行，并支付相关费用。对检验结论有异议的，可以依法进行复检。"该规定表明，我国法律明确规定了食品安全监督管理的国家机关工作人员负有监督管理的职责和权利，但不得滥用，而应当按有关法律规范行使职权。二是玩忽职守的消极不作为，即明知负有食品安全监管职责而不履行监管义务，或在工作中严重不负责任，不认真履行职责。《食品安全法》第十六条规定："食品安全风险评估结果是制定、修订食品安全标准和对食品安全实施监督管理的科学依据。食品安全风险评估结果得出食品不安全结论的，国务院质量监督、工商行政管理和国家食品药品监督管理部门应当依据各自职责立即采取相应措施，确保该食品停止生产经营，并告知消费者停止食用；需要制定、修订相关食品安全国家标准的，国务院卫生行政部门应当立即制定、修订。"如果国家机关的监管人员不按规定履行此监管义务，或不认真履行此监管义务，就是一种玩忽职守的行为，就可能造成食品安全事故。

2.导致发生重大食品安全事故或者造成其他严重后果。食品监管渎职罪属于结果犯，导致发生重大食品安全事故或者其他严重危害结果是认定本罪成立的关键。《食品安全法》第九十九条规定："食源性疾病，指食品中致病因素进入人体引起的感染性、中毒性等疾病。食物中毒，指食用了被有毒有害物质污染的食品或者食用了含有毒有害物质的食品后出现的急性、亚急性疾病。食品安全事故，指食物中毒、食源性疾病、食品污染等源于食品，对人体健康有危害或者可能有危害的事故。"国务院发布的《国家食品安全事故应急预案》把食品安全事故分为四级，即特别重大食品安全事故、重大食品安全事故、较大食品安全事故和一般食品安全事故。并明确事故等级的评估核定，由卫生与计生行政部门会同有关部门依照有关规定进行。构成本罪要求造成重大食品安全事故，而不是一般食品安全事故和较大的食品安全事故。“造成其他严重后果”是立法中的一个兜底性规定，应当理解为滥用食品监管职权或者玩忽食品监管职责造成食品安全领域中其他公私财产严重损失或者人身伤亡等严重后果，司法实践中，一般要通过司法解释规定。

3.本罪客观危害行为与危害结果的关系。食品监管渎职罪是特殊的渎职罪，实践表明，重大食品安全事故或者其他严重后果的发生是食品监管人员与其他食品违法犯罪分子共同作用的结果。渎职行为与实际危害结果之间是一种间接关系而非直接关系，因此，食品监管人员对严重食品安全事故或其他严重后果的发生承担的是间接责任。

二、食品监管渎职罪的认定

（一）罪与非罪的认定

首先是对犯罪主体的认识和判断。本罪是纯正的身份犯，犯罪主体属于特殊主体，一方面必须是国家机关工作人员或履行国家公职的人员，另一方面还必须履行食品安全的监管职责。其次要看行为人是否滥用职权或玩忽职守，重要的是看是否造成了重大食品安全事故或者造成其他严重后果。行为人虽然有滥用职权或玩忽职守的行为，但是只要没有发生重大食品安全事故或者造成其他严重后果，就不会构成犯罪。如果造成了一定的后果，可能会受行政处罚。

（二）食品监管渎职罪与其他罪的区别

1.食品监管渎职罪与滥用职权罪、玩忽职守罪的区别。刑法规定国家机关工作人员滥用职权或者玩忽职守，致使公共财产、国家和人民利益遭受重大损失的，构成滥用职权罪或玩忽职守罪。食品监管渎职罪是从滥用职权罪和玩忽职守罪中分离出来专门打击食品领域渎职行为的特殊罪名。从两罪的犯罪构成来看，食品监管渎职罪与滥用职权罪、玩忽职守罪在主体、客体、客观方面都体现了特殊和一般的关系。食品监管渎职罪的犯罪主体是负有食品监管职责的国家机关工作人员，客体是食品安全监管机关的正常工作秩序，客观方面表现为导致发生重大食品安全事故或者造成其他严重后果，与一般渎职罪相比有其自身的特殊性。食品监管渎职罪是特殊罪名，滥用职权罪和玩忽职守罪是一般罪名，应当遵循特殊罪名优先于一般罪名适用的原则。也就是说，食品监管人员滥用职权或者玩忽职守，导致发生重大食品安全事故或者造成其他严重后果的，应当优先适用食品监管渎职罪。如果食品监管人员滥用职权或者玩忽职守所造成的危害结果没有达到重大食品安全事故或者造成其他严重后果，也就是说，没有达到食品监管渎职罪的立案标准，可根据情况适用滥用职权罪或玩忽职守罪定罪量刑。

2.食品监管渎职罪与动植物检疫徇私舞弊罪、动植物检疫失职罪、传染病防治失职罪的区别。食品监管渎职罪与后三罪都归属于渎职类罪名。动植物检疫部门、从事传染病防治的卫生与计生行政部门都属于我国食品监管体制内的监管部门，享有食品监管职权和负有食品监管职责，存在交叉关系。当后三罪主体在进行食品安全监督管理时，滥用职权或者玩忽职守，导致发生重大食品安全事故或者造成其他严重后果时，动植物检疫部门、从事传染病防治的卫生与计生行政部门的工作人员就会成为食品监管渎职罪的犯罪主体，构成食品监管渎职罪。当导致的危害结果没有达到重大食品安全事故或者造成其他严重后果时，就没有达到食品监管渎职罪的立案标准，不构成食品监管渎职罪，但是如果达到后三罪罪名的立案标准，就适用后三罪的罪名定罪量刑，如果不满后三罪的立案标准，但满足构成滥用职权罪或玩忽职守罪的条件，还可以适用滥用职权罪或玩忽职守罪定罪量刑。动植物检疫徇私舞弊罪的处刑幅度规定与食品安全监管渎职罪基本一致，因此，如果动植物检疫部门工作人员在履行食品安全监督管理职责过程中徇私舞弊渎职犯罪并具备有关情形，可以参照动植物检疫徇私舞弊罪立案标准规定予以追究。

三、食品监管渎职罪的刑罚处罚

1.导致发生重大食品安全事故或者造成其他严重后果的，处五年以下有期徒刑或者拘役。

2.造成特别严重后果的，处五年以上十年以下有期徒刑。

3.徇私舞弊犯食品监管渎职罪的，从重处罚。

相关法律条文

《刑法修正案(八)》

四十九、在《刑法》第四百零八条后增加一条，作为第四百零八条之一："负有食品安全监督管理职责的国家机关工作人员，滥用职权或者玩忽职守，导致发生重大食品安全事故或者造成其他严重后果的，处五年以下有期徒刑或者拘役；造成特别严重后果的，处五年以上十年以下有期徒刑。

"徇私舞弊犯前款罪的，从重处罚。"

第三章 危害卫生防疫管理罪

所谓卫生防疫犯罪是指违反国家有关卫生防疫管理的法律规定，从事危害卫生防疫的行为，已经或者可能损害公众的健康，依照我国《刑法》应该追究刑事责任的一类罪。包括本章所涉及的妨害传染病防治罪，传染病菌种、毒种扩散罪，妨害国境卫生检疫罪，妨害动植物防疫、检疫罪，动植物检疫徇私舞弊病，动植物检疫失职罪，传染病防治失职罪等。此类犯罪具有如下特征：

1.行为的违法性。卫生防疫犯罪首先表现为违反国家有关法律、法规关于卫生防疫的规定，或其行为与国家有关公共防疫的法律、法规规定不符。

2.行为的危害性。卫生防疫犯罪的行为之所以为国家法律、法规、政策所禁止，是因为它可能造成疾病流行或者传播，危害公众的健康，甚至已经造成疾病的发生，而且该类疾病危害可能涉及面很广，危害程度高，一旦发生，难以控制。

3.危害的广泛性。一方面是危害的对象广泛，其面向的是社会公众，而不是特定的个人；另一方面，造成的危害也多种多样，可能影响公众的健康，也可能造成疾病流行，甚至可能造成大范围的疾病传播。

4.结果的严重性。造成的结果常常是危害比较大的中毒或者疾病，轻者造成公众不同程度的身心伤害，重者可能留有严重后遗症甚至死亡。

第一节 妨害传染病防治罪

一、妨害传染病防治罪的概念及特征

妨害传染病防治罪，是指违反传染病防治法的规定，引起甲类传染病的传播或者有传播严重危险的行为。传染病是由致病微生物如细菌、病毒、立克次体、寄生虫等侵入人体，发生的使人体健康遭受某种损害以至危及生命的疾病，它具有传染性、流行性、免疫性，对人民群众生命健康的危害巨大。我国政府贯彻预防为主、防治结合的方针，制定了一系列预防、控制传染病的制度和措施。1955年7月经国务院批准，原卫生部发布了《传染病管理办法》，并于1956年和1957年先后加以补充。1989年2月21日，第七届全国人民代表大会常务委员会第六次会议通过了《传染病防治法》，2004年8月28日，第十届全国人民代表大会

常务委员会第十一次会议修订了《传染病防治法》，总结了多年来传染病防治的经验，将我国关于传染病的防治工作纳入法律轨道。1997年《刑法》在第三百三十条新设立了妨害传染病防治罪，进一步加大了传染病防治的力度。“非典”疫情在我国部分地区暴发后，2003年5月14日，最高人民法院和最高人民检察院又联合发布了《关于办理预防、控制突发传染病疫情等灾害的刑事案件具体应用法律若干问题的解释》，促进了预防、控制突发传染病疫情等灾害工作的顺利进行，2013年6月29日，第十二届全国人民代表大会常务委员会第三次会议又对《传染病防治法》进行了修正。

本罪的特征是：

（一）主体

本罪的主体是一般主体，包括自然人和单位。从《刑法》第三百三十条规定的四种行为来看，我们可将本罪的主体分为以下四类：

1.“供水单位供应的饮用水不符合国家规定的卫生标准”的主体，通常是指城乡自来水厂，以及厂矿、企业、学校、部队等自备水源的集中式供水单位，或上述单位中对饮用水卫生标准直接负责的主管人员和其他直接责任人员。另外，未经批准擅自将自备水源与城镇集中式供水系统连接的单位或个人，也可以成为本罪主体。

2.“拒绝按照卫生防疫机构提出的卫生要求，对传染病病原体污染的污水、污物、粪便进行消毒处理”的主体范围比较广，有城建、环卫、医疗、防疫、商业、供销等部门及有关人员，如个体商贩、个体诊所医生等，另外，各级、各类卫生防疫机构也可以成为本罪主体。

3.“准许或者纵容传染病病人、病原携带者和疑似传染病病人从事国务院卫生行政部门规定禁止从事的易使该传染病扩散的工作”的主体，主要是指提供国务院卫生行政部门规定禁止甲类传染病人、病原携带者、疑似甲类传染病病人从事的易使甲类传染病扩散的工作的有关单位或个人，如：生产、管理、供应引用水的单位或个人；托幼机构；从事食品生产、加工、销售的单位或个人等。

4.“拒绝执行卫生防疫机构依照传染病防治法提出的预防、控制措施”的主体最为广泛，可以是：医疗卫生器械的生产、销售、使用部门；大型建设项目主管部门；使用国务院卫生行政部门禁止进口的血液和血液制品的单位或个人；非法经营、出售用于预防传染病的菌品、毒品等生物制品的单位和个人等。

（二）主观方面

关于本罪的主观方面，刑法学界早期存在几种不同的认识：第一种观点认为，本罪在主观方面属于过失，具体表现为行为人对引起甲类传染病传播或有传播危险这一危害结果的发生是疏忽大意或过于自信，但行为人对违反传染病防治法规定的行为则可能是故意；第二种观点认为，本罪在主观方面出于故意，即行为人违反传染病防治法规定的行为系出于故意，但行为人对其行为所引起甲类传染病传播或有传播严重危险的结果则是过失；第三种观点认为，本罪在主观方面出于故意，这一故意不仅体现在行为人对违反传染病防治法规定的行为上，而且还体现在行为人对其行为所造成的危害结果上，简言之，只有行为人故意实施违反传染病防治法规定的行为，并且希望或者放任引起甲类传染病传播或者有传播严重危险这一危害结果发生的才构成犯罪。目前刑法学者对本罪的主观方面也存在不同的认识：第一种观点认为，本罪在主观方面是故意，即明知自己的行为会引起甲类传染病传播或者有传播的严重危险而故意为之；第二种观点认为，本罪的主观罪过形式可以表现为故意，也可以表现为过失；第三种观点认为，本罪主观方面是间接故意或过失；第四种观点认为，本罪主观方面是过失，即行为人对于自己的行为引起甲类传染病传播或者有传播严重危险的结果应当预见而没有预见，或者虽有预见但轻信能够避免，但是行为人对于自己的行为违反传染病防治规定则可能是明知的。

本书认为，本罪在主观方面表现为过失，即行为人对引起甲类传染病传播或有传播严重危险这一结果是不明知的，但行为人违反传染病防治法规定的行为则是故意的。如果行为人明知会引起甲类传染病传播或有传播严重危险而仍实施违反传染病防治法规定的行为的，则不能以本罪论处，而应以危害公共安全罪论处。一方面，行为人对违反传染病防治法规定的行为本身所持有的主观心理状态通常表现为故意，也可以是过失。但并不是罪过形态的故意和过失，而是日常用语意义上的故意与过失。另一方面，行为人对违法行为所造成的引起甲类传染病传播或有传播的严重危险这一危害结果所持的主观心态只能表现为过失。此过失是罪过形态的过失。

（三）客体

刑法学界关于本罪的客体存在几种不同的观点：第一种观点认为，本罪侵犯的客体是公众的健康乃至生命及社会秩序的安定；第二种观点认为，本罪侵犯的客体是国家医疗卫生管理秩序，特别是国家防治传染病的政策和有关活动以及不特定多数人的生命健康安全；第三种观点认为，本罪侵犯的客体是国家对传染病防治的管理秩序和不特定多数人的生命健康安全；第四种观点认为，本罪侵犯的客体是复杂客体，其主要客体是国家关于传染病防治的管理制度，次要客体是公共卫生；第五种观点认为，本罪侵犯的客体是国家对传染病防治的有关管理制度。

本书认为，本罪侵害的客体是复杂客体，即国家预防、控制传染病的管理活动和社会公众的生命健康权利。违反传染病防治规定的行为，不仅侵犯了传染病防治的管理制度，同时也可引起各类传染病的传播，造成传染病流行的严重危险。具体而言：

1. 本罪侵犯的主要客体是国家预防、控制传染病的管理活动。新中国成立前，传染病广泛传播流行，特别是鼠疫、霍乱、天花等传染病，夺走了成千上万人的生命。新中国成立后，党和政府极其重视人民的健康，制定了一系列的法律法规，以预防和控制传染病的流行。本罪的行为人首先是对传染病防治之法定义务的直接违背，即对国家预防、控制传染病的管理活动的侵犯。

2. 本罪的次要客体是社会公众的生命健康权利。国家建立、维护传染病的正常管理秩序，最终目的是预防、控制和消除传染病，保障广大人民的生命健康安全。因此，本罪不仅仅是对国家关于传染病防治管理活动的侵害，更是对社会公众的生命健康造成了重大威胁或危害。

（四）客观方面

本罪的客观方面表现为两个方面的内容，即行为违反了国家预防、控制传染病的制度，并且引起了甲类传染病的传播或者有传播的严重危险。

其一，行为人实施了违反国家预防、控制传染病的制度的行为。包括四种行为：

1. 供水单位供应的饮用水不符合国家规定的饮用标准。具体包括集中式供水单位供应的饮用水不符合国家《生活用水卫生标准》和单位自备水源的要求，未经批准与城镇集中式供水系统相连接。

2. 拒绝按照卫生防疫机构提出的要求，对传染病病原体污染的污水、污物、粪便进行消毒处理。不仅包括对有传染病病原体的污水、污物、粪便未进行任何消毒处理的情形，也包括形式上虽然进行“消毒”处理，但敷衍了事，不负责任，未达到卫生防疫机构所提出的要求和有关法律、法规规定的消毒标准的情形。

3. 准许或者纵容传染病病人、病原携带者和疑似传染病病人从事国务院卫生行政部门规定禁止从事的易使该传染病扩散的工作。其中，病原携带者指感染病原体无临床症状但能排出病原体的人；禁止从事的工作包括饮水、饮食、整容、保育等易使传染病扩散的工作。

4. 拒绝执行卫生防疫机构依照传染病防治法提出的预防、控制措施，如：拒绝对传染病病人、病原携带者进行隔离治疗；拒绝对传染病病人尸体进行消毒处理、解剖、火化或深埋；在传染病暴发、流行时拒绝执行政府的紧急措施而拒不停工、停课、停业等等。

其二，由于本罪的结果是引起了甲类传染病的传播或者有传播的严重危险，因此本罪是结果犯，如果只有违反传染病防治法的行为而未产生结果或未产生引起结果的严重危险，不构成本罪。本罪的传染病、传染病病人等仅指甲类传染病、甲类传染病人，不包括乙类和丙类传染病、传染病人。《传染病防治法》将传染病分为甲类、乙类和丙类三类，甲类传染病仅指鼠疫、霍乱。

二、妨害传染病防治罪的认定

（一）罪与非罪的判定

1. 本罪与一般违法行为。妨害传染病防治罪必须是引起甲类传染病传播或者有传播的严重危险的行为。一般违法行为没有造成甲类传染病传播的结果，也不可能有甲类传染病传播的严重危险。对违反《传染病防治法》规定的一般行为，应由县级以上政府卫生行政部门责令限期改正，可以处以罚款；造成传染病流行危险的，由卫生行政部门报请同级政府做出具体行政行为。

2. 本罪与自然事故、技术事故的界限。自然事故，是指不因人们的主观意志为转移的自然原因如地震、山洪暴发等引起的事故。一般认为，大灾之后有大疫。如果自然灾害发生后，又引起重大传染病疫情的，就属于自然事故。技术事故，是指技术条件或设备条件不良而发生的事故。如消毒设备突然出现故障，使饮用水未得到净化，未达到国家规定的卫生标准，就属于技术事故。行为人对自然事故、技术事故中损害结果的发生既不存在过失，也无罪过，不能追究有关人员的责任；而本罪行为人对危害结果的发生持有的是过失的心理态度，应追究刑事责任。

3. 注意区分"甲类传染病"与"按甲类传染病管理"的传染病。"按甲类传染病管理"的传染病是指一旦发生疫情，采取甲类传染病的预防控制措施，但并非认定为"甲类传染病"。2003 年发生的全国第一例在治疗期间的"非典"患者"脱逃"事件，因其"脱逃"的这段时间给所接触的人员带来了极大的危害，妨害了该传染病的治疗防治工作，司法机关以涉嫌妨害传染病防治罪对其立案调查，就是混淆了这两个概念，将某些"按甲类传染病管理"的传染病也认定为"甲类传染病"，造成妨害传染病防治罪适用的不正确。由于"非典"并不是甲类传染病，只是"按甲类传染病管理"的传染病，因此该行为人不构成本罪。

（二）妨害传染病防治罪与故意伤害罪的区别

如果行为人针对特定的人实施违反传染病防治法的行为，造成特定人感染传染病，则不宜认定为本罪，应以故意伤害罪论处。例如：王某是名鼠疫患者，在医院治疗期间，不服从医院的隔离措施，逃回自己居住的村庄，结果导致 21 名村民感染，其中有 3 人死亡。王某应构成妨害传染病防治罪。如果王某为了报复本村的张某，而故意向张某传播传染病，造成张某感染了鼠疫疾病，则此时王某就构成故意伤害罪。

（三）妨害传染病防治罪与过失以危险方法危害公共安全罪的区别

过失以危险方法危害公共安全罪是指行为人过失地以与放火、决水、爆炸、投毒等危险性相当的其他危险方法，导致重伤、死亡或公私财产的重大损失，危害公共安全的行为。

本罪与过失以危险方法危害公共安全罪，客观上都可以表现为行为人以《刑法》第三百三十条规定所涉及的违反传染病防治法规定的行为，引起甲类传染病的传播或有甲类传染病传播的严重危险，主观上都表现为行为人的过失。但是，二者存在以下本质区别：

1. 犯罪主体的范围不同。妨害传染病防治罪的主体包括自然人和单位；而过失以危险方法危害公共安全罪的主体只限于具有刑事责任能力的自然人。

2. 犯罪客体不同。妨害传染病防治罪侵犯的客体是国家预防、控制传染病的管理活动和社会公众的生命健康权利；而过失以危险方法危害公共安全罪侵害的客体是公共安全，即不特定多数人的生命健康和重大公私财产的安全。

3. 犯罪客观方面不同。妨害传染病防治罪仅表现为行为人实施《刑法》第三百三十条第一款规定所涉及的违反传染病防治法规定的行为，引起甲类传染病的传播或有甲类传染病传播的严重危险；而过失以危险方法危害公共安全罪还可以以其他足以危害公共安全的方法侵犯不特定多数人的生命健康或者公私财产的安全。

三、妨害传染病防治罪的刑罚处罚

犯妨害传染病防治罪的，处三年以下有期徒刑或者拘役；后果特别严重的，处三年以上七年以下有期徒刑。单位犯本罪的，对单位判处罚金，并对其直接负责的主管人员和其他直接责任人员，依上述规定处罚。

对于“后果特别严重”，相关司法解释并没有给出明确的界定，本书认为主要是指：造成甲类传染病大面积传播的；造成甲类传染病传播，并且传播时间特别长的；因甲类传染病传播而发生人员死亡或者多人重伤的；因甲类传染病传播而造成公私财产巨大损失的；因甲类传染病传播而导致社会秩序严重混乱、社会影响恶劣的。

相关法律条文

《刑法》

第三百三十条　违反传染病防治法的规定，有下列情形之一，引起甲类传染病传播或者有传播严重危险的，处三年以下有期徒刑或者拘役；后果特别严重的，处三年以上七年以下有期徒刑：

（一）供水单位供应的饮用水不符合国家规定的卫生标准的；

（二）拒绝按照卫生防疫机构提出的卫生要求，对传染病病原体污染的污水、污物、粪便进行消毒处理的；

（三）准许或者纵容传染病病人、病原携带者和疑似传染病病人从事国务院卫生行政部门规定禁止从事的易使该传染病扩散的工作的；

（四）拒绝执行卫生防疫机构依照传染病防治法提出的预防、控制措施的。

单位犯前款罪的，对单位判处罚金，并对其直接负责的主管人员和其他直接责任人员，依照前款的规定处罚。

甲类传染病的范围，依照《传染病防治法》和国务院有关规定确定。

《传染病防治法》

第三条　本法规定的传染病分为甲类、乙类和丙类。

甲类传染病是指：鼠疫、霍乱。

乙类传染病是指：传染性非典型肺炎、艾滋病、病毒性肝炎、脊髓灰质炎、人感染高致病性禽流感、麻疹、流行性出血热、狂犬病、流行性乙型脑炎、登革热、炭疽、细菌性和阿米巴性痢疾、肺结核、伤寒和副伤寒、流行性脑脊髓膜炎、百日咳、白喉、新生儿破伤风、猩红热、布鲁氏菌病、淋病、梅毒、钩端螺旋体病、血吸虫病、疟疾。

丙类传染病是指：流行性感冒、流行性腮腺炎、风疹、急性出血性结膜炎、麻风病、流行性和地方性斑疹伤寒、黑热病、包虫病、丝虫病，除霍乱、细菌性和阿米巴性痢疾、伤寒和副伤寒以外的感染性腹泻病。

国务院卫生行政部门根据传染病暴发、流行情况和危害程度，可以决定增加、减少或者调整乙类、丙类传染病病种并予以公布。

第四条　对乙类传染病中传染性非典型肺炎、炭疽中的肺炭疽和人感染高致病性禽流感，采取本法所称甲类传染病的预防、控制措施。其他乙类传染病和突发原因不明的传染病需要采取本法所称甲类传染病的预防、控制措施的，由国务院卫生行政部门及时报经国务院批准后予以公布、实施。

需要解除依照前款规定采取的甲类传染病预防、控制措施的，由国务院卫生行政部门报经国务院批准后予以公布。

省、自治区、直辖市人民政府对本行政区域内常见、多发的其他地方性传染病，可以根据情况决定按照乙类或者丙类传染病管理并予以公布，报国务院卫生行政部门备案。

《中华人民共和国卫生部公告(2009 年第 8 号)》

一、将甲型 H1N1 流感（原称人感染猪流感）纳入《中华人民共和国传染病防治法》规定的乙类传染病，并采取甲类传染病的预防、控制措施。

第二节　传染病菌种、毒种扩散罪

一、传染病菌种、毒种扩散罪的概念及特征

传染病菌种、毒种扩散罪，是指从事实验、保藏、携带、运输传染病菌种、毒种的人员，违反国务院卫生行政部门的有关规定，造成传染病菌种、毒种扩散并造成严重后果的行为。传染病菌种、毒种扩散罪是1997年《刑法》新设立的一个罪名。之前没有关于传染病菌种、毒种犯罪的单独罪名，在实践中一般是通过危险物品肇事罪来追究行为人的刑事责任。在修订《刑法》的过程中，鉴于本罪的犯罪主体、客观方面等与危险物品肇事罪相比的特殊性，并根据《传染病防治法》的相关规定，便将其从危险物品肇事罪中分离出来，单独设立传染病菌种、毒种扩散罪。

本罪的特征是：

（一）主体

关于本罪的主体，刑法学界存在三种不同的认识：第一种观点认为，本罪的主体，主要是从事实验、保藏、携带、运输传染病菌种、毒种的人员，在某些特定的情况下，也可以是其他公民；第二种观点认为，本罪的主体是从事实验、保藏、携带、运输传染病菌种、毒种的人员，是指因工作需要而接触传染病菌种、毒种，因而负有某种特定义务的人员；第三种观点认为，本罪的主体是特殊主体，即从事实验、保藏、携带、运输传染病菌种、毒种的人员，因为传染病菌种、毒种只有专职人员才能经手、使用和管理，一般人接触不到传染病菌种、毒种。

本书认为，本罪的主体为特殊主体，只限于从事实验、保藏、携带、运输传染病菌种、毒种的人员，而且只能是依照国家有关规定享有从事传染病菌种、毒种实验、保藏、携带、运输工作资格的单位中的直接负责的主管人员和其他直接责任人员。不具有从事传染病菌种、毒种实验、保藏、携带、运输的资格，而擅自从事上述事务，因而引起菌种、毒种扩散的，不能以本罪论。单位不能成为本罪的主体。

（二）主观方面

本罪在主观方面表现为过失，即行为人对其违反国务院卫生行政部门的有关规定造成的后果是出于过失的心理态度。至于行为人违反规定的行为本身当然是故意的，但由于行为人对损害结果的发生出于过失，所以本罪仍然属于过失犯罪。如果从事实验、保藏、携带、运输传染病菌种、毒种的人员故意造成菌种、毒种扩散，应按照危害公共安全罪处理。

（三）客体

关于本罪的客体，刑法学界存在简单客体说与复杂客体说两类主张。持简单客体说的学者有四种不同的观点：第一种观点认为，本罪侵犯的客体是国家的卫生管理制度；第二种观点认为，本罪侵犯的客体是国家关于传染病的管理活动；第三种观点认为，本罪侵犯的客体是公共卫生，具体地说是多数人的身体健康及动植物的健康成长；第四种观点认为，本罪侵犯的是国家对传染病菌种、毒种的管理制度。持复杂客体说的学者有三种不同的观点：第一种观点认为，本罪侵犯的是复杂客体，其中主要客体是国家关于传染病的管理制度，次要客体是公共卫生；第二种观点认为，本罪侵犯的客体是国家对传染病菌种、毒种的管理制度和社会公众的生命健康权利；第三种观点认为，本罪侵犯的主要客体是公共安全，次要客体是传染病菌种、毒种的管理制度。

本书认为，本罪侵犯的客体是复杂客体，即国家对传染病菌种、毒种严格的管理制度和社会公众的生命健康权利。所有的传染病都有病原体即菌种、毒种，我国将传染病菌种、毒种分为三类，国务院卫生行政部门可以根据情况增加或减少传染病病原体的种类。从事致病性微生物实验的单位必须严格执行国务院卫生行政部门制定的管理制度、操作规范，传染病菌种、毒种的保藏、携带、运输必须按照国务院卫生行政部门的有关规定严格管理。一旦违反了这些规定，导致传染病菌种、毒种的扩散，必将引起传染病的传播，危害社会公众的生命健康。

（四）客观方面

客观方面表现为违反国务院卫生行政部门的有关规定，造成传染病菌种、毒种扩散，并造成严重后果的行为。在认定时，主要把握以下三个方面：

1.本罪的犯罪对象。根据1991年原卫生部颁布实施的《中华人民共和国传染病防治法实施办法》第十六条的规定，传染病的菌种、毒种分为三类。一类：鼠疫耶尔森氏菌、霍乱弧菌；天花病毒、艾滋病病毒。二类：布氏菌、炭疽菌、麻风杆菌、肝炎病毒、狂犬病毒、出血热病毒、登革热病毒；斑疹伤塞立克次体。三类：脑膜炎双球菌、链球菌、淋病双球菌、结核杆菌、百日咳嗜血杆菌、白喉棒状杆菌、沙门氏菌、志贺氏菌、破伤风梭状杆菌；钩端螺旋体、梅毒螺旋体；乙型脑炎病毒、脊髓灰质炎病毒、流感病毒、流行性腮腺炎病毒、麻疹病毒、风疹病毒。国务院卫生行政部门可以根据情况增加或者减少菌（毒）种的种类。

2.实施了违反国务院卫生行政部门的有关规定，造成传染病菌种、毒种扩散的行为。国务院卫生行政部门规定，从事致病性微生物实验的科研、教学、生产单位必须建立健全防止致病性微生物扩散的制度和人体保护措施，必须严格执行实验操作规程，实验动物必须按照国家有关规定进行管理。菌种、毒种的保藏必须由国务院卫生行政部门指定的单位负责，其中一类、二类菌种、毒种由国务院卫生行政部门指定的保藏单位供应，三类菌种、毒种由设有专业实验室的单位或国务院卫生行政部门指定的保藏单位供应。使用一类、二类、三类菌种、毒种的单位应分别经国家、省级、县级卫生行政部门批准。使用一类、二类菌种、毒种，应派专人向供应单位领取，不得邮寄。三类菌种、毒种的邮寄必须持邮寄单位的证明，按照菌种、毒种邮寄与包装的有关规定办理。本罪客观方面正是违反了这些规定，导致菌种、毒种扩散的行为。如，实验时不严格按照操作规程；无权保藏、使用的单位保藏、使用菌种、毒种，不按规定包装、携带、运输等。

3.造成了严重后果。本罪是结果犯，扩散传染病菌种、毒种但未造成严重后果的，不构成犯罪。所谓严重后果，一般是指引起传染病暴发、流行的，引起死亡结果的，为控制传染病或菌种、毒种的扩散而花费了巨大人力、物力的，严重扰乱社会秩序的等。具体而言，包括：引起甲类传染病、艾滋病、肺炭疽传播或有传播严重危险的；造成甲类传染病、艾滋病、肺炭疽之外的乙类、丙类传染病大面积传播的；造成大量传染病菌种、毒种扩散的；因传染病菌种、毒种扩散造成国家关于传染病防治管理秩序严重混乱的；致使公私财产遭受损失巨大的。

二、传染病菌种、毒种扩散罪的认定

（一）罪与非罪的判定

1.本罪与一般违法行为。传染病菌种、毒种扩散罪与违反国务院卫生行政部门做出的有关传染病菌种、毒种的实验、保藏、携带、运输的规定的一般违法行为有某些相似之处，如二者都是违反了有关规定，主观上对可能发生或已经发生的危害结果所表现出的心理状态均为过失，等等。二者的主要界限应从危害结果上把握，即传染病菌种、毒种扩散罪必须造成了传染病菌种、毒种扩散，并且引发了严重后果；后者则可能是并未引起菌种、毒种的扩散，或者是虽已造成传染病菌种、毒种的扩散，但带来的后果并不严重。

2.本罪与正当科学实验的界限。正当科学实验虽然在《刑法》中没有明文规定，但其与正当防卫、紧急避险一样，属于排除犯罪性行为的一种，在学理上成为超法规的排除犯罪性事由。不能因为正当科学实验失败，造成不良后果，就追究相关人员的责任。区分本罪与正当科学实验的界限，应当把握几个方面：(1)有无违反国务院卫生行政部门有关规定的行为。国务院卫生行政部门对传染病菌种、毒种实验、保藏、携带、运输做出的规定，是经过实践反复验证的、科学可行的，一旦违反，就可能造成严重危害后果。因此，决不能为所谓的科学实验而违反现行的有关规定，对违反规定进行的科学实验，造成严重后果的，应以本罪论处。(2)实验有无科学依据、有无成功的可能性。只有存在科学依据，有成功可能的冒险才属于正当实验。否则，便是盲目实验，不能排除其行为的违法性或犯罪性。(3)实验的目的是否正当,实验是否有价值,也是区分两者的一个关键点。

(二)传染病菌种、毒种扩散罪与妨害传染病防治罪的区别

妨害传染病防治罪与本罪有相同之处,如二者的主观心态都是出于过失,都以造成传染病传播的后果为构成要件,但二者也有很大的区别。

1. 主体不同。传染病菌种、毒种扩散罪的主体为特殊主体,必须是从事实验、保藏、携带、运输传染病菌种、毒种的人员,而且只能是依照国家有关规定享有从事传染病菌种、毒种实验、保藏、携带、运输工作资格的单位中的直接负责的主管人员和其他直接责任人员,单位不能成为此罪的主体。妨害传染病防治罪的主体为一般主体,单位和个人实施规定的四种行为而引起甲类传染病传播或有传播严重危险的,都可以成为本罪的主体。

2. 侵犯的主要客体不同。两者侵犯的客体虽然都是复杂客体,但具体侵犯的主要客体有所不同。传染病菌种、毒种扩散罪侵犯的主要客体是传染病菌种、毒种的管理制度,而妨害传染病防治罪主要侵犯的是国家关于传染病防治的管理制度。

传染病菌种、毒种扩散罪的犯罪对象是指用于防治传染病的各种菌苗、毒素、疫苗等。妨害传染病防治罪的犯罪对象是甲类传染病,包括鼠疫和霍乱两种。

3. 客观要件不同。传染病菌种、毒种扩散罪表现为行为人违反国务院卫生行政部门的有关规定,造成传染病菌种、毒种扩散,后果严重的行为。妨害传染病防治罪表现为违反传染病防治法的规定,实施规定的四种行为之一,引起甲类传染病传播或有传播严重危险的行为。传染病菌种、毒种扩散罪须造成实害结果即必须是造成传染病菌种、毒种扩散这一后果,并且必须达到“后果严重”才可构成本罪,妨害传染病防治罪包括实害结果和危险结果。

(三)传染病菌种、毒种扩散罪与危险物品肇事罪的区别

危险物品肇事罪,是指违反爆炸性、易燃性、放射性、毒害性、腐蚀性物品的管理规定,在生产、储存、运输、使用中发生重大事故,造成严重后果的行为。传染病菌种、毒种扩散罪与危险物品肇事罪的区别表现在:

1. 主体不同。传染病菌种、毒种扩散的犯罪主体是特殊主体,即只限于从事实验、保藏、携带、运输传染病菌种、毒种的人员;危险物品肇事罪的犯罪主体是一般主体,任何具备刑事责任能力的自然人均可构成该罪。

2. 主要客体不同。传染病菌种、毒种扩散罪侵害的主要客体是国家关于传染病防治的管理制度;而危险物品肇事罪侵害的主要客体则是公共安全。

3. 犯罪对象的性质不同。作为危险物品肇事罪的犯罪对象之一的毒害性物品应是指敌敌畏、敌百虫、砒霜、氰化钾、氰化钠、氧化乐甲等无机物,强调的是其

剧毒性；而传染病菌种、毒种属有机物，其主要特点是传染性，两者存在显著差异。

(四)传染病菌种、毒种扩散罪与投放危险物质罪的区别

投放危险物质罪，是指故意投放毒害性、放射性、传染病病原体等物质，危害公共安全的行为，其本质特征在于运用投放危险物质的方式实施犯罪，从而危害公共安全。二者的区别在于：

1. 犯罪主体不同。传染病菌种、毒种扩散罪的犯罪主体是特定的，仅限于从事实验、保藏、携带、运输传染病菌种、毒种的人员；投放危险物质罪是一般主体，任何具有刑事责任能力的自然人皆可以成为该罪主体。

2. 犯罪主观方面不同。传染病菌种、毒种扩散罪是过失犯罪，主观上对危害结果的发生是过失的心态；投放危险物质罪，行为人实施这种罪行时具有明确的危害社会公众的生命健康权利的犯罪目的。

3. 犯罪客体不同。传染病菌种、毒种扩散罪侵害的主要客体是国家对传染病菌种、毒种严格的管理制度，次要客体是广大人民群众的生命健康权利；投放危险物质罪侵害的是单一客体，即广大人民群众的生命健康权利，即公共安全。

4. 犯罪客观方面不同。传染病菌种、毒种扩散罪客观方面表现为行为人违反国务院卫生行政部门的有关规定，造成传染病菌种、毒种扩散，后果严重；投放危险物质罪在客观方面表现为故意投放毒害性、放射性、传染病病原体等危险物品的行为。

三、传染病菌种、毒种扩散罪的刑罚处罚

违反国务院卫生行政部门的有关规定，造成传染病菌种、毒种扩散，后果严重的，处三年以下有期徒刑或者拘役；后果特别严重的，处三年以上七年以下有期徒刑。

“后果严重”，一般指引起鼠疫、霍乱、艾滋病、肺炭疽传播或有严重传播危险的；造成鼠疫、霍乱、艾滋病、肺炭疽之外的乙类、丙类传染病大面积传播的；因传染病菌种、毒种扩散，引起民心动荡的；致使国家传染病防治管理秩序严重紊乱的；致使公私财产遭受损失巨大的。“后果特别严重”，一般指引起甲类传染病大面积传播或者长时间传播的；引起乙类、丙类传染病大面积、长时间传播的；造成人员死亡或者多人残疾的；引起民心极度恐慌，造成社会秩序严重混乱的；致使国家对于传染病防治的正常活动受到特别严重干扰的；致使公私财产遭受特别巨大损失的。

相关法律条文

《刑法》

第三百三十一条　从事实验、保藏、携带、运输传染病菌种、毒种的人员，违反国务院卫生行政部门的有关规定，造成传染病菌种、毒种扩散，后果严重的，处三年以下有期徒刑或者拘役；后果特别严重的，处三年以上七年以下有期徒刑。

第一百三十六条　违反爆炸性、易燃性、放射性、毒害性、腐蚀性物品的管理规定，在生产、储存、运输、使用中发生重大事故，造成严重后果的，处三年以下有期徒刑或者拘役；后果特别严重的，处三年以上七年以下有期徒刑。

第一百一十四条　放火、决水、爆炸以及投放毒害性、放射性、传染病病原体等物质或者以其他危险方法危害公共安全，尚未造成严重后果的，处三年以上十年以下有期徒刑。

第一百一十五条　放火、决水、爆炸以及投放毒害性、放射性、传染病病原体等物质或者以其他危险方法致人重伤、死亡或者使公私财产遭受重大损失的，处十年以上有期徒刑、无期徒刑或者死刑。

过失犯前款罪的，处三年以上七年以下有期徒刑；情节较轻的，处三年以下有期徒刑或者拘役。

第三节　妨害国境卫生检疫罪

一、妨害国境卫生检疫罪的概念及特征

妨害国境卫生检疫罪，是指违反国境卫生检疫规定，引起检疫传染病传播，或者有传播严重危险的行为。为了防止传染病由国外传入或者由国内传出，保护人体健康，1986 年 12 月 2 日，第六届全国人民代表大会常务委员会第十八次会议通过《国境卫生检疫法》，原卫生部于 1989 年 3 月 6 日颁布了《中华人民共和国国境卫生检疫法实施细则》。2007 年 12 月 29 日，第十届全国人民代表大会常务委员会第三十一次会议对《国境卫生检疫法》进行了修改。2010 年 4 月 19 日，国务院第 108 次常务会议通过《国务院关于修改〈中华人民共和国国境卫生检疫法实施细则〉的决定》，完善了国境卫生检疫的规定。

本罪的特征是：

（一）主体

本罪的主体是一般主体。但一般必须是出入国（边）境的人才可能构成本罪。不出入国（边）境的人，不会直接成为本罪的主体。单位也可以成为本罪主体。根据《国境卫生检疫法》及其《实施细则》的有关规定，本罪主体具体包括下列几类人员和单位：（1）入境、出境的旅客。无论乘坐船舶、飞机、列车等交通工具入境、出境的旅客，还是徒步入境、出境的旅客都可以成为本罪的主体。（2）入境、出境的交通工具上的员工。这类人员在入境、出境时与普通旅客一样负有接受国境卫生检疫的义务。（3）入境、出境的集装箱、货物、废旧物品的承运人、代理人或者货主。这类人员在其所承运、代理、所有的上述物品入境、出境时，应当向国境卫生检疫机关申报并接受卫生检疫。（4）入境、出境的微生物、人体组织、生物制品、血液及其制品或者其他可能引起传染病传播的动物等特殊物品的携带人、托运人或者邮递人。（5）入境、出境的尸体、骸骨的托运人或者代理人。上述人员在尸体、骸骨入境、出境时，没有申请卫生检疫的，或者逃避、拒绝接受卫生检疫机关对不符合卫生要求的尸体、骸骨实施的卫生处理的，或者未经卫生检疫机关签发尸体、骸骨入境、出境许可证而擅自将其运进、运出的，或者擅自移运经查验系因患检疫传染病而死亡的病人尸体的，就有可能成为本罪主体。（6）邮政部门或者邮政工作人员。未经卫生检疫机关许可，邮政部门不得运递邮包进出境。若邮政部门或者其工作人员违反该规定，引起检疫传染病传播或者有传播严重危险的，则可成为本罪主体。（7）入境、出境的交通工具的负责人。入境、出境的交通工具的负责人，是指运送旅客、货物或者其他物品入境、出境的船舶、飞机、列车等交通工具的负责人。此外，还包括来自国外的因故停泊、降落在中国境内非口岸地点的船舶、航空器的负责人。（8）国境口岸的有关单位或其直接负责的主管人员和其他直接责任人员以及国境口岸交通工具的负责人。（9）引航员和其他人员。对染疫船舶、染疫嫌疑船舶上的引航员和经卫生检疫机关许可上船的人员应当视同员工接受有关卫生处理。此外，在入境检疫以及必要的卫生处理完毕之前，或者出境检疫以及必要的卫生处理完毕之后，上下交通工具的其他人员也有义务接受或者再次接受卫生检疫机关的检疫。

（二）主观方面

关于本罪的主观特征，刑法学界早期主要有三种不同的认识：第一种观点认为，本罪的主观方面是故意，即行为人明知应当接受国境卫生检疫检查而故意逃避或者拒绝检查。持这种观点的学者并没有提及行为人对引起检疫传染病传播或者有传播严重危险的危害结果的主观心理态度属于何种类型。第二种观点认为，本罪的主观方面是故意，即行为人明知自己应当接受卫生检疫而逃避。至于对引起检疫传染病传播或有传播严重危险的后果，并不要求行为人明知。第三种观点认为，本罪的主观方面是过失，其内容表现为行为人对引起检疫传染病的传播或者有传播严重危险这一危害结果的发生是过失，但是行为人对违反国境卫生检疫规定是明知的。本书赞成第二种观点，即在主观方面表现为故意，行为人明知应当接受卫生检疫检查而故意逃避或拒绝。行为人只要明知自己应当接受国境卫生检疫检查或必要的卫生处理就足以构成故意，而并不要求行为人必须明知自己是染疫人或染疫嫌疑人。因此，行为人不知自己是检疫传染病的带菌者，但只要明知进入我国时应当接受卫生检查却故意逃避，从而引起检疫传染病的传播或有传播严重危险的，就应构成本罪。实施本罪的动机是多种多样的，不管出于什么动机，只要是故意违反国境卫生的检疫规定，就符合本罪的主观要件。

（三）客体

本罪侵犯的客体是复杂客体，主要客体是我国国境卫生检疫管理制度，次要客体是社会公众的生命财产安全。国境卫生检疫，主要是指国家为了防止鼠疫、霍乱等检疫传染病由国外传入或者由国内传出而采取的，在该国国际通航的港口、机场以及陆地边境和国界江河的口岸设立国境卫生检疫机关或机构，对入境、处境的人员、交通工具、运输设备以及可能传播检疫传染病的行李、货物、邮宝等物品所实施的卫生检疫。本罪首先侵犯了我国国境卫生检疫管理制度，表现在行为人违反了我国国境卫生检疫制度中规定的入境、出境的人员、单位以及物品应当接受卫生检疫的义务；其次，还侵犯了社会公众的生命财产安全，表现在该罪已经引起检疫传染病的传播或者有引起检疫传染病传播的严重危险。

（四）客观方面

本罪在客观方面表现为实施了违反国境卫生检疫规定，引起检疫传染病的传播，或者有传播严重危险的行为。

其一，违反国境卫生检疫规定，是指入境、出境时采取逃避、蒙混或者其他手段，不接受国境卫生检疫机关对人身或者物品的医学检查、卫生检查和卫生处理，以及其他违反应当接受国境卫生检疫义务的行为。根据《国境卫生检疫法》及其《实施细则》的规定，违反国境卫生检疫规定的行为包括下列几种情形：(1)入境、出境的交通工具和人员逃避查验或者卫生处理的。(2)入境、出境的交通工具，在入境检疫以及必要的卫生处理完毕之后，擅自上下人员，装卸行李、货物、邮包等物品的。(3)入境、出境的集装箱、货物、废旧物等物品的承运人、代理人或者货主，入境、出境的微生物、人体组织、生物制品、血液及其制品等特殊物品的携带人、托运人或者邮递人，未向卫生检疫机关申报检疫，逃避检疫的；入境、出境的旅客、员工个人携带或托运可能传播传染病的行李或物品未经查验而擅自携带、托运入境、出境的；邮电部门在卫生检疫机关对应当实施卫生检疫的邮包进行卫生检查和必要的卫生处理前，擅自运递邮包的；入境、出境的尸体、骸骨托运人或者代理人未申请卫生检疫或者逃避、拒绝卫生检疫机关所实施的必要的卫生处理的，或者擅自移运因患检疫传染病而死亡的病人尸体，未将其就近火化的。(4)未经卫生检疫机关实施卫生处理，擅自排放压舱水，移除垃圾、污物等控制的物品的。(5)未经检疫的入境、出境交通工具和人员，擅自离开查验场所的。(6)染疫人在隔离期间、染疫嫌疑人在就地诊验或者留验期间，擅自离开隔离场所或者诊验、留验场所的。(7)拒绝接受检疫或者抵制卫生监督，拒不接受卫生处理的。(8)其他违反应受国境卫生检疫义务，可能引起检疫传染病传播或者有传播严重危险的。

其二，引起检疫传染病传播或者有传播严重危险是构成本罪的结果条件。检疫传染病，是指鼠疫、霍乱、黄热病、艾滋病以及国务院确定和公布的其他传染病。在确定某一传染病是否在检疫传染病之列时，一定要以现行有关法律的规定为依据，因为检疫传染病并非一成不变。引起检疫传染病传播，是指实际造成了传播的后果，也就是说使他人感染上了检疫传染病，但感染的人数没有要求，也不要求被传播的人发生死亡等严重后果。所谓有传播严重危险，是指虽然尚未实际造成检疫传染病的传播，但具有造成检疫传染病传播的极大的现实可能性，一般表现为散播了大量检疫传染病病菌或者病毒，对公共卫生构成严重威胁的情况。

其三，违反国境卫生检疫规定与检疫传染病传播或有传播严重危险的危害结果之间必须具有刑法上的因果关系。虽然有违法行为和危害结果，但两者之间缺乏刑法意义上的因果关系，即危害结果不是由违法行为而是由其他原因引起的，不构成妨害国境卫生检疫罪。

二、妨害国境卫生检疫罪的认定

(一)罪与非罪的判定

1. 从是否违反了国境卫生检疫规定来判断，如果行为人的行为没有违反国境卫生检疫规定，即使在客观上发生了引起检疫传染病传播或者有传播的严重危险这一结果，也不能认定为犯本罪。

2. 从是否造成法定的危害结果来判断，如果实施了违反国境卫生检疫规定的行为，但并未引起检疫传染病的传播，也没有检疫传染病传播的严重危险，也不能构成本罪，而只能构成违反国境卫生检疫规定的一般违法行为。

(二)妨害国境卫生检疫罪与妨害传染病防治罪的区别

1. 犯罪的主要客体不同。妨害国境卫生检疫罪侵犯的主要是国境卫生检疫的管理制度；妨害传染病防治罪侵犯的是国家关于传染病防治的管理制度。

2.违反的法律规范的内容不同。妨害国境卫生检疫罪违反的是国境卫生检疫的有关规定;妨害传染病防治罪违反的是传染病防治的有关规定。

3.危害结果不同。妨害国境卫生检疫罪引起了鼠疫、霍乱、黄热病、艾滋病等检疫传染病传播或者有传播严重危险;妨害传染病防治罪则是引起了鼠疫、霍乱等甲类传染病的传播或者有传播严重危险。

(三)妨害国境卫生检疫罪与以危险方法危害公共安全罪的区别

妨害国境卫生检疫罪与以传播检疫传染病的方法危害公共安全罪两者都违反了国境卫生检疫规定,都可能造成检疫传染病传播或者有传播严重危险,都侵犯了国境卫生检疫制度和社会公众的生命健康安全。二者的区别在于:

1.侵犯的客体不同。妨害国境卫生检疫罪侵犯的主要客体是国境卫生检疫制度;以危险方法危害公共安全罪侵犯的是社会公众的生命健康安全。

2.危害结果不同。妨害国境卫生检疫罪需要造成引起检疫传染病传播或者有传播严重危险的危害结果;以危险方法危害公共安全罪只要有引起检疫传染病的一般危险等危及公共安全的危害结果的,就可以构成该罪。

三、妨害国境卫生检疫罪的刑罚处罚

犯妨害国境卫生检疫罪的,处三年以下有期徒刑或者拘役,并处或者单处罚金;单位犯本罪的,对单位判处罚金,并对其直接负责的主管人员和其他直接责任人员,依上述规定处罚。

在本罪的刑罚设定上,有学者认为并不科学,与《刑法》第二编分则其他条文之间并不协调。本书也认为本罪在法定刑设置上存在不足,本罪与妨害传染病防治罪十分相似,尤其在危害结果的性质和程度上。妨害传染病防治罪设置了两个法定刑,即三年以下有期徒刑和三年以上七年以下有期徒刑。而本罪只是设置了一个法定刑,否定了结果加重犯的存在,相对处罚较轻,有悖于保持《刑法》第二编分则条文之间相互协调平衡的科学立法要求。

相关法律条文

《刑法》

第三百三十二条　违反国境卫生检疫规定,引起检疫传染病传播或者有传播严重危险的,处三年以下有期徒刑或者拘役,并处或者单处罚金。

单位犯前款罪的,对单位判处罚金,并对其直接负责的主管人员和其他直接责任人员,依照前款的规定处罚。

《中华人民共和国卫生部公告(2009 年第 8 号)》

二、将甲型 H1N1 流感(原称人感染猪流感)纳入《中华人民共和国国境卫生检疫法》规定的检疫传染病管理。

第四节　妨害动植物防疫、检疫罪

一、妨害动植物防疫、检疫罪的概念及特征

妨害动植物防疫、检疫罪，是指违反有关动植物防疫、检疫的国家规定，逃避动植物防疫、检疫，引起重大动植物疫情的，或者有引起重大动植物疫情危险，情节严重的行为。本罪罪名原为“逃避动植物检疫罪”，2009 年 2 月 28 日公布实施的《刑法修正案(七)》第十一条对《刑法》第三百三十七条第一款做出修正，将《刑法》原文第三百三十七条第一款“违反进出境动植物检疫法的规定，逃避动植物检疫，引起重大动植物疫情的，处三年以下有期徒刑或者拘役，并处或者单处罚金”修改为“违反有关动植物防疫、检疫的国家规定，引起重大动植物疫情的，或者有引起重大动植物疫情危险，情节严重的，处三年以下有期徒刑或者拘役，并处或者单处罚金”。随后，2009 年 10 月 16 日公布施行的《最高人民法院、最高人民检察院关于执行〈中华人民共和国刑法〉确定罪名的补充规定(四)》将本罪罪名确定为“妨害动植物防疫、检疫罪”，相应取消原罪名“逃避动植物检疫罪”。

根据《刑法修正案(七)》和《最高人民法院、最高人民检察院关于执行〈中华人民共和国刑法〉确定罪名的补充规定(四)》，修改后该罪有三个变化：(1)将本罪罪名确定为“妨害动植物防疫、检疫罪”，取消原罪名“逃避动植物检疫罪”。(2)将“违反进出境动植物检疫法的规定”修改为“违反有关动植物防疫、检疫的国家规定”，使该条的适用范围由过去只适用于“进出境动植物检疫”扩大到“境内”所有动植物防疫、检疫，具体是指：违反有关动物疫情管理规定的行为，如瞒报、谎报动物疫情；违反规定处置染疫动物、产品、排泄物、污染物；违反规定导致动物微生物遗失、扩散；非法从事致病原微生物实验，造成实验室病毒扩散等；违反有关动物检疫管理规定的行为，如违反规定运输染疫、疑似染疫、疫区易感、病死或者死因不明的动物及其制品；藏匿、转移、盗掘被依法隔离、封存、处理的染疫动物及其产品；经营、运输、屠宰、加工动物、动物产品逃避检疫等行为。(3)对追究刑事责任增加了“有引起重大动植物疫情危险，情节严重的”的情形。“有引起重大动植物疫情危险”与《刑法》原文规定的“引起重大动植物疫情”有所不同。按照修改前的《刑法》规定，没有引起重大

疫情的，就不能定为犯罪。按照新修正的《刑法》，没有引起重大疫情，只要有引起重大疫情的可能性，就能够定罪。

本罪的特征是：

(一)主体

本罪的主体为一般主体。主要是指动植物、动植物产品及其他防疫、检疫物的货主或者其代理人、承运人、押运人。同时，单位也可以构成本罪的犯罪主体。主要包括以下几类人员：(1)货主或者代理人。(2)承运人或者押运人。(3)旅客及其他边境人员。(4)国际邮件互换局。(5)寄件人或收件人。

(二)主观方面

本罪在主观方面表现为过失，即行为人对其逃避或拒绝接受动植物防疫、检疫检查而引起重大动植物疫情或者有引起重大动植物疫情危险的行为是出于过失，行为人逃避或拒绝接受检查则是故意的。如果行为人对引起重大动植物疫情的结果是明知的，则应是危害公共安全的犯罪，而不再以本罪论处。

(三)客体

本罪侵犯的客体是复杂客体，它不仅侵犯了我国动植物防疫、检疫制度，严重威胁社会公众身体健康，同时也破坏了农林牧渔业的正常生产。我国是农业国，农业是国民经济的基础，随着改革开放、对外贸易经济的迅猛发展，为发展和扩大农业生产，进出境的动植物、动植物产品和其他检疫物的数量、品种也随之增多。但是，如果检疫工作没做好，部分动植物及其产品以及其他检疫物带来的病虫害将会传播蔓延，给我国农业生产和社会公众的身体健康带来严重的危害。

(四)客观方面

本罪的客观方面表现为违反我国动植物防疫、检疫的规定，引起重大动植物疫情，或者有引起重大动植物疫情危险的行为。

其一，违反进出境动植物检疫规定。我国《进出境动植物检疫法》对动植物、动植物产品及其他检疫物品进境、出境、过境、携带和邮寄都做了详细规定，从而建立起了检疫审批、检疫报检、现场检疫、隔离检疫等一系列检疫制度。违反这些进出境动植物检疫规定，是构成妨害动植物防疫、检疫的前提条件。妨害动植物检疫主要包括以下几类行为。

1.妨害进出境动植物检疫审批、检疫报检的行为：(1)进境的动物、动物产品、植物种子、种苗及其他繁殖材料等，事先不办理检疫审批手续，进境时又不办理报检手续，私自运输或携带入境的行为。(2)事先不办理检疫特许审批手续，进境时又隐瞒不报检，私自输入运输或携带、邮寄国家禁止进境物进境的；根据《进出境动植物检疫法》的规定，国家禁止出境的动植物包括：动植物病原体(包括菌种、毒种等)、害虫及其他有害生物；动植物疫情流行的国家和地区的有关动植物、动植物产品和其他检疫物；动物尸体；土壤。(3)携带、邮寄应检验动植物、动植物产品进境，隐瞒不报或不接受动植物检疫机关检疫的行为。(4)出境的动植物、动植物产品和其他检疫物，不办理报检手续的行为。

2.妨害进出境动植物检疫监督管理的行为：(1)货主或其代理人对经口岸动植物检疫机关检疫合格的动植物、动植物产品和其他检疫物，在取得检疫单证或放行手续后，用未经检疫或经检疫不合同的同类货物顶替发运的。(2)对需要进行检疫处理的进出境动植物、动植物产品和其他检疫物及其运输工具或包装物，行为人有意不按照口岸动植物检疫机关的规定进行检疫处理，弄虚作假，偷工减料，未能达到检疫处理效果的行为。(3)对进出境运输工具上的泔水、动植物性废弃物，行为人不按动植物检疫机关规定进行检疫处理而随意抛弃的行为。(4)未经口岸动植物检疫机关许可，擅自装卸、运递进境动植物、动植物产品和其他检疫物的行为。(5)建议进境需要隔离的动物、植物种子、种苗和其他繁殖材料，当事人不在口岸动植物检疫机关指定的隔离检疫场所进行隔离饲养和隔离种植，而随意扩散或在未经动植物检疫机关认可的其他场所进行饲养、种植的，或者未经口岸检疫机关同意，擅自调运和动用在隔离场所内正在进行隔离检疫观察的动植物的行为。

3.妨害过境动植物检疫监督管理的行为：(1)未经动植物检疫机关许可，擅自开拆过境动植物、动植物产品和其他检疫物的包装，或将其卸离运输工具的行为。(2)不按动植物检疫机关的规定，擅自抛弃过境的动物尸体、排泄物、铺垫材料或其他废弃物的行为。(3)运输动物过境，事先未取得国家动植物检疫机关的同意，或者虽然取得同意，但未按照指定的口岸和路线过境的行为。

其二，《刑法修正案(七)》增加了“或者有引起重大动植物疫情危险”，使构成妨害动植物防疫、检疫罪的客观方面扩大了，从原来强求行为的“结果”，即须引起重大动植物疫情才构成犯罪，扩大为“结果”和“危险”两种形态，只要违反动植物检疫相关规定的行为存在危险性，不需要结果，就可以定罪量刑，这就意味着追究妨害动植物防疫、检疫行为刑事责任的门槛降低，大大提高了妨害动植物检疫行为的震慑力。例如，境外某国正流行疯牛病，我国已发布公告禁止进口该国偶蹄动物及其产品，有人却置国家禁令于不顾，依旧想方设法试图将该国的牛肉偷运或携带入境，此人的行为就可能存在“有引起重大动植物疫情的危险”的情形，司法机关就可以追究此人的刑事责任。

二、妨害动植物防疫、检疫罪的认定

(一)罪与非罪的判定

1.从是否违反了动植物防疫、检疫规定来判断，如果行为人的行为没有违反动植物防疫、检疫规定，即使在客观上发生了引起检疫传染病传播或者有传播的严重危险这一结果，也不能认定为犯本罪。

2. 从是否造成法定的危害结果来判断，如果实施了违反动植物防疫、检疫规定的行为，但并没有检疫传染病的传播，也没有检疫传染病传播的严重危险，也不能构成本罪，而只能构成妨害动植物防疫、检疫规定的一般违法行为。

（二）妨害动植物防疫、检疫罪与妨害国境卫生检疫罪的区别

妨害动植物防疫、检疫罪与妨害国境卫生检疫罪在客观方面都表现为实施了某种违反法律规定的行为；两罪的主体都是一般主体，包括单位和个人；两罪的主观方面都表现为实施违反相应法律规定的行为可能是故意的，但对行为后果所持的主观心理态度则是过失。二者的区别在于：

1. 犯罪侵犯的直接客体不同。妨害动植物防疫、检疫罪侵犯的直接客体是国家对动植物的检疫制度；妨害国境卫生检疫罪侵犯的直接客体是国家对国境卫生检疫的管理规定。

2. 违反的法律规范内容不同。妨害动植物防疫、检疫罪违反的是动植物防疫、检疫的有关规定；妨害国境卫生检疫罪违反的是国境卫生检疫的有关规定。

3. 防疫、检疫的对象不同。妨害动植物防疫、检疫罪的防疫、检疫对象是动物和植物；妨害国境卫生检疫罪的对象范围更广，还包括货物、尸体、邮寄物品等。

4. 行为发生地点不同。妨害动植物防疫、检疫罪的行为可以发生在“进出境动植物检疫”及“境内所有动植物防疫、检疫”的场所；妨害国境卫生检疫罪的行为在出入境时发生。

（三）妨害动植物防疫、检疫罪与妨害传染病防治罪的区别

1. 犯罪侵犯的直接客体不同。妨害动植物防疫、检疫罪侵犯的直接客体主要是国家对动植物的检疫制度；妨害传染病防治罪侵犯的直接客体主要是国家对传染病防治的管理制度。

2. 犯罪的对象不同。妨害动植物防疫、检疫罪的对象包括动植物、动植物产品和其他检疫物，装载上述检疫物的容器、包装物，以及来自疫区的运输工具；妨害传染病防治罪的对象仅限于可能引起甲类传染病传播的物品，如饮用水、污水、污物、粪便等。

3. 犯罪违法性内容不同。妨害动植物防疫、检疫罪是违反有关动植物防疫、检疫的国家规定，妨害动植物检疫的行为，如携带、邮寄应检动植物、动植物产品和其他检疫物进境，隐瞒不报或不接受动植物检疫机关检疫；不按照动植物检疫机关的规定，擅自抛弃过境的动物尸体、排泄物、铺垫材料等。妨害传染病防治罪是违反《传染病防治法》规定的行为，如供水单位供应的饮用水不符合国家规

定的卫生标准；拒绝执行卫生防疫机构提出的预防、控制措施等的行为。

（四）妨害动植物防疫、检疫罪与传染病菌种、毒种扩散罪的区别

1. 行为的违法性内容不同。妨害动植物防疫、检疫罪是违反有关动植物防疫、检疫的国家规定，妨害动植物检疫的行为；传染病菌种、毒种扩散罪是违反国务院卫生行政部门的有关规定，造成传染病菌种、毒种扩散的行为。

2. 犯罪主体不同。妨害动植物防疫、检疫罪的犯罪主体是一般主体，包括自然人和单位；传染病菌种、毒种扩散罪的主体为特殊主体，必须是从事实验、保藏、携带、运输传染病菌种、毒种的人员，而且只能是依照国家有关规定享有从事传染病菌种、毒种实验、保藏、携带、运输工作资格的单位中的直接负责的主管人员和其他直接责任人员，单位不能成为此罪的主体。

3. 犯罪侵犯的客体不同。妨害动植物防疫、检疫罪侵犯的直接客体是国家对动植物的检疫制度，同时也可能破坏农、林、牧、渔的生产，危及社会公众健康权利；传染病菌种、毒种扩散罪侵犯的是国家对传染病防治的管理秩序和社会公众的生命、健康权利。

（五）妨害动植物防疫、检疫罪与逃避商检罪的区别

逃避商检罪，是指违反进出口商品检验法的规定，逃避商品检验，将必须经商检机构检验的进出口商品未报经检验而擅自销售、使用，或者将必须经商检机构检验的出口商品未报经检验合格而擅自出口，情节严重的行为。妨害动植物防疫、检疫罪与逃避商检罪之间存在以下不同情况：

1. 犯罪的客体不同。妨害动植物防疫、检疫罪主要侵犯的是国家对动植物的检疫制度；逃避商检罪侵犯的是国家对进出口贸易的管理制度。

2. 行为的违法性内容不同。妨害动植物防疫、检疫罪是违反有关动植物防疫、检疫的国家规定，妨害动植物检疫的行为；逃避商检罪是违反《进出口商品检验法》的规定，逃避商品检验的行为。

3. 犯罪的结果要件不同。妨害动植物防疫、检疫罪是有引起重大动植物疫情危险，情节严重的结果；逃避商检罪是使购买人、使用人和国家利益遭受重大损失。

4. 犯罪的对象不同。妨害动植物防疫、检疫罪是经出境的动植物、动植物产品和其他检疫物，装载上述物品的容器、包装物以及来自动植物疫区的运输工具；逃避商检罪侵犯的对象是进出口食品、《商检机构实施检验的进出口商品种类表》所列商品、进出口药品、进出口计量器具、进出口锅炉压力容器、贸易性动植物产品等。

三、妨害动植物防疫、检疫罪的刑罚处罚

违反有关动植物防疫、检疫的国家规定，引起重大动植物疫情的，或者有引

起重大动植物疫情危险，情节严重的，处三年以下有期徒刑或者拘役，并处或者单处罚金；单位犯本罪的，对单位判处罚金，并对其直接负责的主管人员和其他直接责任人员，依上述规定处罚。

在对妨害动植物防疫、检疫罪具体适用刑罚时，应注意两点：其一，必须综合考虑犯罪人的犯罪手段、后果、时间、地点等因素。如行为人在国家重要农作物生产基地引起重大疫情的，应处以较重的刑罚。其二，要根据行为人的人身危险性大小，诸如犯罪前的一贯表现，犯罪时和犯罪后的情况，确定与之相适应的刑罚。如行为人多次违反检疫规定，妨害动植物防疫、检疫，最终导致一起重大动植物疫情的，应在法定刑幅度内处以相对较重刑罚；若犯罪人偶尔逃避动植物检疫，引起重大疫情后，主动投案自首，并积极采取各种措施减少损失扩大的，应处以较轻刑罚。

相关法律条文

《刑法》

第二百三十条　违反进出口商品检验法的规定，逃避商品检验，将必须经商检机构检验的进口商品未报经检验而擅自销售、使用，或者将必须经商检机构检验的出口商品未报经检验合格而擅自出口，情节严重的，处三年以下有期徒刑或者拘役，并处或者单处罚金。

第三百三十七条　违反有关动植物防疫、检疫的国家规定，引起重大动植物疫情的，或者有引起重大动植物疫情危险，情节严重的，处三年以下有期徒刑或者拘役，并处或者单处罚金。

单位犯前款罪的，对单位判处罚金，并对其直接负责的主管人员和其他直接责任人员，依照前款的规定处罚。

第五节　动植物检疫徇私舞弊罪

一、动植物检疫徇私舞弊罪的概念及特征

动植物检疫徇私舞弊罪，是指动植物检疫机关的检疫人员徇私舞弊，伪造检疫结果的行为。改革开放使我国与国外的交流更加深入、更加频繁，全球化的动植物及动植物制品大量涌入国内，跨国贩运动植物及动植物制品的行为带来疫情在全球发生及蔓延的可能性，也引起了世界上许多国家对动植物检疫的重视。为了防止疫情在我国发生及蔓延，保护公众的生命健康，我国于 1997 年《刑法》

修订时新增加了动植物检疫徇私舞弊罪。

本罪的特征是：

（一）主体

本罪的主体是特殊主体，即动植物检疫机关的检疫人员。动植物检疫机关，包括国家动植物检疫机关及其在对外开放的口岸和进出境动植物检疫业务集中的地点设立的口岸动植物检疫机关。2002年12月28日，全国人大常委会《关于〈中华人民共和国刑法〉第九章渎职罪主体适用问题的解释》中规定："在依照法律、法规规定行使国家行政管理职权的组织中从事公务的人员，或者在受国家机关委托代表国家机关行使职权的组织中从事公务的人员，或者虽未列入国家机关人员编制，但在国家机关中从事公务的人员，在代表国家机关行使职权时，有渎职行为，构成犯罪的，依照《刑法》关于渎职罪的规定追究刑事责任。"所以，本罪主体具体包括：(1)在检疫机关中从事公务的人员。(2)在依照法律、法规规定行使国家检疫工作行政管理职权的部门中从事公务的人员。(3)在受检疫机关委托代表国家检疫机关行使职权的组织中从事公务的人员。(4)虽未列入国家检疫机关人员编制，但在国家检疫机关从事公务的人员，如合同制、聘任制人员等。

（二）主观方面

本罪在主观方面必须是出于故意，即行为人明知自己的徇私舞弊行为是违反有关法律规定的，明知自己行为可能产生危害后果，而对这种后果的发生持希望或者放任的态度。行为人的犯罪动机是徇私，有的是为了贪图钱财等不法利益，有的是因碍于亲朋好友情面而徇私舞弊，有的是出于报复或嫉妒心理而徇私舞弊等，但无论何种动机，都不影响本罪的成立。

（三）客体

本罪侵犯的客体是国家动植物检疫机关的正常活动。徇私舞弊行为使国家动植物检疫法律、法规的顺利实施受到严重干扰，损害了国家动植物检疫机关的威信，影响了国家动植物检疫机关的正常活动。对我国进出境动植物检疫工作负有管理职责的国家动植物检疫机关的检疫人员，如果利用职权，违反关于动植物检疫法律和法规的规定，不管出于何种原因，徇私舞弊、弄虚作假，必将侵害国家的动植物检疫管理制度和阻碍检疫机关的正常检疫工作，严重危害国家及社会公众利益。

（四）客观方面

本罪在客观方面表现为徇私舞弊，伪造检验结果的行为。即徇私情私利，故意违背事实和法律规定，弄虚作假。伪造检疫结果，是指滥用职权，出具虚假的、不符合应检物品实际情况的检疫结果，如根本不对应检动植物等检疫物进行检疫而放任危害结果出具检疫结果，明知为不合格的检疫物品为了徇私仍然签发、出具检疫合格的单证或在海关报关单上加盖检疫合格印章，为检疫合格的检疫物品出具不合格的检疫证明等。其具体表现在所出具的检疫放行通知单、动物过境许可证、动物检疫证书、植物检疫证书、动物健康证书、兽医卫生证书、熏蒸消毒证书等由检疫机关出具的有关动植物及其产品和其他检疫物健康或者卫生情况检疫证书中。应当指出，伪造检疫结果，既包括伪造、出具被检疫内容全部虚假的结果，又包括伪造、出具被检疫的内容部分不符合事实的结果。构成本罪，不要求造成严重后果；造成严重后果，是本罪的加重情节。造成严重后果，一般是指致使动植物病虫害传出、传入国境，或者致使合格的动植物、动植物产品等不能出口或进口等。

二、动植物检疫徇私舞弊罪的认定

(一)罪与非罪的判定

动植物检疫徇私舞弊罪是行为犯，根据刑法理论，本罪不要求动植物检疫机关的检疫人员徇私舞弊，伪造检疫结果的行为必须情节严重、情节恶劣或造成严重后果，只要检疫机关的检疫人员徇私舞弊，实施了伪造检疫结果的行为，就可以构成动植物检疫徇私舞弊罪。但是，在司法实践中，如果检疫人员实施的徇私舞弊行为符合《刑法》第十三条规定的“情节显著轻微危害不大的，不认为是犯罪”，也可以考虑对该行为做出无罪处理，并可以根据《进出境动植物检疫法》等相关规定给予行政处罚。

(二)动植物检疫徇私舞弊罪与商检徇私舞弊罪的区别

动植物检疫徇私舞弊罪与商检徇私舞弊罪都属于故意犯罪，都属于检验检疫人员的渎职犯罪，并且都具有徇私的动机，在客观方面，都存在伪造、编造相关文件的行为。两罪的主要区别体现在：

1.两罪的犯罪主体不同。动植物检疫徇私舞弊罪的犯罪主体是从事动植物检疫工作的检疫人员；商检徇私舞弊罪的犯罪主体是从事商检工作的商检人员。

2.两罪的犯罪客体不同。动植物检疫徇私舞弊罪侵犯的客体是国家动植物检疫机关的正常活动；商检徇私舞弊罪侵犯的客体是国家对进出口商品实行检验的正常管理活动。

3.两罪的行为对象不同。动植物检疫徇私舞弊罪伪造的对象为动植物检验结果；商检徇私舞弊罪伪造的对象为商品检验结果。

(三)动植物检疫徇私舞弊罪与妨害国境卫生检疫罪

妨害国境卫生检疫罪，是指违反国境卫生检疫规定，引起检疫传染病传播，或者有传播严重危险的行为。动植物检疫徇私舞弊罪与妨害国境卫生检疫罪都系故意犯罪，都可能造成检疫疾病的大规模蔓延，危害社会公众的生命健康安全。两罪的主要区别体现在：

1. 两罪的犯罪主体不同。动植物检疫徇私舞弊罪的主体系特殊主体，即从事动植物检疫工作的检疫人员，仅为自然人。妨害国境卫生检疫罪的主体必须是出入国(边)境的人，未出入国(边)境的人不会直接成为本罪的主体，并且妨害国境卫生检疫罪的主体不仅包括自然人，还包括单位。

2. 两罪的主观故意内容不同。动植物检疫徇私舞弊罪的故意内容系伪造动植物检疫结果；妨害国境卫生检疫罪的主观故意内容系应当接受国境卫生检疫而故意逃避检疫或者故意拒绝检疫。

3. 两罪的行为方式不同。动植物检疫徇私舞弊罪的行为方式表现为徇私舞弊，伪造检疫结果；妨害国境卫生检疫罪的行为方式表现为实施了违反国境卫生检疫规定，逃避对人身或物品的卫生检查，引起检疫传染病的传播或者有严重传播危险的行为。

4. 两罪的行为对象和危害结果要求不同。动植物检疫徇私舞弊罪的行为对象是应当进行检疫的进出境动植物或动植物制品，并不要求危害结果发生即可构成犯罪；妨害国境卫生检疫罪的行为对象是进出境的人身或物品，并且要求以引起检疫传染病的严重危险或结果为犯罪成立的条件。

三、动植物检疫徇私舞弊罪的刑罚处罚

犯动植物检疫徇私舞弊罪的，处五年以下有期徒刑或者拘役；造成严重后果的，处五年以上十年以下有期徒刑。

在对构成动植物检疫徇私舞弊罪适用刑罚时，应充分考虑基本的犯罪事实、犯罪情节及社会危害结果等因素。同时，也不能忽略行为人的人身危险性程度，对于在犯罪中起主要作用的主犯，要依法从严处罚，对于从犯和具有自首等情节的可以考虑从宽处罚。

相关法律条文

《刑法》

第四百一十三条　动植物检疫机关的检疫人员徇私舞弊，伪造检疫结果的，处五年以下有期徒刑或者拘役；造成严重后果的，处五年以上十年以下有期徒刑。

前款所列人员严重不负责任，对应当检疫的检疫物不检疫，或者延误检疫出证、错误出证，致使国家利益遭受重大损失的，处三年以下有期徒刑或者拘役。

第四百一十二条　国家商检部门、商检机构的工作人员徇私舞弊，伪造检验结果的，处五年以下有期徒刑或者拘役；造成严重后果的，处五年以上十年以下有期徒刑。

前款所列人员严重不负责任，对应当检验的物品不检验，或者延误检验出证、错误出证，致使国家利益遭受重大损失的，处三年以下有期徒刑或者拘役。

《进出境动植物检疫法》

第四十五条　动植物检疫机关检疫人员滥用职权，徇私舞弊，伪造检疫结果，或者玩忽职守，延误检疫出证，构成犯罪的，依法追究刑事责任；不构成犯罪的，给予行政处分。

第六节　动植物检疫失职罪

一、动植物检疫失职罪的概念及特征

动植物检疫失职罪，是指动植物检疫机关的检疫人员严重不负责任，对应当检疫的物品不检疫，或者延误检疫出证、错误出证，致使国家遭受重大损失的行为。

本罪的特征是：

（一）主体

动植物检疫失职罪的主体是特殊主体，即动植物检疫机关的检疫人员。动植物检疫机关，包括国家动植物检疫机关及其在对外开放的口岸和进出境动植物检疫业务集中的地点设立的口岸动植物检疫机关。本罪的主体多元化，具体包括：(1)在检疫机关中从事公务的人员。(2)在依照法律、法规规定行使国家检疫工作行政管理职权的部门中从事公务的人员。(3)在受检疫机关委托代表国家检疫机关行使职权的组织中从事公务的人员。(4)虽未列入国家检疫机关人员编制，但在国家检疫机关从事公务的人员，如合同制、聘任制人员等。

（二）主观方面

本罪在主观方面只能由过失构成，故意不构成本罪。即行为人应当预见自己的严重失职行为可能发生危害社会的结果，由于疏忽大意而没有预见或者已经预见而轻信能够避免的一种主观心理态度。典型的过失，通常是指对待工作粗心大意、漫不经心或者自以为是、严重不负责任的心理。这里所说的过失是指对渎职行为所造成的结果的心态，而不是指对渎职行为本身的态度。

（三）客体

动植物检疫失职罪侵犯的客体是国家动植物检疫机关的正常活动。徇私舞弊行为使国家动植物检疫法律、法规的顺利实施受到严重干扰，损害了国家动植物检疫机关的威信，影响了国家动植物检疫机关的正常活动。

(四)客观方面

动植物检疫失职罪在客观方面表现为动植物检疫机关的检疫人员严重不负责任，对应当检疫的物品不检疫，或者延误检疫出证、错误出证，致使国家利益遭受重大损失的行为。

其一，严重不负责任，是一种严重违背职责义务的行为。我国《进出境动植物检疫法》对检疫机关及其工作人员规定了一系列的职责，如对进出境的动植物、动植物产品和其他检疫物，装载动植物、动植物产品和其他检疫物的装载容器、包装物，以及来自动植物疫区的运输工具，应依照该法规定实施检疫；对输入、输出动植物、动植物产品和其他检疫物，由口岸动植物检疫机关实施检疫，经检疫合格的，检疫机关应签发检疫单证或检疫证书，经检疫不合格的，应签发检疫处理通知单；输入、输出的动植物、动植物产品和其他检疫物，需调离海关监管区检疫的，检疫机关应签发检疫调离通知单；等等。

其二，动植物检疫机关的检疫人员不履行或不忠实履行所规定的这些职责，严重不负责任，对应当检疫的物品不检疫，或者不按照规定的地点和期限检疫出证，或者出具与实际情况不相符合的检疫单证，致使国家利益遭受重大损失的，符合动植物检疫失职罪的客观特征。就行为方式而言，可分为三种情况：(1)对应当检疫的检疫物不检疫，既包括对全部应当检疫的检疫物未进行检验，又包括只对其中部分应当检疫的检疫物进行检疫，对其他应当检疫的检疫物不进行检疫，如只检疫动植物本身，不检疫其装载工具、包装物等。(2)延误检疫出证。虽然对应当检疫的检疫品进行了检疫，但未按规定的检疫时间出具检疫结果证明，即超过了检疫期限。超过了检疫期限，不论其所出具的检疫结果是否错误，如果给国家利益造成重大损失，都可构成动植物检疫失职罪。(3)错误出证，即对检疫物在检疫后出具了不符合检疫物实际情况的虚假的检疫结果证明，如将不合格检疫为合格，将合格检疫成不合格等。只要具有上述三种严重不负责任行为的方式之一，即可构成动植物检疫失职罪。

其三，动植物检疫失职罪属于结果犯，只有使国家利益遭受重大损失时才构成犯罪。所谓致使国家利益遭受重大损失，一般是指致使国家遭受重大经济损失；引起动植物疫情，或者有引起动植物疫情严重后果的；严重影响国家的对外贸易关系，损害国家的声誉；等等。根据最高人民检察院 1999 年 9 月 16 日发布施行的《关于人民检察院直接受理立案侦查案件立案标准的规定(试行)》的规定，涉嫌下列情形之一的，应予立案：(1)因不检疫或者延误检疫出证、错误出证，致使依法进出口的动植物不能进口或者出口，导致合同、订单被取消，或者外商向我方索赔或影响我方向外商索赔，直接经济损失达30万元以上的。(2)因不检疫或者延误检疫出证、错误出证，导致重大疫情发生、传播或者流行的。(3)因不检疫或者延误检疫出证、错误出证，导致疫情发生造成人员死亡或者残疾的。(4)三次以上不检疫或者延误检疫出证、错误出证，严重影响国家对外经贸关系和国家声誉的。根据《人民检察院直接受理立案侦查的渎职侵权重特大案件标准(试行)》的规定，重大案件指:(1)造成直接经济损失一百万元以上的。(2)导致疫情发生，造成人员死亡二人以上的。(3)五次以上不检疫，或者延误检疫出证、错误出证，严重影响国家对外经贸关系和国家声誉的。特大案件指:(1)造成直接经济损失三百万元以上的。(2)导致疫情发生，造成人员死亡五人以上的。(3)七次以上不检疫，或者延误检疫出证、错误出证，严重影响国家对外经贸关系和国家声誉的。

二、动植物检疫失职罪的认定

(一)罪与非罪的判定

本罪与工作失误是两种不同性质的行为，可以从主观、客观两方面对其差别进行界定。

从主观方面看，二者的区别关键是看其是否与违反特定的职责规定相联系。如果没有违反特定职责义务的规定，即使发生了严重的损害结果，也属于客观上无法预见、不能避免、不能克服，是意外事件，即主观上不存在犯罪过失，只能属于工作失误。如果违反了特定职责义务的规定，且主观上应当预见到其行为可能发生危害社会的结果，因为疏忽大意而没有预见，或者已经预见而轻信能够避免，导致发生了严重的损害后果，即主观上存在犯罪过失，则成立本罪。

从客观方面看，正确认识二者的差别，不仅要看行为人是否违反特定职责义务的规定，而且还要看重大损失结果的发生是否与其违反职责义务的行为有刑法上的因果关系，以及因果作用力的大小。如果不具有刑法上的因果关系，或者因果作用力不大，属于工作失误；如果具有刑法上的因果关系且作用力达到了一定程度，则成立本罪。动植物检疫机关的检疫人员严重不负责任，对应当检疫的检疫物不检疫，或者延误检疫出证、错误出证的行为能否成立动植物检疫失职罪，还要看不检疫或者延误出证、错误出证的行为是否致使国家利益受到重大损失，如果致使国家利益遭受重大损失，依法可构成动植物检疫失职罪。相反，如果没有致使国家利益遭受重大损失，依法不构成动植物检疫失职罪，只能给予行政处分或其他非刑罚措施。

(二)动植物检疫失职罪与动植物检疫徇私舞弊罪的区别

动植物检疫机关的工作人员由于疏忽大意或者过于自信，错误做出与实际情况不符的检疫结果时，同动植物检疫徇私舞弊罪伪造的检疫结果一样是不真实的检疫结果，这使两者在某种程度上容易混淆。两者的区别主要有以下两方面：

1. 主观方面不同。动植物检疫失职罪的主观方面是过失，即行为人对所出具的不真实的检疫结果是由于疏忽大意没有预料到或者预料到了但轻信能够避免，其内心并不希望此不真实的检疫结果出现；动植物检疫徇私舞弊罪的主观方面是故意，即行为人积极追求此不真实的结果出现。

2. 既遂的标准不同。动植物检疫失职罪是结果犯，只有当行为致使国家利益遭受重大损失时才能构成；动植物检疫徇私舞弊罪是行为犯，只要行为人实施完毕伪造检疫结果的行为即可构成。

三、动植物检疫失职罪的刑罚处罚

犯动植物检疫失职罪的，处三年以下有期徒刑或者拘役。

相关法律条文

《刑法》

第四百一十三条　动植物检疫机关的检疫人员徇私舞弊，伪造检疫结果的，处五年以下有期徒刑或者拘役；造成严重后果的，处五年以上十年以下有期徒刑。

前款所列人员严重不负责任，对应当检疫的检疫物不检疫，或者延误检疫出证、错误出证，致使国家利益遭受重大损失的，处三年以下有期徒刑或者拘役。

《进出境动植物检疫法》

第四十五条　动植物检疫机关检疫人员滥用职权，徇私舞弊，伪造检疫结果，或者玩忽职守，延误检疫出证，构成犯罪的，依法追究刑事责任；不构成犯罪的，给予行政处分。

《最高人民检察院关于渎职侵权犯罪案件立案标准的规定》

（二十七）动植物检疫失职案（第四百一十三条第二款）

动植物检疫失职罪是指出入境检验检疫机关、检验检疫机构工作人员严重不负责任，对应当检疫的检疫物不检疫，或者延误检疫出证、错误出证，致使国家利益遭受重大损失的行为。

涉嫌下列情形之一的，应予立案：

1. 导致疫情发生，造成人员重伤或者死亡的；

2.导致重大疫情发生、传播或者流行的；

3.造成个人财产直接经济损失15万元以上，或者直接经济损失不满15万元，但间接经济损失75万元以上的；

4.造成公共财产或者法人、其他组织财产直接经济损失30万元以上，或者直接经济损失不满30万元，但间接经济损失150万元以上的；

5.不检疫或者延误检疫出证、错误出证，引起国际经济贸易纠纷，严重影响国家对外经贸关系，或者严重损害国家声誉的；

6.其他致使国家利益遭受重大损失的情形。

第七节　传染病防治失职罪

一、传染病防治失职罪的概念及特征

传染病防治失职罪，是指从事传染病防治的政府卫生行政部门的工作人员严重不负责任，导致传染病传播或者流行，情节严重的行为。1997年《刑法》实施前，对传染病防治失职行为一般按1979年《刑法》第一百八十七条所规定的玩忽职守罪定罪处罚。为了适应玩忽职守罪具体化的要求，也为了适应传染病防治失职行为社会危害性的特点，1997年《刑法》第四百零九条规定了传染病防治失职罪。

本罪的特征是：

（一）主体

本罪的犯罪主体是特殊主体，从狭义上理解即行为人应具备政府卫生防疫部门工作人员的身份。

2002年12月28日，全国人大常委会做出立法解释《关于〈中华人民共和国刑法〉第九章渎职罪主体适用问题的解释》，渎职犯罪主体“由依照法律、法规规定行使行政管理职权的组织中从事公务的人员”增加了“受国家机关委托代表国家机关行使职权的组织中从事公务的人员，或者未列入国家机关人员编制但在国家机关中从事公务的人员”的内容，扩大了本罪的主体范围。

根据2003年5月13日最高人民法院、最高人民检察院《关于办理妨害预防、控制突发传染病疫情等灾害的刑事案件具体应用法律若干问题的解释》第十六条第一款的规定，在预防、控制突发传染病疫情等灾害期间，从事传染病防治的政府卫生行政部门的工作人员，或者在受政府卫生行政部门委托代表政府卫生行政部门行使职权的组织中从事公务的人员，或者虽未列入政府卫生行政部门人员编制但在政府卫生行政部门从事公务的人员，在代表政府卫生行政部门

行使职权时，严重不负责任，导致传染病传播或者流行，情节严重的，依照《刑法》第四百零九条的规定，以传染病防治失职罪定罪处罚。

所以，本罪的主体从履行职责的角度，即从广义上把握，应包括：从事传染病防治的政府卫生行政部门的工作人员、受委托代表政府卫生行政部门行使职权的组织中从事公务的人员、虽未列入政府卫生行政部门人员编制但在政府卫生行政部门从事公务的人员。

（二）主观方面

本罪的主观方面，刑法学界主要有两种不同认识：第一种观点认为，只能是过失，行为人对导致传染病传播或流行这一危害结果出自过失，但行为人对工作中违反传染病防治法规定，严重不负责任的行为可能是故意；第二种观点认为，一般是过失，但也不排除间接故意的存在。

本书认为本罪在犯罪主观方面表现为过失，即行为人因疏忽大意或者过于自信造成传染病传播、流行，其主观上并不希望这种结果发生的过失行为，但是行为人违法、违纪的行为仍是故意。

（三）客体

本罪侵犯的客体，刑法学界多数认为是单一客体，形成了不同的认识。第一种观点认为，本罪侵犯的客体是国家关于传染病防治的管理制度。第二种观点认为，本罪侵犯的客体是从事传染病防治的政府卫生行政部门工作人员的职务勤政性或职权行为的正当性，也可以认为是国家对传染病防治工作的正常监督管理活动。第三种观点认为，本罪侵犯的客体是国家机关的正常活动。

本书认为，单纯从单一客体的角度认识本罪的客体，忽视了本罪带来的对广大人民群众生命健康权益的威胁这一法益，所以，本罪侵犯的客体应是复杂客体，不仅有有关传染病防治法的法律、法规及规章制度及国家卫生防疫行政机构的正常工作和正常管理秩序，也有他人的身体健康权和生命安全权。

（四）客观方面

传染病防治失职罪客观方面表现为从事传染病防治工作的政府卫生行政部门工作人员严重不负责任，导致传染病传播或者流行，情节严重的行为。

其一，本罪的客观行为是工作人员严重不负责任，表现为：(1)政府卫生行政部门的工作人员玩忽职守，造成传染病传播、流行。(2)政府卫生行政部门的工作人员不履行职务职责，造成传染病传播、流行。(3)政府卫生行政部门的工作人员玩忽职守，不履行职务职责，造成传染病传播、流行，情节严重的行为。

其二，本罪客观方面造成的结果，根据最高人民检察院 1999 年 9 月 16 日发布施行的《关于人民检察院直接受理立案侦查案件立案标准的规定(试行)》的规定，可以表现为：(1)导致甲类传染病传播的。(2)导致乙类、丙类传染病流行的。

(3)因传染病传播或者流行,造成人员死亡或者残疾的。(4)因传染病传播或者流行,严重影响正常的生产、生活秩序的。(5)其他情节严重的情形。2003 年 5 月 13 日,最高人民法院、最高人民检察院《关于办理妨害预防、控制突发传染病疫情等灾害的刑事案件具体应用法律若干问题的解释》第十六条第二款,进一步对本罪的"情节严重"进行司法解释,包括:(1)对发生突发传染病疫情等灾害的地区或者突发传染病病人、病原携带者、疑似突发传染病病人,未按照预防、控制突发传染病疫情等灾害工作规范的要求做好防疫、检疫、隔离、防护、救治等工作,或者采取的预防、控制措施不当,造成传染范围扩大或者疫情、灾情加重的。(2)隐瞒、缓报、谎报或者授意、指使、强令他人隐瞒、缓报、谎报疫情、灾情,造成传染范围扩大或者疫情、灾情加重的。(3)拒不执行突发传染病疫情等灾害应急处理指挥机构的决定、命令,造成传染范围扩大或者疫情、灾情加重的。(4)具有其他严重情节的。

二、传染病防治失职罪的认定

(一)罪与非罪的判定

认定传染病防治失职罪时,应区分传染病防治失职罪与工作失误的界限。因工作失误往往也会给国家和人民的利益造成重大损失,在这一点上与传染病防治失职罪有相同之处。但两者有严格的区别。

1.客观行为特征不同。工作失误是指行为人认真履行自己的职责义务,但不可避免地出现了错误;而传染病防治失职罪则表现为行为人不履行或不正确履行自己的职责义务。

2.导致发生危害结果的原因不同。工作失误,是由于制度不完善,一些具体政策界限不清,管理上存在弊端,以及由于国家工作人员文化水平不高,业务素质较差,缺乏工作经验,因而计划不周,措施不当,以致在积极工作中发生错误,造成国家和社会公众利益遭受重大损失;而传染病防治失职罪,则是违反工作纪律和规章,对工作极端不负责任等行为造成了严重后果。

(二)传染病防治失职罪与妨害传染病防治罪的区别

妨害传染病防治罪,指违反传染病防治法规定,导致甲类传染病传播或有传播严重危险的行为。二者的相似之处,是二者都违反了传染病防治法的规定,都可能造成传染病传播的危害结果。但是二者有着明显区别:

1.主体不同。传染病防治失职罪的主体是特殊主体,只限于负有传染病防治职责的工作人员,单位不是该罪的主体;而妨害传染病防治罪是一般主体,包括自然人和单位。

2.行为方式不同。传染病防治失职罪的行为人违背传染病防治法规定的防治、监督、监测管理职责，具有渎职性；而妨害传染病防治罪的行为人违反了传染病防治法规定的预防和控制传染病的义务。而区分二者的关键在于行为人违背的是单纯的预防和控制传染病的义务，还是对传染病进行防治、监管的职责。如是前者，则构成妨害传染病防治罪；如果是后者，则构成传染病防治失职罪。

3. 危害结果不同。传染病防治失职罪造成的危害结果是导致传染病传播或流行且情节严重，只有实害结果一种，不包括危险结果，但此处传染病的种类既包括甲类传染病，也包括乙类、丙类传染病；而妨害传染病防治罪造成的危害结果既包括引起甲类传染病传播的实害结果，也包括引起其传播的严重危险结果。

（三）传染病防治失职罪与妨害国境卫生检疫罪的区别

妨害国境卫生检疫罪，指违反国境卫生检疫规定，引起检疫传染病传播或者有传播严重危险的行为。二者都违反了传染病预防、检查方面的法规，都因过失引起了传染病的传播。但二者在客观行为、犯罪主体、传染病的范围方面明显不同。

1. 犯罪主体不同。传染病防治失职罪的主体是特殊主体，且一般只能是中国公民；而妨害国境卫生罪是一般主体，只要是进出境人员以及有货物进出境的单位和个人都可以成为犯罪主体。

2. 客观行为不同。传染病防治失职罪是工作中违反传染病防治法规定的失职行为；而妨害国境卫生检疫罪则是违反国境卫生检疫规定，逃避对其人身、物品检查的行为。

3. 传染病的范围不同。传染病防治失职罪引起传染病的类型没有限制；而妨害国境卫生检疫罪引起危险的对象是检疫传染病，范围比本罪小，仅包括甲类传染病以及国务院确定并公布的其他传染病。

三、传染病防治失职罪的刑罚处罚

犯传染病防治失职罪的，处三年以下有期徒刑或者拘役。

本罪的法定刑的设置可能导致以下现象的发生，即同样是属于玩忽职守性质的行为，涉及卫生工作人员时比涉及非卫生人员时处罚可能更轻的刑罚倒置现象。本罪与《刑法》第三百九十七条规定的玩忽职守罪会发生法条竞合。《刑法》第三百九十七条规定："国家机关工作人员滥用职权或者玩忽职守，致使公共财产、国家和人民利益遭受重大损失的，处三年以下有期徒刑或者拘役；情节特别严重的，处三年以上七年以下有期徒刑。本法另有规定的，依照规定。"根据此规定，一般国家机关工作人员的玩忽职守，情节特别严重的，处三年以上七年以下有期徒刑，即最高可处七年有期徒刑。而作为专门的卫生工作人员，其玩忽职守处罚却相对较轻，其法定最高刑是三年有期徒刑，并且无情节特别严重的情况。《刑法》对于法条竞合的适用,原则上特别法优于普通法,但在适用普通法较轻时,可适用重法优于轻法的原则。如《刑法》对于生产、销售伪劣商品罪的规定中就有重法优于轻法的特别规定。但《刑法》在第三百九十七条中专门规定“本法另有规定的,依照规定”,因此,只能适用特别法优于普通法的规定。

相关法律条文

《刑法》

第四百零九条　从事传染病防治的政府卫生行政部门的工作人员严重不负责任,导致传染病传播或者流行,情节严重的,处三年以下有期徒刑或者拘役。

《最高人民检察院关于渎职侵权犯罪案件立案标准的规定》

(二十)传染病防治失职案(第四百零九条)

传染病防治失职罪是指从事传染病防治的政府卫生行政部门的工作人员严重不负责任,不履行或者不认真履行传染病防治监管职责,导致传染病传播或者流行,情节严重的行为。

涉嫌下列情形之一的,应予立案:

1.导致甲类传染病传播的;

2.导致乙类、丙类传染病流行的;

3.因传染病传播或者流行,造成人员重伤或者死亡的;

4.因传染病传播或者流行,严重影响正常的生产、生活秩序的;

5.在国家对突发传染病疫情等灾害采取预防、控制措施后,对发生突发传染病疫情等灾害的地区或者突发传染病病人、病原携带者、疑似突发传染病病人,未按照预防、控制突发传染病疫情等灾害工作规范的要求做好防疫、检疫、隔离、防护、救治等工作,或者采取的预防、控制措施不当,造成传染范围扩大或者疫情、灾情加重的;

6.在国家对突发传染病疫情等灾害采取预防、控制措施后,隐瞒、缓报、谎报或者授意、指使、强令他人隐瞒、缓报、谎报疫情、灾情,造成传染范围扩大或者疫情、灾情加重的;

7.在国家对突发传染病疫情等灾害采取预防、控制措施后,拒不执行突发传染病疫情等灾害应急处理指挥机构的决定、命令,造成传染范围扩大或者疫情、灾情加重的;

8.其他情节严重的情形。

第四章　危害血液安全罪

血液和血液制品，因其在医疗急救及某些特定疾病的预防和治疗上有着其他药品和生物制品不可替代的临床疗效而被称为“维持人类健康的源泉”，但因其同时具有可能经血液途径传播疾病的特性，来源不洁、被“污染”的血液和血液制品可能成为严重危害人类生命健康的杀手。因此，规范血液和血液制品管理，保障用血安全，一直以来都是我国卫生法治工作的重点，随着我国法制建设的进步，有关血液和血液制品的法制建设也在逐步走向完善。

我国血液和血液制品的相关法制建设开始于20世纪70年代，1978年国务院批准了原卫生部的《关于加强输血工作的请示报告》，正式提出实现公民义务献血制度，同时建立健全全国各级输血机构。1993年3月27日，原卫生部颁布《采供血机构和血液管理办法》。1996年，国务院发布了《血液制品管理条例》。随后，原卫生部相继颁发了《全国血站工作条例》《关于加强输血工作管理的若干规定》《采供血机构和血液管理办法》《血站基本标准》等规范性法律文件。1997年12月29日，我国颁布了《献血法》全文，并于1998年10月1日起正式施行，之后，原卫生部根据《献血法》先后制定发布了《血站管理办法》《医疗机构临床用血管理办法（试行）》《临床输血技术规范》《脐带血造血干细胞库管理办法（试行）》《采供血机构设置规划指导原则》等配套规章，原卫生部、中国红十字总会1999年颁布了《全国无偿献血表彰奖励办法》，2002年起，原卫生部开始按照世界卫生组织《安全血液和血液制品》四项方针加强对血液工作的管理和监督。

1997年《刑法》修正时，在第六章“妨害社会管理秩序罪”第五节“危害公共卫生罪”增设了非法组织卖血罪，强迫卖血罪，非法采集、供应血液、制作、供应血液制品罪，非法采集、供应血液、制作、供应血液制品事故罪等罪名，首次对血液犯罪进行了刑事立法，将严重违反国家血液和血液制品管理制度的行为纳入《刑法》打击的范围，对规范我国血液和血液制品行业具有非常重要的意义。

本章血液方面的犯罪，是指违反国家关于血液管理和使用的法律、法规和规章，非法组织卖血，强迫卖血，非法采集、供应血液、制作、供应血液制品，非法采集、供应血液、制作、供应血液制品造成事故，严重侵害国家血液、血液制品管理制度，危害他人生命健康的行为。血液犯罪的对象是血液和血液制品。血液是指用于临床的全血、成分血和用于血液制品生产的原料血浆；血液制品，则是指各种人血浆蛋白制品。

第一节 非法组织卖血罪

一、非法组织卖血罪的概念及构成特征

非法组织卖血罪，是指违反国家有关规定，非法组织他人出卖血液的行为。长期以来，我国存在着三种血液收集的方式：个体供血、义务献血和无偿献血。受“滴血成金”的传统观念影响，政府推行的义务献血和无偿献血一直成效不大，临床用血严重不足，各地血库库存经常告急，甚至出现血荒。一些血站和医疗机构为缓解用血矛盾，不得不依靠某些人组织、联络分散的卖血者，也有一些单位和个人为完成分配的献血指标，雇用社会闲散人员冒名顶替实施献血，有的血库为追求效益甚至与组织卖血者达成默契“卖血分成”，严重危及公众的身心健康。为保证临床用血的需要和安全，保障献血者和用血者的生命健康，我国在1997年《刑法》中增设了“非法组织卖血罪”，第一次对非法组织卖血罪进行了明文规定。

本罪的特征是：

（一）主体

本罪的主体是一般主体，任何达到刑事责任年龄且具备刑事责任能力的自然人均能犯本罪，实践中多为剥削、压榨卖血者的“血头”“血霸”。单位能否构成本罪的主体，目前有不同的看法。根据《刑法》的规定，单位犯罪应该由《刑法》明确规定，《刑法》没有规定为单位犯罪的，单位不能构成该罪。《刑法》第三百三十三条没有规定单位可以犯本罪，因此，单位不能成为本罪的犯罪主体。针对实践中可能存在的单位利用自己业务上的便利实施非法组织卖血行为的，目前只能对其负责人或直接责任人进行处罚，对单位的处罚还有待《刑法》进一步修订完善。而对可能存在的血站或医疗单位内部人员利用业务上的便利条件，自己组织或与他人共同组织他人卖血，或为他人组织卖血提供便利条件的行为，应该追究个人的刑事责任，而不以单位犯罪论处。

（二）主观方面

本罪在主观方面只能由故意构成，过失不构成此罪。一般而言，非法组织他人出卖血液的行为多以牟利为目的，但《刑法》并没有将此目的列为本罪的构成要件。

（三）客体

本罪的客体是复杂客体，既侵犯了国家对血液的采集、供应管理制度，也侵

犯了不特定多数人的生命健康权利。国家对血液的采集、供应管理制度主要是指我国《献血法》《血站管理办法》《医疗机构临床用血管理办法(试行)》《采供血机构设置规划指导原则》等法律法规和规章制度;不特定多数人的生命健康权利主要是指供血者和受血者的生命安全和身体健康的权利。

(四)客观方面

本罪在客观方面表现为非法组织他人出卖血液的行为。本罪客观特征集中表现为行为人将血液视为"商品"而组织他人出卖。《献血法》实施前,我国存在着三种血液收集的方式:个体供血、义务献血和无偿献血。个体供血,即公民向采供血机构提供自身血液而获取一定报酬的行为;义务献血,即通过政府献血领导小组向机关、企事业单位分配献血指标,下达献血任务,献血后给予献血者一定营养补助费的献血制度;无偿献血,即公民向血站自愿、无报酬地提供自身血液的行为。但实际上,除了这三种方式,还有一种方式也客观存在着,这种方式就是有偿献血,即事实上的卖血。由于各种原因,不少人希望加入有偿卖血的队伍中,组织有偿献血的行为就应运而生,组织者包括机关、企事业单位,也有个人。非法组织有偿献血,并从中获利,"血头""血霸"应运而生,对社会造成极大的危害,必须坚决予以打击。1997 年《刑法》规定了本罪。1998 年 10 月 1 日施行的《献血法》以法律的形式确立了无偿献血制度,规定:国家机关、军队、社会团体、企事业单位、居民委员会、村民委员会,应当动员和组织本单位或本居住区的适龄公民参加献血,对献血者,发给国务院卫生行政部门制作的无偿献血证书,有关单位可以给予适当补贴。《献血法》规定了可以组织献血,但必须是无偿献血。有偿献血或卖血是非法的,组织有偿献血或卖血也是非法的。组织卖血没有非法与合法之分,只要组织卖血就是非法行为。

非法组织他人出卖血液的行为,具体说来,就是行为人在组织他人卖血过程中实施了策划、指挥、领导的行为。在实践中,这种行为一般表现为动员、拉拢、引诱、雇佣、招募、纠集、联络、串联、制定计划、下达命令、分配任务、出谋划策等形式。该罪的严重社会危害性集中体现在组织行为上,着眼点在于行为人组织了非法活动,而不在于其组织的结果。被组织者即使由于种种原因卖血未成,对于组织者来说,仍然可以构成本罪。

二、非法组织卖血罪的认定

(一)非法组织卖血罪的判定

关于本罪的认定,应该注意以下两点:

首先,本罪属于行为犯,《刑法》对于本罪的规定没有以情节轻重作为罪与非罪的标准,只要是实施了非法组织卖血的行为就构成犯罪。情节轻重只是量刑的情节，而不是定罪的情节。我国《献血法》规定了某些非法组织卖血的行为可以通过行政处罚处理，只有严重的才追究刑事责任，我国《刑法》总则也规定，情节显著轻微、危害不大的行为不构成犯罪，因而并非所有实施非法组织卖血的行为都构成犯罪。司法实践中，具体规定了立案追究刑事责任的五种情形：(1)组织卖血三人次以上的。(2)组织卖血非法获利二千元以上的。(3)组织未成年人卖血的。(4)被组织卖血的人的血液含有艾滋病病毒、乙型肝炎病毒、丙型肝炎病毒、梅毒螺旋体等病原微生物的。(5)其他非法组织卖血应予追究刑事责任的情形。

其次，关于本罪犯罪既遂与未遂的问题。本罪作为行为犯，并不要求非法组织他人卖血的行为造成危害结果，而是以行为的完成为标志，行为是犯罪构成的唯一客观必要要件，也就是说，只要行为人完成了非法组织他人卖血的行为，就构成本罪的既遂，如果行为人实施了但并未完成这一行为，就应是本罪的未遂。至于行为完成与否的标志，应以被组织者实际卖出血液为准，被组织者已经实际卖出血液的为既遂，反之为未遂。

(二)本罪与故意伤害罪的关系

《刑法》第三百三十三条第二款规定，非法组织卖血对他人造成伤害的以故意伤害定罪量刑。这一规定明确了非法组织卖血罪可以转化为故意伤害罪。应该注意：

1.伤害的对象。伤害的对象在法条中以“他人”来表述，“他人”是仅指被组织卖血者，还是也包括其他人，如因接受被组织卖血者的血液被传染疾病的人？《刑法》第三百三十三条第一款有“他人”的表述，同条第二款也出现“他人”的表述，第一款中的“他人”肯定指的是被组织卖血者，《刑法》同一条中不同款之间的同一表述，应当是同一含义，因此，第二款中的“他人”也应仅指被组织卖血者。另外，如果因非法组织卖血行为对受血人造成伤害，侵犯的就不是特定人的健康权利，此种行为显然不能定为故意伤害罪。因此，《刑法》第三百三十三条第二款规定中的“他人”仅指被组织卖血者。

2.伤害的含义。《刑法》第三百三十三条第二款中的“伤害”，是指轻伤和重伤，还是仅指重伤？根据《刑法》的规定，转化犯不仅是此罪转化为彼罪，而且是轻罪转化为重罪，即行为人本来实施的是一种法定刑比较轻的犯罪，因符合法定条件，又构成更重的一种犯罪。由轻罪转化为重罪，就是为了严惩那些对社会危害性大的犯罪行为，是罪责刑相适应原则的要求。如果此“伤害”包括对他人造成轻伤的情况，则会出现以下情形：仅仅实施非法组织卖血的犯罪行为而没有对他人造成任何伤害的，依法在处五年以下有期徒刑并处罚金的量刑空间内选择适用刑罚；实施非法组织卖血的犯罪行为并对他人造成轻伤的，反而依法在处三年以下有期徒刑、拘役或者管制的量刑空间内裁量刑罚。非法组织卖血的行为，不造成伤害的刑罚处罚重，造成伤害的刑罚处罚轻。这明显不符合转化罪的立法目的，有违罪责刑相适应原则。因而，此处“伤害”仅指对他人造成重伤。

3. 伤害仅指一部分重伤。不是对他人造成任何程度的重伤都应当转化为故意伤害罪。《刑法》第二百三十四条规定，故意重伤他人的，处三年以上十年以下有期徒刑，第三百三十三条则规定，非法组织他人卖血的，处五年以下有期徒刑，并处罚金。据此，非法组织卖血造成他人重伤的，按照故意伤害罪可以判处四年有期徒刑；非法组织卖血没有造成他人重伤的，按非法组织卖血罪也可以判处四年有期徒刑，同时还要并处罚金，如果对非法组织卖血造成他人重伤的，一律按照故意伤害罪论处，则不一定使其受到更严厉的惩治，这样会不符合转化罪的立法目的和罪责刑相适应原则的要求。因此，此处“伤害”不包括轻伤，仅指一部分重伤。也就是说，不是所有重伤都能转化为故意伤害罪，只有一定程度的重伤才能转化为故意伤害罪，什么程度的重伤符合转化为故意伤害罪，应遵守罪责相适应原则，根据具体情况而定。

三、非法组织卖血罪的刑罚处罚

1. 犯非法组织卖血罪的，处五年以下有期徒刑，并处罚金。

2. 非法组织他人卖血造成伤害的，以故意伤害罪的规定定罪处罚。

相关法律条文

《刑法》

第三百三十三条　非法组织他人出卖血液的，处五年以下有期徒刑，并处罚金；以暴力、威胁方法强迫他人出卖血液的，处五年以上十年以下有期徒刑，并处罚金。

有前款行为，对他人造成伤害的，依照本法第二百三十四条的规定定罪处罚。

《献血法》

第二条　国家实行无偿献血制度。国家提倡十八周岁至五十五周岁的健康公民自愿献血。

《最高人民检察院、公安部关于公安机关管辖的刑事案件立案追诉标准的规定(一)》

第五十二条　非法组织他人出卖血液，涉嫌下列情形之一的，应予立案追诉：

(一)组织卖血三人次以上的；

(二)组织卖血非法获利二千元以上的；

(三)组织未成年人卖血的；

(四)被组织卖血的人的血液含有艾滋病病毒、乙型肝炎病毒、丙型肝炎病毒、梅毒螺旋体等病原微生物的；

(五)其他非法组织卖血应予追究刑事责任的情形。

第二节　强迫卖血罪

一、强迫卖血罪的概念及特征

强迫卖血罪，是指以暴力、威胁方法强迫他人出卖血液的行为。强迫卖血罪与非法组织卖血罪产生于相同的社会条件，在实践中往往是并发的。有的不法分子既进行非法组织他人卖血的勾当，又采取暴力、威胁等不法手段强迫他人卖血，通过不同的手段达到同一个目的，即非法营利。由于1979年《刑法》及后来的特别法均无关于血液犯罪的专门规定，在司法实践中，对强迫他人出卖血液的，认定犯罪性质很不一致。有的按非法拘禁罪论处，有的按故意伤害罪论处，还有的定为抢劫罪。这些相关的罪名都不能反映强迫他人卖血行为的社会危害性，不能对其进行科学的法律界定，不利于贯彻罪刑法定原则和罪刑相适应原则。为了转变这种状况，保护广大群众的身体健康乃至生命安全，有效地打击这些犯罪行为，1997年《刑法》增设了强迫卖血罪。

本罪的构成特征是：

(一)主体

本罪的主体为一般主体。任何达到刑事责任年龄且具备刑事责任能力的自然人均能构成本罪。单位不能犯本罪。

(二)主观方面

本罪在主观方面表现为直接故意，间接故意和过失均不构成本罪。虽然本罪多以牟利为犯罪目的，但是否牟取了非法利益，并不成为本罪的构成要件。

(三)客体

本罪的客体是复杂客体。首先直接侵犯了国家对血液的管理制度。我国实行对输血工作管理的“三统一”制度，即：统一管理血源、统一采血、统一供血。《献血法》明确规定我国实行无偿献血制度，以暴力、威胁方法强迫他人出卖血液，显然是对这些重要制度的侵犯。另外，本罪还直接侵犯了被强迫人的人身权利。以暴力、威胁方法强迫他人出卖血液，必然会侵犯他人的健康权利、人身自由权利以及其他人身权利。本罪还会直接侵害公共卫生。以暴力、威胁方法强迫他人出卖血液，把血液视作商品进行买卖，必然降低血液的质量标准，甚至想方设法逃避监管，从而危及不特定多数用血者的生命健康安全，危害公共卫生安全。

（四）客观方面

本罪在客观方面表现为以暴力、威胁方法强迫他人出卖自身血液的行为。暴力，是指对他人人身进行伤害或实施强制，如殴打、捆绑等强制手段；威胁，是指以杀害、伤害、毁坏财产、破坏名誉等手段进行要挟，迫使他人接受自己的意志，从而实施卖血行为；他人既可以是除行为人外的特定的他人，也可以是除行为人外的不特定的他人。

二、强迫卖血罪的认定

（一）罪与非罪的判定

关于本罪的判定，重点注意以下两点：

1.构成本罪必须有以暴力、威胁方法强迫他人卖血的行为。暴力、威胁是本罪的手段或方法，如果不是用暴力、威胁而是教唆、帮助他人卖血，不构成本罪。用暴力威胁方法以外的其他强制方法，如麻醉等方法，也不构成本罪。构成其他犯罪的，应按相应的犯罪处罚。

2.构成本罪必须是行为人强迫他人卖血，如果不是以卖血为强迫内容，不构成本罪。如果是强迫他人献血，一般不构成犯罪，构成其他犯罪时按相应犯罪处罚，如滥用职权罪、非法拘禁罪等等。

（二）强迫卖血罪与非法组织卖血罪的区别

本罪与非法组织卖血罪规定在同一刑法条文中，二者在构成上有相同之处，比如两罪在使人卖血上完全相同，也往往具有牟利的非法目的，犯罪对象都可以是不特定的他人，但它们之间又有一定的区别。

1.本罪的主体既可以是一人，也可以是多人。非法组织卖血罪的主体则一般为多人，通常是三人以上。

2.客体不同。本罪与后者虽然都是复杂客体，但主要方面却不尽相同，侵犯卖血者的人身权利是本罪的主要方面，而非法组织卖血罪则没有这一表现。

3.行为方式不同。本罪采用暴力、威胁的方法强制他人卖血，后者采用招募、雇佣、介绍等方法组织他人卖血，后者中被组织者是自愿而不是被迫卖血。

4.构成形式不同。本罪虽然在司法实践中多为共同犯罪，但并不要求以组织形式出现，而后者无论其主体是一个或多个“血头”，都必须具备一定组织形式,即由“血头”指挥、策划、组织多人卖血。

(三)本罪与故意伤害罪的关系

《刑法》第三百三十三条第二款规定中的“他人”仅指被强迫卖血者,“伤害”不包括轻伤,仅指一部分重伤。什么程度的重伤才符合转化为故意伤害罪,应遵守罪责刑相适应原则,根据具体情况而定。理由与非法组织卖血罪相同,在此不赘述。

三、强迫卖血罪的刑罚处罚

1.犯强迫卖血罪的,处五年以上十年以下有期徒刑,并处罚金。

2.强迫他人卖血造成伤害的,以《刑法》第二百三十四条故意伤害罪的规定定罪处罚。

相关法律条文

《刑法》

第三百三十三条　非法组织他人出卖血液的,处五年以下有期徒刑,并处罚金;以暴力、威胁方法强迫他人出卖血液的,处五年以上十年以下有期徒刑,并处罚金。

有前款行为,对他人造成伤害的,依照本法第二百三十四条的规定定罪处罚。

第二百三十四条　故意伤害他人身体的,处三年以下有期徒刑、拘役或者管制。

犯前款罪,致人重伤的,处三年以上十年以下有期徒刑;致人死亡或者以特别残忍手段致人重伤造成严重残疾的,处十年以上有期徒刑、无期徒刑或者死刑。本法另有规定的,依照规定。

《献血法》

第十八条　有下列行为之一的,由县级以上人民政府卫生行政部门予以取缔,没收违法所得,并处十万元以下的罚款;构成犯罪的,依法追究刑事责任:(一)非法采集血液的;(2)血站、医疗机构出售无偿献血的血液的;(三)非法组织他人出卖血液的。

第三节　非法采集、供应血液、制作、供应血液制品罪

一、非法采集、供应血液、制作、供应血液制品罪的概念及特征

非法采集、供应血液、制作、供应血液制品罪，是指非法采集、供应血液或者制作、供应血液制品，不符合国家规定的标准，足以危害人体健康的行为。随着血液制品行业的发展和因输血导致艾滋病病毒等的传播，血液制品在临床中的作用和安全日益受到关注。由于我国血液制品供应一直异常紧缺，利益的驱动和监管的漏洞，使违法制作、供应血液制品的行为一直都比较猖獗，对血液制品的规范管理也一直是政府工作的重点，在 1997 年修改《刑法》之前，国家制定了大量的行政法规和规章制度实施行政管理，而被称为“众法之盾”的《刑法》，在血液制品的规范管理上却没有发挥其应有的功效，1997 年修改后的《刑法》规定了这一新罪名，旨在保护我国血液、血液制品的安全，打击血液犯罪，对有效保护广大人民群众的生命健康具有非常重要的意义。为了配合本罪的定罪量刑，2008 年 6 月 25 日，公布实施了《最高人民检察院、公安部关于公安机关管辖的刑事案件立案追诉标准的规定(一)》，对本罪立案的标准做了具体的规定；2008 年 9 月 23 日，又发布了《最高人民法院、最高人民检察院关于办理非法采供血液等刑事案件具体应用法律若干问题的解释》，对本罪相关问题做出了较为明确的规定。

本罪的特征是：

(一)主体

本罪的主体为一般主体，即达到刑事责任年龄并具有刑事责任能力的自然人。实践中，非法采集、供应血液或者制作、供应血液制品的行为，既可以由不具备采集、供应血液或者制作、供应血液制品资格的单位和个人所为，也可以由依法成立的血站、单采血浆站和血液制品生产单位的工作人员所为。但是，根据《刑法》规定，单位不能构成本罪的主体。对于不具有采集、供应血液或者制作、供应血液制品资格的单位所从事的采集、供应血液或者制作、供应血液制品，不符合国家规定的标准，足以危害人体健康的行为，目前只追究有关直接责任人员的刑事责任。

(二)主观方面

本罪的主观方面只能是出于故意，即行为人明知自己没有从事采集、供应血液或者制作、供应血液制品的权利却依然予以实施，其目的往往是牟取非法暴利，但行为人是否牟取到暴利不是本罪主观方面的必要要件。

(三)客体

本罪的客体是复杂客体。本罪既侵害了国家对血液、血液制品的管理制度，

同时还侵害了不特定多数人的生命健康权利。国家对血液、血液制品的管理制度主要是指国家关于采集、制作、供应血液和血液制品的主体资格的规定，以及采集、制作、供应血液和血液制品的标准，比如《血站管理办法》《医疗机构临床用血管理办法（试行）》《脐带血造血干细胞库管理办法（试行）》《采供血机构设置规划指导原则》《血液制品管理条例》《血站质量管理规范》《血站实验室质量管理规范》《中国输血技术操作规程》《单采血浆站质量管理规范》等等；他人的生命健康权主要指供血者和受血者的生命安全和身体健康的权利。

（四）客观方面

本罪的客观方面表现为行为人实施了非法采集、制作、供应不符合国家规定标准的血液或血液制品，足以危害人体健康的行为。本罪属于危险犯，其客观方面必须同时满足两个条件：

第一，行为人实施了非法采集、制作、供应血液或血液制品的行为。主要是指未经国家主管部门批准或者超过批准的业务范围，采集、供应血液或者制作、供应血液制品。

第二，采集、制作、供应血液或血液制品不符合国家规定的标准，足以危害人体健康。具体情形有：(1)采集、供应的血液含有艾滋病病毒、乙型肝炎病毒、丙型肝炎病毒、梅毒螺旋体等病原微生物的。(2)制作、供应的血液制品含有艾滋病病毒、乙型肝炎病毒、丙型肝炎病毒、梅毒螺旋体等病原微生物，或者将含有上述病原微生物的血液用于制作血液制品的。(3)使用不符合国家规定的药品、诊断试剂、卫生器材，或者重复使用一次性采血器材采集血液，造成传染病传播危险的。(4)违反规定对献血者、供血浆者超量、频繁采集血液、血浆，足以危害人体健康的。(5)其他不符合国家有关采集、供应血液或者制作、供应血液制品规定标准，足以危害人体健康的。

二、非法采集、供应血液、制作、供应血液制品罪的认定

（一）罪与非罪的判定

判定非法采集、供应血液、制作、供应血液制品罪与非罪时，需要注意：

1.采集、供应血液或者制作、供应血液制品的行为必须系非法。非法包括两层含义：一是指违反国家的操作规程；二是指不具备采集、供应血液或者制作、供应血液制品的资格。如果系合法行为则不构成犯罪。

2.非法采集、供应血液或者制作、供应血液制品的行为必须足以危害人体健康。如果行为人非法采集、供应血液或者制作、供应血液制品的行为不足以危害人体健康的，一般不构成犯罪；但情节较重的，可以本罪未遂处理。

（二）非法采集、供应血液、制作、供应血液制品罪与相关罪的区别

1.本罪与非法组织卖血罪的区别。二者主体都是一般主体，主观上都出于

故意，客体基本相同，客观方面也表现出一定的相似之处，但二者也有明显的区别：(1)犯罪对象不完全相同。本罪的犯罪对象不仅包括血液，还包括血液制品；非法组织卖血罪的犯罪对象是血液，不包括血液制品。(2)行为方式不同。本罪表现为没有采供血液的资格或制作、供应血液制品的资格而非法进行采供或制作、供应血液制品而破坏采供血以及血液制品管理制度；非法组织卖血罪表现为将血液作为商品加以出卖而破坏国家无偿献血制度。(3)犯罪形态不同。本罪是危险犯，实施非法采集、供应血液、制作、供应血液制品的行为必须足以危害人体健康的才能构成犯罪；而非法组织卖血罪是行为犯，只要实施了非法组织他人卖血的行为即构成犯罪。

2.本罪与强迫卖血罪的区别。(1)犯罪对象不完全相同。本罪的犯罪对象不仅包括血液，还包括血液制品；强迫卖血罪的犯罪对象是血液，不包括血液制品。(2)客体不尽相同。本罪侵犯了两种直接客体，即国家对血液、血液制品的采集、制作、供应管理制度，供血者和受血者的生命健康权利；而强迫卖血罪则侵犯了三种直接客体，除本罪的两种客体外，还侵害了他人的人身自由权利。(3)行为方式不同。本罪是非法采集、供应血液或者制作、供应血液制品的行为，强迫卖血罪是实施了强迫他人卖血的行为，即使用暴力、威胁等手段强迫他人将自身血液非法地作为商品加以出卖，而本罪则是采用强迫以外的其他方法，比如未经国家主管部门批准设立血站，非法采集、供应血液等。(4)犯罪形态不同。本罪是危险犯；强迫卖血罪是行为犯。

3.本罪与生产、销售假药罪的区别。生产销售假药罪，是指生产者、销售者违反国家药品管理法规，生产销售假药，足以危害人体健康的行为。规定在《刑法》第一百四十一条，属于破坏社会主义市场经济秩序罪。两罪都可能侵犯不特定多数人的生命健康权利，但两罪的区别在于：(1)客体不同。本罪主要侵犯的是国家对血液、血液制品的管理制度，危害了公共卫生秩序；而生产、销售假药罪则主要侵犯了国家的药品管理制度，破坏了社会主义市场经济秩序。(2)客观方面不同。本罪是危险犯，“足以危害人体健康”是犯罪客观方面的必要要件；而生产、销售假药罪是行为犯，法条中虽然规定了“足以严重危害人体健康”，但根据《刑法修正案(八)》的规定，“足以严重危害人体健康”并不是构成此罪的必要要件。只要具有生产、销售假药的行为，即构成生产销售假药罪。至于所生产、销售的假药是否足以严重危害人体健康，在所不问。因为只要生产、销售了假药，就会破坏国家的药品监管秩序，如果生产、销售的假药对人体健康造成严重危害或者有其他严重情节，则是本罪法定刑升格的条件。

4.本罪与妨害传染病防治罪的区别。妨害传染病防治罪，是指违反传染病防治法规定，引起甲类传染病传播或者有传播严重危险的行为，规定在《刑法》第三百三十条，属于危害公共卫生罪。

本罪与妨害传染病防治罪都属于危害公共卫生的犯罪，存在一些相似性，区分两罪时应从以下方面考虑：(1)主体不同。本罪只能由自然人构成，不能由单位构成；而妨害传染病防治罪则既可由自然人构成，也可由单位构成。(2)客体不同。本罪主要侵犯的是国家对血液、血液制品的管理制度；而妨害传染病防治罪则主要侵犯的是国家对传染病防治的管理制度。(3)犯罪的后果不同。本罪是足以危害人体健康或对人体健康造成实际损害，其中可能包括引起传染病传播或有传播危险之情形，但不限于此。

三、非法采集、供应血液、制作、供应血液制品罪的刑罚处罚

《刑法》第三百三十四条第一款规定：非法采集、供应血液或者制作、供应血液制品，不符合国家规定的标准，足以危害人体健康的，处五年以下有期徒刑或者拘役，并处罚金；对人体健康造成严重危害的，处五年以上十年以下有期徒刑，并处罚金；造成特别严重后果的，处十年以上有期徒刑或者无期徒刑，并处罚金或者没收财产。

对人体健康造成严重危害的情形是：(1)造成献血者、供血浆者、受血者感染乙型肝炎病毒、丙型肝炎病毒、梅毒螺旋体或者其他经血液传播的病原微生物的。(2)造成献血者、供血浆者、受血者重度贫血、造血功能障碍或者其他器官组织损伤导致功能障碍等身体严重危害的。(3)对人体健康造成其他严重危害的。

造成特别严重后果的情形是：(1)因血液传播疾病导致人员死亡或者感染艾滋病病毒的。(2)造成五人以上感染乙型肝炎病毒、丙型肝炎病毒、梅毒螺旋体或者其他经血液传播的病原微生物的。(3)造成五人以上重度贫血、造血功能障碍或者其他器官组织损伤导致功能障碍等身体严重危害的。(4)造成其他特别严重后果的。

相关法律条文

《刑法》

第三百三十四条　非法采集、供应血液或者制作、供应血液制品，不符合国家规定的标准，足以危害人体健康的，处五年以下有期徒刑或者拘役，并处罚金；对人体健康造成严重危害的，处五年以上十年以下有期徒刑，并处罚金；造成特别严重后果的，处十年以上有期徒刑或者无期徒刑，并处罚金或者没收财产。

《最高人民检察院、公安部关于公安机关管辖的刑事案件立案追诉标准的规定(一)》

第五十四条　非法采集、供应血液或者制作、供应血液制品，涉嫌下列情形之一的，应予立案追诉：

（一）采集、供应的血液含有艾滋病病毒、乙型肝炎病毒、丙型肝炎病毒、梅毒螺旋体等病原微生物的；

（二）制作、供应的血液制品含有艾滋病病毒、乙型肝炎病毒、丙型肝炎病毒、梅毒螺旋体等病原微生物，或者将含有上述病原微生物的血液用于制作血液制品的；

（三）使用不符合国家规定的药品、诊断试剂、卫生器材，或者重复使用一次性采血器材采集血液，造成传染病传播危险的；

（四）违反规定对献血者、供血浆者超量、频繁采集血液、血浆，足以危害人体健康的；

（五）其他不符合国家有关采集、供应血液或者制作、供应血液制品的规定，足以危害人体健康或者对人体健康造成严重危害的情形。

未经国家主管部门批准或者超过批准的业务范围，采集、供应血液或者制作、供应血液制品的，属于本条规定的“非法采集、供应血液、制作、供应血液制品”。

本条和本规定第五十二条、第五十三条、第五十五条规定的“血液”，是指全血、成分血和特殊血液成分。

本条和本规定第五十五条规定的“血液制品”，是指各种人血浆蛋白制品。

《最高人民法院、最高人民检察院关于办理非法采供血液等刑事案件具体应用法律若干问题的解释》

第一条　对未经国家主管部门批准或者超过批准的业务范围，采集、供应血液或者制作、供应血液制品的，应认定为《刑法》第三百三十四条第一款规定的“非法采集、供应血液或者制作、供应血液制品”。

第二条　对非法采集、供应血液或者制作、供应血液制品，具有下列情形之一的，应认定为《刑法》第三百三十四条第一款规定的“不符合国家规定的标准，足以危害人体健康”，处五年以下有期徒刑或者拘役，并处罚金：

（一）采集、供应的血液含有艾滋病病毒、乙型肝炎病毒、丙型肝炎病毒、梅毒螺旋体等病原微生物的；

（二）制作、供应的血液制品含有艾滋病病毒、乙型肝炎病毒、丙型肝炎病毒、梅毒螺旋体等病原微生物，或者将含有上述病原微生物的血液用于制作血液制品的；

（三）使用不符合国家规定的药品、诊断试剂、卫生器材，或者重复使用一次性采血器材采集血液，造成传染病传播危险的；

（四）违反规定对献血者、供血浆者超量、频繁采集血液、血浆，足以危害人体健康的；

（五）其他不符合国家有关采集、供应血液或者制作、供应血液制品的规定标准，足以危害人体健康的。

第三条　对非法采集、供应血液或者制作、供应血液制品，具有下列情形之一的，应认定为《刑法》第三百三十四条第一款规定的“对人体健康造成严重危害”，处五年以上十年以下有期徒刑，并处罚金：

（一）造成献血者、供血浆者、受血者感染乙型肝炎病毒、丙型肝炎病毒、梅毒螺旋体或者其他经血液传播的病原微生物的；

（二）造成献血者、供血浆者、受血者重度贫血、造血功能障碍或者其他器官组织损伤导致功能障碍等身体严重危害的；

（三）对人体健康造成其他严重危害的。

第四条　对非法采集、供应血液或者制作、供应血液制品，具有下列情形之一的，应认定为《刑法》第三百三十四条第一款规定的“造成特别严重后果”，处十年以上有期徒刑或者，并处罚金或者没收财产：

（一）因血液传播疾病导致人员死亡或者感染艾滋病病毒的；

（二）造成五人以上感染乙型肝炎病毒、丙型肝炎病毒、梅毒螺旋体或者其他经血液传播的病原微生物的；

（三）造成五人以上重度贫血、造血功能障碍或者其他器官组织损伤导致功能障碍等身体严重危害的；

（四）造成其他特别严重后果的。

第四节　采集、供应血液、制作、供应血液制品事故罪

一、采集、供应血液、制作、供应血液制品事故罪的概念及特征

采集、供应血液、制作、供应血液制品事故罪，是指经国家主管部门批准采集、供应血液或者制作、供应血液制品的部门，不依照规定进行检测或者违背其他操作规定，造成危害他人身体健康后果的行为。本罪与非法采集、供应血液、制作、供应血液制品罪一起规定在我国《刑法》第三百三十四条中，非法采集、供应血液、制作、供应血液制品罪规定在第一款，本罪规定在第二款。与非法采集、供应血液、制作、供应血液制品罪一样，1997 年《刑法》修改之前，对经国家主管

部门批准采集、供应血液或者制作、供应血液制品的单位，在采集、供应血液或者制作、供应血液制品的过程中，造成危害他人身体健康后果的行为主要是依靠行政管理，1997年《刑法》修改中，首次将该种行为规定为犯罪，纳入《刑法》打击的范围。2008年6月25日，公布实施了最高人民检察院、公安部《关于公安机关管辖的刑事案件立案追诉标准的规定(一)》，对本罪立案的标准做了具体的规定；2008年9月23日，又公布施行了《最高人民法院、最高人民检察院关于办理非法采供血液等刑事案件具体应用法律若干问题的解释》，前述规定的立案标准纳入本规定中，并对本罪相关的其他问题做出较为明确的规定。

本罪的特征是：

(一)主体

本罪的主体是特殊主体，即必须是经国家主管部门批准的有权从事采集、供应血液或者制作、供应血液制品活动的采供血机构和血液制品生产经营单位。《最高人民法院、最高人民检察院关于办理非法采供血液等刑事案件具体应用法律若干问题的解释》将采供血机构统一规定为依法设立的血液中心、中心血站、中心血库、脐带血造血干细胞库和国家卫生行政主管部门根据医学发展需要批准、设置的其他类型血库、单采血浆站。血液制品生产经营单位，是指经国家卫生行政主管部门批准有权从事制作、供应血液制品的单位。

(二)主观方面

本罪在主观方面表现为过失，即依法从事血液采集、供应或血液制品制作、供应的单位，对自己不依照规定进行检测或者违背其他操作规定的行为可能会造成危害他人身体健康的后果，应当预见但因为疏忽大意而没有预见，或者已经预见但轻信能够避免，以致发生他人身体健康遭受损害的后果。

(三)客体

本罪的客体是复杂客体，本罪既侵害了国家对血液、血液制品采集、制作、供应的管理制度，同时还侵害了不特定多数人的生命健康权利。国家对血液、血液制品的管理制度主要是指主管部门关于采集、制作、供应血液、血液制品必须遵守的检测和其他相关的操作规定，比如《供血者健康检查标准》《供血浆者健康检查标准》《血液制品管理条例》等等；不特定多数人的生命健康权主要指供血者和受血者的生命安全和身体健康的权利。

(四)客观方面

本罪的客观方面表现为经国家主管部门批准采集、供应血液或者制作、供应血液制品的单位，在采集、供应血液或者制作、供应血液制品的过程中，造成危害他人身体健康后果的行为。本罪的客观方面必须同时满足“行为”和“结果”两个要件。

“行为”表现为不依照规定进行检测或者违背其他操作规定，具体表现为：

(1)血站未用两个企业生产的试剂对艾滋病病毒抗体、乙型肝炎病毒表面抗原、丙型肝炎病毒抗体、梅毒抗体进行两次检测的。(2)单采血浆站不依照规定对艾滋病病毒抗体、乙型肝炎病毒表面抗原、丙型肝炎病毒抗体、梅毒抗体进行检测的。(3)血液制品生产企业在投料生产前未用主管部门批准和检定合格的试剂进行复检的。(4)血站、单采血浆站和血液制品生产企业使用的诊断试剂没有生产单位名称、生产批准文号或者经检定不合格的。(5)采供血机构在采集检验标本、采集血液和成分血分离时,使用没有生产单位名称、生产批准文号或者超过有效期的一次性注射器等采血器材的。(6)不依照国家规定的标准和要求包装、储存、运输血液、原料血浆的。(7)对国家规定检测项目结果呈阳性的血液未及时按照规定予以清除的。(8)不具备相应资格的医务人员进行采血、检验操作的。(9)对献血者、供血浆者超量、频繁采集血液、血浆的。(10)采供血机构采集血液、血浆前,未对献血者或供血浆者进行身份识别,采集冒名顶替者、健康检查不合格者血液、血浆的。(11)血站擅自采集原料血浆,单采血浆站擅自采集临床用血或者向医疗机构供应原料血浆的。(12)重复使用一次性采血器材的。(13)其他不依照规定进行检测或者违背操作规定的。

"结果"表现为造成危害他人身体健康的后果,具体为:(1)造成献血者、供血浆者、受血者感染艾滋病病毒、乙型肝炎病毒、丙型肝炎病毒、梅毒螺旋体或者其他经血液传播的病原微生物的。(2)造成献血者、供血浆者、受血者重度贫血、造血功能障碍或者其他器官组织损伤导致功能障碍等身体严重危害的。(3)造成其他危害他人身体健康后果的。

二、采集、供应血液、制作、供应血液制品事故罪的认定

(一)罪与非罪的判定

根据《刑法》第三百三十四条第二款的规定,本罪属于实害犯,对本罪的判定,需要特别注意其客观方面必须同时满足两个条件,即:(1)实施了不依照规定进行检测或者违背其他操作规定采集、供应血液、制作、供应血液制品的行为。(2)该行为造成危害他人身体健康的后果。如果行为主体虽然没有依照规定进行检测或者违背其他操作规定采集、供应血液、制作、供应血液制品,但没有造成危害他人身体健康的后果,或者行为主体采集、供应血液、制作、供应血液制品造成了危害他人身体健康的后果,但并非由于其不依照规定进行检测或者违背其他操作规定所导致,也不能以本罪定罪处罚。

(二)本罪与相关罪的区别

1.本罪与非法采集、供应血液、制作、供应血液制品罪的区别。两罪都规定在《刑法》第三百三十四条中,自然有其共同之处,比如都属于危害公共卫生安全

的犯罪，其侵犯的客体都是国家对血液、血液制品的管理制度和不特定多数人的生命健康权利，但两罪罪名不同，其打击的犯罪各有侧重，在犯罪构成的主体、主观方面以及客观方面的表现也有明显的差异，具体表现为：(1)犯罪主体不同。本罪的犯罪主体为特殊主体，只能由经国家主管部门批准而依法从事采集、供应血液或者制作、供应血液制品活动的血站(库)、单采血浆站和血液制品生产经营单位构成，自然人不能成为本罪主体；而非法采集、供应血液、制作、供应血液制品罪的犯罪主体则为一般主体，即凡是达到刑事责任年龄、具有刑事责任能力的自然人均可构成，单位则不能成为此罪的主体。(2)主观方面不同。本罪的主观方面表现为过失犯罪，只有过失才能犯本罪；而非法采集、供应血液、制作、供应血液制品罪的主观方面表现为故意，过失不构成该罪。(3)客观方面不同。本罪中实施采集、供应血液或者制作、供应血液制品的均是依法享有相关权利的合法主体，其行为具有合法性，行为人只是在实施行为过程中没有依照规定对血液、血液制品进行检测或者违反了其他操作规定而导致损害结果的发生；而非法采集、供应血液、制作、供应血液制品罪则以行为的非法性为前提，其行为人根本就无权实施采集、供应血液、制作、供应血液制品的行为。(4)犯罪形态不同。本罪是实害犯，只有造成危害他人身体健康之后果，才能构成犯罪；而非法采集、供应血液、制作、供应血液制品罪则是危险犯，行为人只要实施了非法采集、供应血液或者制作、供应血液制品，足以危害人体健康的行为，即构成犯罪，且属于犯罪既遂。

2.本罪与重大责任事故罪的区别。重大责任事故罪，是指工厂、矿山、林场、建筑企业或者其他企事业单位的职工，由于不服管理、违反规章制度，或者强令工人违章冒险作业，因而发生重大伤亡事故或者造成其他严重后果的行为。重大责任事故罪规定在《刑法》第一百三十四条，属于危害公共安全罪。两者都危害了公共安全，都表现为违反国家相关管理的规章制度的行为，在犯罪主观方面、犯罪的后果等方面，均有相同之处。但两罪分属于不同的犯罪种类，主要区别是：(1)主体不同。本罪只限于经国家主管部门批准采集、供应血液或者制作、供应血液制品的单位，是典型的单位犯罪；而重大责任事故罪则为工厂、矿山、林场、建筑企业或其他企事业单位的职工，犯罪主体是自然人，单位不能犯此罪。(2)客体不同。本罪主要侵犯国家对血液、血液制品的采集、供应、制作的管理制度；而重大责任事故罪则主要侵犯国家对工厂、矿山、林场、建筑企业或其他企事业单位的生产、作业的管理规定。(3)客观方面不同。本罪表现为采集、供应血液或者制作、供应血液制品的过程中未依照规定进行检测或违背了其他操作规定，并造成危害他人身体健康的后果；而重大责任事故罪表现为生产、作业活动中不服管理、违反规章制度，或者强令工人违章冒险作业，因而发生重大伤亡事故，造成严重后果。

三、采集、供应血液或者制作、供应血液制品事故罪的处罚

《刑法》第三百三十四条第二款规定，犯采集、供应血液或者制作、供应血液制品事故罪的，对单位判处罚金，并对其直接负责的主管人员和其他直接责任人员处五年以下有期徒刑或者拘役。

相关法律条文

《刑法》

第三百三十四条　经国家主管部门批准采集、供应血液或者制作、供应血液制品的部门，不依照规定进行检测或者违背其他操作规定，造成危害他人身体健康后果的，对单位判处罚金，并对其直接负责的主管人员和其他直接责任人员，处五年以下有期徒刑或者拘役。

《最高人民法院、最高人民检察院关于办理非法采供血液等刑事案件具体应用法律若干问题的解释》

第五条　对经国家主管部门批准采集、供应血液或者制作、供应血液制品的部门，具有下列情形之一的，应认定为《刑法》第三百三十四条第二款规定的“不依照规定进行检测或者违背其他操作规定”：

（一）血站未用两个企业生产的试剂对艾滋病病毒抗体、乙型肝炎病毒表面抗原、丙型肝炎病毒抗体、梅毒抗体进行两次检测的；

（二）单采血浆站不依照规定对艾滋病病毒抗体、乙型肝炎病毒表面抗原、丙型肝炎病毒抗体、梅毒抗体进行检测的；

（三）血液制品生产企业在投料生产前未用主管部门批准和检定合格的试剂进行复检的；

（四）血站、单采血浆站和血液制品生产企业使用的诊断试剂没有生产单位名称、生产批准文号或者经检定不合格的；

（五）采供血机构在采集检验标本、采集血液和成分血分离时，使用没有生产单位名称、生产批准文号或者超过有效期的一次性注射器等采血器材的；

（六）不依照国家规定的标准和要求包装、储存、运输血液、原料血浆的：

（七）对国家规定检测项目结果呈阳性的血液未及时按照规定予以清除的；

（八）不具备相应资格的医务人员进行采血、检验操作的；

（九）对献血者、供血浆者超量、频繁采集血液、血浆的；

（十）采供血机构采集血液、血浆前，未对献血者或供血浆者进行身份识别，

采集冒名顶替者、健康检查不合格者血液、血浆的；

（十一）血站擅自采集原料血浆，单采血浆站擅自采集临床用血或者向医疗机构供应原料血浆的；

（十二）重复使用一次性采血器材的；

（十三）其他不依照规定进行检测或者违背操作规定的。

第六条　对经国家主管部门批准采集、供应血液或者制作、供应血液制品的部门，不依照规定进行检测或者违背其他操作规定，具有下列情形之一的，应认定为《刑法》第三百三十四条第二款规定的“造成危害他人身体健康后果”，对单位判处罚金，并对其直接负责的主管人员和其他直接责任人员，处五年以下有期徒刑或者拘役：

（一）造成献血者、供血浆者、受血者感染艾滋病病毒、乙型肝炎病毒、丙型肝炎病毒、梅毒螺旋体或者其他经血液传播的病原微生物的；

（二）造成献血者、供血浆者、受血者重度贫血、造血功能障碍或者其他器官组织损伤导致功能障碍等身体严重危害的；

（三）造成其他危害他人身体健康后果的。

第五章　破坏医疗秩序罪

医学是为了拯救人的生命，解除人的病痛，具体的医疗行为不应当是罪过，但难免有个别人利用医疗行为来实现自己的私利。没有行医资格的人行医和有行医资格的人严重过失行医这两种行医都会给患者和社会造成严重的危害，我国《刑法》针对这两类行为规定了非法行医罪、非法进行节育手术罪和医疗事故罪。

第一节　非法行医罪

一、非法行医罪的概念及特征

非法行医罪是指未取得医生执业资格的人非法行医，情节严重的行为。1979年《刑法》没有将非法行医行为入刑，实践中一直通过行政手段规范行医行为。随着改革开放的深入和市场经济的发展，个体行医放开，出现了大量的非法行医者，这些人破坏医疗管理秩序，严重损害人的身体健康，甚至侵犯人的生命权。因此，1997年修订《刑法》时增设了非法行医罪。针对《刑法》实施过程出现的问题，2008年4月制定了《最高人民法院关于审理非法行医刑事案件具体应用法律若干问题的解释》，对非法行医的主体、非法行医情节严重的情形以及非法行医严重损害就诊人员的身体健康，实施非法行医犯罪的同时触犯其他罪的处罚原则等，做了进一步的规定。2008年6月，发布了《最高人民检察院、公安部关于公安机关管辖的刑事案件立案追诉标准的规定(一)》，《最高人民法院关于审理非法行医刑事案件具体应用法律若干问题的解释》的基础上做了相应的规定，使公、检、法机关对非法行医罪有了统一的认识和理解。

本罪的特征是：

(一)主体

非法行医罪是一般主体。《刑法》把非法行医的主体规定为“未取得医生执业资格的人”。《刑法》实施后，关于非法行医罪的主体的认定就产生了什么是“未取得医生执业资格的人”的争议。1999年5月1日施行《执业医师法》后，执业医师资格的取得和医师执业注册证的取得分离，使什么是“未取得医生执业资格的人”争议更大，情况更为复杂。针对存在的争议，2008 年 4 月 29 日发布的《最高人民法院关于审理非法行医刑事案件具体应用法律若干问题的解释》，对非法行医罪的主体做了具体的规定，明确五种情形属于“未取得医生资格的人非法行医”，具体内容在后面的问题中详叙。

（二）主观方面

非法行医罪的主观方面是间接故意。具体表现为行为人明知自己未取得医生执业资格，仍然非法行医，对于结果的发生具有故意的心理状态，表现为间接故意，即放任损害后果的发生。但是，构成非法行医罪的行为目的一定不是希望患者死亡或给患者造成人身的伤害，而一般是为了牟利，但也可能有其他的目的。如果非法行医者的目的是使患者死亡或受到人身伤害，那么就应当构成故意杀人罪或故意伤害罪。非法行医罪的构成不需要行为人具有牟利目的，行为人在非法行医的过程中是否收取了就诊人的费用、收费是否合理，原则上都不影响非法行医罪的成立。

（三）客体

非法行医罪是复杂客体，其主要客体是对国家医疗管理制度的侵犯，其次是侵犯就诊人的生命健康权。

行医是关系到人的生命健康的特殊职业，因此，国家对这一行业的管理极为严格。中国古代对行医者就设立了考试制度。民国时期，在 1943 年颁布了《医师法》。新中国成立后，1951 年颁布了《医师暂行条例》《中医师暂行条例》《牙医师暂行条例》。这些条例规定了医师资格的考试制度，但 1956 年由于历史原因被暂停执行，医师的考试制度被废除，我国的医师管理处于混乱状态。党的十一届三中全会后，国家对医院、医师的管理开始重新步入正轨，1982 年颁布了《医院工作人员职责》，1988 年颁布了《医师、中医师个体开业暂行管理办法》，1985 年开始起草《执业医师法》，1998 年 6 月颁布了《执业医师法》，建立了较为完善的医疗机构和医师管理的制度，对行医者的资格加以严格限制，建立了医师资格考试制度和医师执业注册制度，要求医师取得一定的技术资格，具备相应的医疗技术水平，以保证医疗质量。非法行医行为，不仅破坏了良好的医疗管理秩序，而且往往由于非法行医者不具备执业的资格和条件，侵犯就诊人的身体健康和生命安全。

（四）客观方面

《刑法》把非法行医罪的客观方面规定为“非法行医，情节严重的行为”。

1.“非法行医”一词，在我国的法律、法规、规章，以及其他文件中，都经常使用，但由于至今没有法律层面的解释，在学术研究、立法、司法、行政执行中对“非法行医”概念的解释、使用不一致，甚至造成了混乱。法理学基本理论认为，“非法”就是行为不合法或违法。“行医”是为预防、诊治疾病所实施的行为,包括准备为他人预防和治疗疾病所实施的行为。为他人预防、治病的行为无论在学术理论还是在立法、司法、执法中都已经形成了“行医”具有合法行医和非法行医两类的公认观点,“行医”有合法和非法之分。另外,人们公认江湖游医、无证给他人治病属于非法行医。因此,“行医”主体实施的行为可能是符合法律规定的,也可能是不符合法律规定的,甚至是违反法律规定的。不符合法律规定,甚至违反法律规定的行医就叫非法行医,包括不符合法律规定或违反法律规定设立行医主体资格,虽然还没有实际对某人实施过预防、治疗疾病的行为,但以行医主体的名义准备为他人防病、治病。如江湖游医摆摊一天没有招来一个病人,黑诊所挂牌后没有接纳一个病人。以行医主体的名义招揽病人,是行医的前期准备阶段,是行医的组成部分,明确非法设立行医主体属于非法行医,对把非法行医遏制在萌芽状态,维护人的生命健康权不受侵害,具有十分重大的意义。因此,非法行医就是不合法或违法实施的预防、治疗疾病行为,或准备为他人进行的预防、治疗疾病的行为。

但是,要特别注意的是,构成犯罪的非法行医只是非法行医的一种情形,是涉及到行医资格问题的非法行医,而不是一般违法或不合法的非法行医。《刑法》规定为“未取得医生执业资格的人非法行医”。《最高人民法院关于审理非法行医刑事案件具体应用法律若干问题的解释》对此做了具体的规定。

2.非法行医罪属情节犯,即情节严重的非法行医行为才构成犯罪。对构成非法行医罪的判断,除对主体正确认定外,重要的就是判断是否属情节严重。《最高人民法院关于审理非法行医刑事案件具体应用法律若干问题的解释》第二条规定了属于“情节严重”的五种情形:(1)造成就诊人轻度残疾、器官组织损伤导致一般功能障碍的。(2)造成甲类传染病传播、流行或者有传播、流行危险的。(3)使用假药、劣药或不符合国家规定标准的卫生材料、医疗器械,足以严重危害人体健康的。(4)非法行医被卫生行政部门行政处罚两次以后,再次非法行医的。(5)其他情节严重的情形。

为了使对“轻度残疾、器官组织损伤导致一般功能障碍”认定有判定的标准,《最高人民法院关于审理非法行医刑事案件具体应用法律若干问题的解释》还同时规定参照原卫生部《医疗事故分级标准(试行)》认定。《医疗事故分级标准(试行)》把医疗事故分为四级十等,一级医疗事故系指造成患者死亡、重度残疾的医疗事故;二级医疗事故系指造成患者中度残疾、器官组织损伤导致严重功能障碍的医疗事故;三级医疗事故系指造成患者轻度残疾、器官组织损伤导致一般功能障碍的医疗事故;四级医疗事故系指造成患者明显人身损害的其他后果的医疗事故。从以上医疗事故分级的标准可见,“轻度残疾、器官组织损伤导致一般功能障碍”的情形就是构成三级医疗事故的情形。

二、非法行医罪的认定

（一）罪与非罪的判定

罪与非罪的界限一是看行为人是否是“未取得医生执业资格的人非法行医”，二是看客观方面是否属于“情节严重”。

1.如何认识理解“未取得医生执业资格的人非法行医”。《刑法》第三百三十六条第一款规定，非法行医罪的主体限于未取得医生执业资格的人。1998年6月26日全国人大常委会通过的《执业医师法》规定国家实行医师资格考试制度。执业医师资格考试成绩合格，取得执业医师资格或者执业助理医师资格。国家实行医师执业注册制度，取得执业医师资格的，可以向所在地县级以上人民政府卫生行政部门申请注册，取得医师执业证书，未经注册取得医师执业证书，不得从事医师执业活动。依据上述法律规定，我国执业医师资格和医师执业注册分离，医师执业必须同时具备两个条件：一是取得执业医师资格；二是经过注册领取医师执业证书。上述两个条件缺一不可。关于执业医师资格的取得有两种情况：一种是，《执业医师法》实施前已从事医师工作，并取得相应技术职称、技术职务的人员，可以不参加医师资格考试，由所在医疗机构申报，经县级以上卫生行政部门认定，方可取得相应的执业医师资格。另一种是，《执业医师法》实施前已经从事医师工作但未取得相应技术职称、技术职务的人和正准备从事医师工作的人，都必须参加执业医师资格考试并且成绩合格，才能取得执业医师资格。取得执业医师资格后，还必须按照法定程序进行注册，取得医师执业证书，并按照注册的地点、类别、范围从事医疗活动。由于执业医师资格和医师执业注册是分离的，加之《刑法》中使用的是“医生”一词，因而出现了争议，有人认为，“未取得医生执业资格的人”，仅指未取得执业医师资格的人，取得执业医师资格后就不属于“未取得医生执业资格的人”，不是非法行医罪的犯罪主体。这种观点认为，通过考试或其他合法形式取得了执业医师资格的人，说明具备了要求的医疗水平，虽然行医属于行政违法，但其危害性比未取得执业医师资格、不具备相应的医疗水平的人要小，因此，不应成为非法行医罪的犯罪主体。另有人认为，“未取得医生执业资格的人”指的是取得执业医师资格，但未注册取得医师执业证书的人。这种观点认为，从立法本意理解，非法行医罪中的“未取得医生执业资格”，不能简单等同于未取得“执业医师资格”，而应当理解为没有取得从事医师职业的合法主体资格。“未取得医生执业资格的人”，既包括未取得执业医师资格的人，也包括已取得执业医师资格，但未取得医师执业证书的人，他们都属于非法行医罪的主体。由于学术界和司法实践中存在争议，2008年4月29日发布了

《最高人民法院关于审理非法行医刑事案件具体应用法律若干问题的解释》,明确下列五种情形属于"未取得医生执业资格的人非法行医":

第一,未取得或者以非法手段取得医师资格从事医疗活动的情形。

"未取得或者以非法手段取得医师资格从事医疗活动的"规定使用的是"医师资格"一词,没有使用"执业医师资格"一词,但《执业医师法》第十三条规定:"国家实行医师执业注册制度。取得医师资格的,可以向所在地县级以上人民政府卫生行政部门申请注册。"可见,《执业医师法》中所述的"取得医师资格"就是指"取得执业医师资格"。因此,《最高人民法院关于审理非法行医刑事案件具体应用法律若干问题的解释》规定了通过考试或其他合法形式取得执业医师资格的人不能成为非法行医的主体。取得执业医师资格的人可能违反我国行政法的规定不注册取得医师执业证书而开展医疗活动,但由于这类人具备相应的医疗水平,对患者的直接危害不大,如果不以个体诊所或医疗机构的形式行医,也不会极大危害医疗管理制度,因此,通过行政处罚打击这种违法行为足以维护医疗管理秩序。

执业医师资格一般通过考试取得,但是,《执业医师法》颁布后,对于公布之日(1998 年 6 月 26 日)前已经取得相应专业技术职务或职称的,可以直接认定相应的医师资格。这就存在通过非法考试或非法提供有关的资格获取执业医师资格的可能性。通过非法手段取得执业医师资格的人,不能保证具备相应的医疗水平,行医会对社会造成极大的危害,因此,非法手段取得医师资格的人被规定为非法行医罪的主体。

第二,个人未取得《医疗机构执业许可证》开办医疗机构的情形。

《执业医师法》第十九条规定:"申请个体行医的执业医师,须经注册后在医疗、预防、保健机构中执业满五年,并按照国家有关规定办理审批手续,未经批准,不得行医。"《医疗机构管理条例》第二十四条规定:"任何单位或者个人,未取得《医疗机构执业许可证》,不得开展诊疗活动。"因此,个体行医除具有医师执业资格外,还需要具有执业五年的行医经验,并依法取得医疗机构执业许可证。未具备以上条件开办医疗机构的个人属于非法行医罪的主体,其开展的医疗活动属于可以构成非法行医罪的行为。

第三,被依法吊销医师执业证书期间从事医疗活动的情形。

《执业医师法》第三十七条规定:"医师在执业活动中,违反本法规定,有下列行为之一的,由县级以上人民政府卫生行政部门给予警告或者责令暂停六个月以上一年以下执业活动;情节严重的,吊销其执业证书;构成犯罪的,依法追究刑事责任。"《医师执业注册暂行办法》第五条规定:受吊销医师执业证书行政处罚,自处罚决定之日起至申请注册之日止不满两年的不予注册。以上规定表明,医师可以因严重违法被吊销医师执业证书，从被处罚决定之日起两年内不得申请注册。虽然没有直接规定取消医师执业资格，但明确两年内不能申请注册，实际上是取消两年的执业医师资格，因此，《最高人民法院关于审理非法行医刑事案件具体应用法律若干问题的解释》把这类人规定为非法行医罪的犯罪主体，从事的医疗活动可构成非法行医罪。

第四，未取得乡村医生执业证书，从事乡村医疗活动的情形。

我国农村医疗条件较差，特别是一些老少边穷地区的农村，缺医少药更严重，一些"赤脚医生"或其他有一定医药知识的人，在这些地方开办个体诊所。2004 年 1 月 1 日起施行的《乡村医生从业管理条例》第九条规定："国家实行乡村医生执业注册制度。"第十五条规定："乡村医生经注册取得执业证书后，方可在聘用其执业的村医疗卫生机构从事预防、保健和一般医疗服务。未经注册取得乡村医生执业证书的，不得执业。"这些规定表明，我国对乡村医生进行了注册管理，禁止未注册取得执业证书的人从事乡村医疗活动，对造成严重社会危害的通过刑事犯罪来打击。

第五，家庭接生员实施家庭接生以外的医疗行为的情形。

《母婴保健法》第三十三条规定："从事本法规定的婚前医学检查、施行结扎手术和终止妊娠手术的人员以及从事家庭接生的人员，必须经过县级以上地方人民政府卫生行政部门的考核，并取得相应的合格证书。"可见，家庭接生员是具备一定的母婴保健知识或胎儿分娩知识、经验，取得相应的证书，从事家庭接生的人员。家庭接生员对于远离医院的农村妇女的分娩有重要的作用，但是，有些家庭接生员利用其掌握的较少的医药知识开展医疗活动，特别是妇产科方面的医疗活动，常常造成患者生命健康的危害。因此，《最高人民法院关于审理非法行医刑事案件具体应用法律若干问题的解释》把家庭接生员实施家庭接生以外的医疗行为也规定构成非法行医罪。

2. 准确判断是否属于"情节严重"的行为。关于如何认定"情节严重"的问题，在叙述非法行医罪的客观方面表现时已经叙述，在此不赘述。

（二）非法行医罪与故意杀人罪、故意伤害罪的区别

故意杀人罪是故意非法剥夺他人生命的行为；故意伤害罪是故意非法损害他人身体的行为。非法行医不一定要造成患者死亡或身体健康受到伤害才构成犯罪，但造成患者死亡或使患者身体健康受到伤害是非法行医罪常见的危害后果，因此，本罪与故意杀人罪、故意伤害罪在危害后果上存在一定交叉。它们的区别是：

1. 主体不同。虽然非法行医罪的犯罪主体是一般主体，但排除"取得医生执业资格的人"；而故意杀人罪、故意伤害罪的犯罪主体不排除任何达到刑事责任

年龄和具有刑事责任能力的人，包括“取得医生执业资格的人”。

2. 主观方面不同。本罪行为人对造成严重不良后果所持的心理状态是间接故意，即放任严重不良后果的发生。而故意杀人罪、故意伤害罪的主观方面包括直接故意或间接故意，既可以是希望死亡或伤害的结果，也可以是放任其死亡或伤害结果的发生。如果非法行医者在行医中希望患者死亡或伤害的结果发生，那么，他构成的就不是非法行医罪，而是故意杀人罪或故意伤害罪。

3. 发生的场合不同。本罪发生于非法的医疗活动过程中，而故意杀人罪、故意伤害罪发生的场合不受限制，甚至不排除发生非法行医的过程中。

4. 侵犯的客体不同。本罪侵犯的主要客体是国家医疗管理制度和就诊人的生命健康权。而故意杀人罪和故意伤害罪是直接侵犯特定公民的生命健康权。

三、非法行医罪的刑罚处罚

非法行医罪的刑罚处罚，根据情节的不同，划分为以下三种：

1. 非法行医，情节严重的，处三年以下有期徒刑、拘役或者管制，并处或者单处罚金。“情节严重”依据《最高人民法院关于审理非法行医刑事案件具体应用法律若干问题的解释》第二条的规定认定。

2. 严重损害就诊人身体健康的，处三年以上十年以下有期徒刑，并处罚金。“严重损害就诊人身体健康”依据《最高人民法院关于审理非法行医刑事案件具体应用法律若干问题的解释》第三条的规定认定。

3. 造成就诊人死亡的，处十年以上有期徒刑，并处罚金。

相关法律条文

《刑法》

第三百三十六条　未取得医生执业资格的人非法行医，情节严重的，处三年以下有期徒刑、拘役或者管制，并处或者单处罚金；严重损害就诊人身体健康的，处三年以上十年以下有期徒刑，并处罚金，造成就诊人死亡的，处十年以上有期徒刑，并处罚金。

《最高人民法院关于审理非法行医刑事案件具体应用法律若干问题的解释》

第一条　具有下列情形之一的，应认定为《刑法》第三百三十六条第一款规定的“未取得医生执业资格的人非法行医”：

（一）未取得或者以非法手段取得医师资格从事医疗活动的；

（二）个人未取得《医疗机构执业许可证》开办医疗机构的；

（三）被依法吊销医师执业证书期间从事医疗活动的；

（四）未取得乡村医生执业证书，从事乡村医疗活动的；

（五）家庭接生员实施家庭接生以外的医疗行为的。

第二条　具有下列情形之一的，应认定为《刑法》第三百三十六条第一款规定的“情节严重”：

（一）造成就诊人轻度残疾、器官组织损伤导致一般功能障碍的；

（二）造成甲类传染病传播、流行或者有传播、流行危险的；

（三）使用假药、劣药或不符合国家规定标准的卫生材料、医疗器械，足以严重危害人体健康的；

（四）非法行医被卫生行政部门行政处罚两次以后，再次非法行医的；

（五）其他情节严重的情形。

第三条　具有下列情形之一的，应认定为《刑法》第三百三十六条第一款规定的“严重损害就诊人身体健康”：

（一）造成就诊人中度以上残疾、器官组织损伤导致严重功能障碍的；

（二）造成三名以上就诊人轻度残疾、器官组织损伤导致一般功能障碍的。

第四条　实施非法行医犯罪，同时构成生产、销售假药罪，生产、销售劣药罪，诈骗罪等其他犯罪的，依照《刑法》处罚较重的规定定罪处罚。

第五条　本解释所称“轻度残疾、器官组织损伤导致一般功能障碍”、“中度以上残疾、器官组织损伤导致严重功能障碍”，参照原卫生部《医疗事故分级标准（试行）》认定。

第二节　非法进行节育手术罪

一、非法进行节育手术罪的概念及特征

非法进行节育手术罪是指未取得医生执业资格的人擅自为他人进行节育复通手术、假节育手术、终止妊娠手术或者摘取宫内节育器手术，情节严重的行为。计划生育是我国的基本国策，实施过程中，有些如私自摘除节育器、做假节育手术的行为会破坏计划生育活动的开展，侵犯妇女人身权利，扰乱社会管理秩序。为了打击这方面的犯罪，1983年，最高人民法院、最高人民检察院、公安部发布了《关于依法惩处利用摘除节育环进行违法犯罪活动分子的联合通知》，通知规定：“以牟利为目的，私自为育龄妇女摘除节育环，或者借摘除节育环对妇女进行调戏、侮辱的，可以参照《治安管理处罚条例》和国务院有关劳动教养的规定，酌情予以行政拘留、罚款，或者收容劳动教养，并没收其非法所得的财物及违法活动用具；以牟利为目的，私自为育龄妇女摘除节育环，方法粗野，伤害妇女身体

的，依照《刑法》规定的伤害罪惩处；对于借摘除节育环强行奸淫妇女的，依照《刑法》规定的强奸罪惩处；数人合伙私自为多名育龄妇女摘除节育环，扰乱社会秩序，情节严重，妨害计划生育工作的，对首要分子依照《刑法》规定的扰乱社会秩序罪惩处；以造谣、欺骗手段私自为育龄妇女摘除节育环，骗取大量财物的，依照《刑法》规定的诈骗罪惩处；借摘除节育环调戏、侮辱妇女，或者进行其他流氓活动，破坏公共秩序，情节严重的，依照《刑法》规定的流氓罪惩处。”1994 年颁布的《母婴保健法》第三十六条规定：“未取得国家颁发的有关合格证书，施行终止妊娠手术或者采取其他方法终止妊娠，致人死亡、残疾、丧失或者基本丧失劳动能力的，依照《刑法》第一百三十四条、第一百三十五条的规定追究刑事责任。”(《母婴保健法》2009 年修改后取消了“依照《刑法》第一百三十四条、第一百三十五条的规定追究刑事责任”。)1979 年《刑法》第一百三十四条、第一百三十五条规定的是故意伤害罪和过失伤害罪。可见，1997 年《刑法》实施前，司法实践中破坏计划生育的行为可根据不同的情况选择劳动教养或以故意伤害罪、过失伤害罪、强奸罪、扰乱社会秩序罪、诈骗罪、流氓罪定罪处罚。1997 年《刑法》增设了“非法进行节育手术罪”，2001 年 9 月 1 日起施行的《人口与计划生育法》规定，非法为他人施行计划生育手术和实施假节育手术，构成犯罪的，依法追究刑事责任。2001 年 10 月 1 日起施行的《中华人民共和国人口与计划生育技术服务管理条例》规定：计划生育技术服务机构或者医疗、保健机构以外的机构或者人员违反本条例的规定，擅自从事计划生育技术服务，造成严重后果，构成犯罪的，依法追究刑事责任。可见，国家不断地出台相应的法律打击这方面的犯罪行为，本罪的增设，是依靠法制推行计划生育基本国策的一项重要举措，对于进一步控制人口数量，提高人口素质，发挥了积极而重大的作用。

本罪的特征是：

(一)主体

非法进行节育手术罪的主体是一般主体，但排除取得医生执业资格的人。关于“未取得医生执业资格的人”，2008 年 4 月制定的《最高人民法院关于审理非法行医刑事案件具体应用法律若干问题的解释》做了具体的规定。关于非法进行节育手术罪的主体有两种基本的观点。

一种观点认为，非法进行节育手术罪中“未取得医生执业资格”与非法行医罪中的“未取得医生执业资格”含义不完全相同。这种观点认为，合法进行节育手术的人，不但要取得医师执业资格而且要注册取得医师执业证，还要取得进行节育手术的资格。由于没有医师执业资格并注册取得医师执业证的人不可能取得节育手术合格证，因此，非法进行节育手术罪中“未取得医生执业资格的人”就是未取得节育手术合格证的人，未取得节育手术合格证的人就是非法进行节育手术罪的犯罪主体。《母婴保健法》第三十三条规定:“从事本法规定的婚前医学检查、施行结扎手术和终止妊娠手术的人员以及从事家庭接生的人员,必须经过县级以上地方人民政府卫生行政部门的考核,并取得相应的合格证书。”《人口与计划生育技术服务管理条例》规定:(1)从事计划生育技术服务的医疗、保健机构,由县级以上地方人民政府卫生行政部门审查批准,在其医疗机构执业许可证上注明获准开展计划生育技术服务项目,并向同级计划生育行政部门通报。(2)计划生育技术服务人员中依据本条例的规定从事与计划生育有关的临床服务人员,应当依照执业医师法和国家有关护士管理的规定,分别取得执业医师、执业助理医师、乡村医生或者护士的资格,并在依照本条例设立的机构中执业。在计划生育技术服务机构执业的执业医师和执业助理医师应当依照执业医师法的规定向所在地县级以上地方人民政府卫生行政部门申请注册。个体医疗机构不得从事计划生育手术。以上规定表明,合法从事计划生育医疗活动的单位只能是医疗机构,并且排除个体医疗机构,医务人员必须是注册的医务人员,并且要取得计划生育服务手术的合格证。

另一种观点认为,“未取得医生执业资格的人”与非法行医罪中的“未取得医生执业资格的人”含义相同。这种观点认为,非法行医罪与非法进行节育手术罪关于“未取得医生执业资格”的用语同时规定在一个条文中,其含义应当是相同的。2008 年 4 月制定的《最高人民法院关于审理非法行医刑事案件具体应用法律若干问题的解释》没有对两罪中关于“未取得医生执业资格”的问题分别进行具体的规定,因此,两罪对犯罪主体的规定是相同的。没有取得执业医师资格,不可能注册取得医师执业证,也不可能取得计划生育的手术合格证,因此,没有取得计划生育的手术合格证的人进行节育等手术肯定是违法的,违法主体当然包括未取得医生执业资格的人和取得医生执业资格的人,但是,由于取得医师资格的人进行非法节育手术,从理论上说,一般情况下并不会侵犯就诊人的身体健康、生命安全,或者说这类人实施节育等手术的行为危害性较小,因而没有必要通过刑事犯罪的形式打击。因此,这类人不应当属于非法进行节育手术罪的犯罪主体。

(二)主观方面

非法进行节育手术罪的主观方面是故意,即行为人明知自己没有医生执业资格,但为了牟取不法利益或出于其他私利考虑而为他人进行节育复通手术、假节育手术、终止妊娠手术或者摘取宫内节育器手术。

(三)客体

本罪直接侵犯的是复杂客体,其主要客体是国家的计划生育政策和制度,次要客体是公共卫生。

在我国经济和社会发展中，人口问题始终是极为重要的问题。实行计划生育是我国的一项基本国策。《中华人民共和国宪法》(以下简称《宪法》)第二十五条规定："国家推行计划生育，使人口的增长同经济和社会发展计划相适应。"第四十九条规定："夫妻双方有实行计划生育的义务。"《宪法》第八十九条和第一百零七条把计划生育规定为国务院和地方各级人民政府行政管理工作的内容之一。任何国家都会对人口发展的过程施加影响和干预，根据国情制定相应的人口政策。一个国家制定什么样的人口政策，取决于这个国家的社会经济制度，人口发展状况，文化、教育和科学技术水平。2001 年 12 月 29 日颁布的《人口与计划生育法》进一步明确，"实行计划生育是国家的基本国策"，"国家稳定现行生育政策"。国务院计划生育领导小组、原卫生部联合颁布的《关于提高节育手术质量的通知》，1983 年 12 月原卫生部颁发的《计划生育技术管理工作条例(试行)》和《男性节育手术并发症的诊断标准(试行)》，1986 年颁布的《妇幼卫生工作条例》，对我国计划生育技术指导工作尤其是节育技术质量管理做了规定。2000 年 12 月国务院发布《中国 21 世纪人口与发展》白皮书，指出："人类发展即将进入二十一世纪，科学技术突飞猛进，世界经济秩序和经济格局急剧变化，人口与发展进一步成为国际社会广泛关注的重大问题。走人口与经济、社会、资源、环境相互协调的可持续发展道路，正成为世界各国的共同选择。""加快立法步伐，提高立法质量，建立健全人口与发展法律法规。将人口问题作为制定经济和社会法律法规时的重要考虑因素，为贯彻实施基本国策提供法律保障。"2006 年 12 月 17 日公布的《中共中央国务院关于全面加强人口和计划生育工作统筹解决人口问题的决定》再次强调："必须坚持计划生育基本国策和稳定现行生育政策不动摇。"中国共产党第十八次全国代表大会提出："坚持计划生育的基本国策，提高出生人口素质，逐步完善政策，促进人口长期均衡发展。"我国进入老龄化，社会负担日益加重，人口增长绝对数量依然很大，男女比例不均衡的态势日益严重等问题，都需要通过计划生育调节。严重破坏计划生育政策和法律制度的行为，会严重影响国家的长远发展战略，同时，未取得医生执业资格的人擅自为他人进行节育复通手术、假节育手术、终止妊娠手术或者摘取宫内节育器，其行为必然对公众的健康、生命安全造成现实的威胁。

(四)客观方面

非法进行节育手术罪在客观方面表现为行为人擅自为他人实施节育复通手术、假节育手术、终止妊娠手术或者摘取宫内节育器的行为，并且情节严重。

擅自为他人进行节育复通手术、假节育手术、终止妊娠手术或者摘取宫内节育器的行为有：

1. 擅自为他人实施节育复通手术。计划生育手术常规规定，节育手术主要是输精管或输卵管结扎术，但也有物理注射阻塞输精管或输卵管节育术。女性节育术主要有输卵管绝育术、放置宫内节育器；男性节育术主要有输精管节育手术、非阻塞性输精管节育器节育手术、输精管粘堵术等。无论采取结扎法还是阻塞法，在医学上都可以通过吻合术或清阻法，复通输精管或输卵管，使受术者复育，即被节育的人可以通过施行节育复通手术改变节育状况实现生育。计划生育政策在规定节育的同时，也规定了在一定的条件下可进行节育复通手术。节育复通术客观上发挥着解除计划生育当事人后顾之忧的作用，为计划生育工作的顺利开展起到了一定的保障作用。由于节育复通手术的存在，自愿采取节育措施的人的合法权益可以得以保护。因此，节育复通手术是计划生育政策和制度的重要组成部分。

擅自为他人进行节育复通手术，就是指未取得医生执业资格的人，违反计划生育政策和法律制度，为他人进行输卵管或输精管的复通等复育手术的行为。这种行为是破坏计划生育政策和法律制度的行为，甚至威胁被手术者的生命健康。

2.进行假节育手术。进行假节育手术，是指没有医生执业资格的人，违反计划生育政策和制度，为他人进行假结扎输卵管或输精管节育手术的行为。表现为：一种是根本就没有进行节育手术；另一种是，虽然进行了节育手术，但手术者故意不结扎或结扎不紧，给被结扎者继续保留生育的能力。

3.擅自终止妊娠手术。终止妊娠是指胎儿在母体内发育成长过程的终止。根据妊娠时间的不同可选择不同的终止妊娠手术。一般情况下，妊娠十周以内选择早期人工流产术；妊娠十周以上选择钳刮终止妊娠术；十四周以上选择妊娠引产术。为保护孕妇的生命健康，每种终止妊娠术都必须在有一定的技术条件和急救设备的医疗机构内进行。我国支持优生性堕胎，反对性别选择性堕胎。《母婴保健法》第十八条规定：“经产前诊断，有下列情形之一的，医师应当向夫妻双方说明情况，并提出终止妊娠的医学意见：（一）胎儿患严重遗传性疾病的；（二）胎儿有严重缺陷的；（三）因患严重疾病，继续妊娠可能危及孕妇生命安全或者严重危害孕妇健康的。”优生性堕胎就是不管当事人是否有生育证，只要发现孕检过程中出现了胎儿畸形或可能生育有严重缺陷婴儿的，都必须向当事人提出终止妊娠意见。擅自终止妊娠手术主要指是因对胎儿性别的选择而终止妊娠。未取得医生执业资格的人擅自实施这样的终止妊娠手术，由于不具有资质、技术和设备，除了破坏计划生育政策外，还可能给当事人造成人身伤害。

4.摘取宫内节育器。宫内节育器是一种放置在子宫腔内的避孕装置，由于初期使用的装置多是环状的，通常叫节育环。节育环对全身干扰较少，作用于局部，取出后不影响生育，具有安全、有效、可逆、简便、经济等优点，是最常用的节育用具之一，也是我国育龄妇女应用最多的避孕工具。安置宫内节育器的可逆性决定取出节育器后能立即恢复生育能力。《人口与计划生育法》第二十条规定："育龄夫妻应当自觉落实计划生育避孕节育措施，接受计划生育技术服务指导。预防和减少非意愿妊娠。"在实践中，地方政府计划生育部门一般要求"已生育一个子女的育龄夫妇，女方首选使用宫内节育器；已生育二个以上子女的，一方首选结扎措施。"安置宫内节育器成为在政府计划生育部门的要求和动员下选择避孕最多的方式，特别是农村。有些夫妻为了违反计划生育政策超生子女而摘取宫内节育器，寻找没有医生执业资格的人非法摘取，一方面破坏我国的计划生育政策，另一方面常常造成妇女的身体伤害，有的甚至造成死亡。

情节严重是指多次为他人进行节育复通等手术，致使多人超计划生育的，或使用不合符卫生标准或医疗标准的方法，致使就诊人遭受重大痛苦或者损害就诊人健康的行为。《最高人民检察院、公安部关于公安机关管辖的刑事案件立案追诉标准的规定(一)》具体列举了以下几种判断标准：(1)造成就诊人轻伤、重伤、死亡或者感染艾滋病、病毒性肝炎等难以治愈的疾病的。(2)非法进行节育复通手术、假节育手术、终止妊娠手术或者摘取宫内节育器五人次以上的。(3)致使他人超计划生育的。(4)非法进行选择性别的终止妊娠手术的。(5)非法获利累计五千元以上的。(6)其他情节严重的情形。

二、非法进行节育手术罪的认定

(一)罪与非罪的判定

首先是犯罪主体，除取得医生执业资格的人外，其他人都可以成为本罪的犯罪主体。其次是行为表现，只有进行节育复通手术、假节育手术、终止妊娠手术或者摘取宫内节育器四种情形才可能构成本罪。再次是行为必须情节严重，本罪属于情节犯，情节严重的才能构成本罪，如果行为人擅自为他人进行节育复通手术、假节育手术、终止妊娠手术或者摘取宫内节育器，但尚未达到情节严重的程度，也不构成本罪，只能视其具体行为及情节给予行政或者治安处罚。

(二)本罪和相关罪的区别

1.本罪与医疗事故罪的界限。医疗事故罪，是指医务人员严重不负责任，造成就诊人死亡或者严重损害就诊人身体健康的行为。它们之间的区别主要是：(1)主体不同。本罪的主体是未取得医生执业资格的人，排除取得医生执业资格的人；医疗事故罪的主体是医务人员，一般是经过卫生行政主管部门批准、承认，或者经过专业考核合格，取得相应资格并从事医疗活动的人员，包括医师、护士等。(2)主观方面不同。本罪在主观上表现为故意，即明知自己不具有医生执业资格而为他人进行节育复通手术、假节育手术、终止妊娠手术或者摘取宫内节育器；医疗事故罪在主观上表现为过失，即医务人员对自己的行为过于自信或疏忽大意导致不良后果的发生。(3)客观方面不同。本罪以情节严重作为成立犯罪的要件；医疗事故罪以必须造成就诊人死亡或者严重损害就诊人身体健康的后果为成立犯罪的要件。

2.本罪与非法行医罪的界限。非法行医罪，是指未取得医生执业资格的人非法行医，情节严重的行为。本罪与非法行医罪一并规定在《刑法》第三百三十六条中，与非法行医罪是特殊与一般的关系。未取得医生执业资格的人进行节育复通手术、假节育手术、终止妊娠手术或者摘取宫内节育器的行为也属于非法行医的范围，是非法行医的特殊表现形式。未取得医生执业资格的人擅自为他人进行节育复通手术、假节育手术、终止妊娠手术或者摘取宫内节育器，情节严重的，即以本罪认定，其他非法行医行为，情节严重的，构成非法行医罪。

三、非法进行节育手术罪的刑罚处罚

1.犯本罪的，处三年以下有期徒刑、拘役或者管制，并处或者单处罚金。

2.严重损害就诊人身体健康的，处三年以上十年以下有期徒刑，并处罚金。“严重损害就诊人身体健康”依据《最高人民法院关于审理非法行医刑事案件具体应用法律若干问题的解释》第三条的规定认定。

3.造成就诊人死亡的，处十年以上有期徒刑，并处罚金。

相关法律条文

《刑法》

第三百三十六条　未取得医生执业资格的人擅自为他人进行节育复通手术、假节育手术、终止妊娠手术或者摘取宫内节育器，情节严重的，处三年以下有期徒刑、拘役或者管制，并处或者单处罚金；严重损害就诊人身体健康的，处三年以上十年以下有期徒刑，并处罚金；造成就诊人死亡的，处十年以上有期徒刑，并处罚金。

《最高人民检察院、公安部关于公安机关管辖的刑事案件立案追诉标准的规定(一)》

第五十八条　未取得医生执业资格的人擅自为他人进行节育复通手术、假节育手术、终止妊娠手术或者摘取宫内节育器，涉嫌下列情形之一的，应予立案追诉：

(一)造成就诊人轻伤、重伤、死亡或者感染艾滋病、病毒性肝炎等难以治愈的疾病的；

（二）非法进行节育复通手术、假节育手术、终止妊娠手术或者摘取宫内节育器五人次以上的；

（三）致使他人超计划生育的；

（四）非法进行选择性别的终止妊娠手术的；

（五）非法获利累计五千元以上的；

（六）其他情节严重的情形。

第三节　医疗事故罪

一、医疗事故罪的概念及特征

医疗事故罪，是指医务人员由于严重不负责任，造成就诊人死亡或者严重损害就诊人身体健康的行为。1997年《刑法》修改以前，对因医疗过失造成就诊人严重人身损害的情况没有统一的规定，按何种罪名定罪量刑，学术界和司法界中对这一问题有不同的观点和认识，出现过以玩忽职守罪、过失杀人罪、过失致人死亡罪等多种罪名定罪量刑的情况。1987年6月29日，国务院颁布了《医疗事故处理办法》，其中第二十四条规定："医务人员由于极端不负责任，致使病员死亡，情节恶劣已构成犯罪的，对直接责任人员由司法机关追究刑事责任。"这是新中国成立以来我国第一次以行政法规的形式明确规定医疗过失损害要追究刑事责任，但这一规定未解决医疗过失损害犯罪的定性问题。1987年8月31日最高人民检察院在《关于正确认定和处理玩忽职守罪的若干意见（试行）的通知》中进一步明确规定："医务人员在诊疗护理工作中，由于极端不负责任，致使病员死亡或其他严重后果，情节恶劣的是玩忽职守犯罪行为。"之后，各地司法机关在司法实践中对这类案件一律以玩忽职守罪定罪量刑，解决了定性问题。1997年《刑法》第三百三十五条中对医疗过失损害行为犯罪做了专门的明确规定，并定名为"医疗事故罪"。

本罪的特征是：

（一）主体

医疗事故罪的主体是特殊主体，即医务人员。它是指具有一定医学知识和技能，并取得行医资格，直接从事医疗护理等医务工作的人员。医务人员分以下类别：

1. 医疗防疫人员。包括从事中医、西医、卫生防疫、地方病防治、工业卫生、妇幼保健等医疗防疫工作的人员。医疗防疫人员的技术职务为：主任医师、副主任医师、主治（主管）医师、医师（住院医师）、医士（助产士）、卫生防疫员（妇幼保健员）。

2. 药剂人员。包括从事中药、西药配剂、发放等工作的各级工作人员。其技术职务为：主任药师、副主任药师、主管药师、药师、药剂士、药剂员。

3. 护理人员。其技术职务为：主任护师、副主任护师、主管护师、护师、护士、护理员。

4. 其他技术人员。包括从事检验、理疗、病理、口腔技工、同位素、放射、营养、生物制品生产等各项医疗技术工作的人员。其技术职务有：主任技师、副主任技师、主管技师、技师、技士、见习员。

关于医疗机构中的其他工作人员，如党政干部、后勤服务人员是否可以成为本罪犯罪主体的问题，学术界和司法实践中都存在争议。

（二）主观方面

医疗事故罪的主观方面是过失，故意不构成本罪。医疗事故罪主观方面的过失，既包括疏忽大意的过失，也包括过于自信的过失。疏忽大意的过失表现为根据医务人员相应职称和岗位责任制要求，应当预见到和可以预见到自己的行为可能造成对患者的危害后果，因为疏忽大意而未预见到，或对于危害患者生命、健康的不当做法应当有效防范，因疏忽大意而未采取防范措施，致使危害后果发生。过于自信的过失表现为医务人员虽然预见到自己的行为可能给患者造成危害，但是，轻信自己的技术、经验或有利的医疗条件能够避免，从而导致判断上和行为上的失误，造成对患者的危害结果发生。

医疗活动中，医疗行为违反规章制度、诊疗规范、常规，则可能是故意的，有的甚至是明知故犯，但只要对其损害后果不是故意的，都不能认定主观方面是故意。

（三）客体

医疗事故罪侵犯的客体是复杂客体，主要客体是国家对医疗活动的管理制度，次要客体是公共卫生。犯罪对象是到医疗机构请求诊治的人。医疗行为有过失，不能对疾病进行正确及时的诊断，救治措施客观上不能起到控制病情发展的作用，都必然由于病情的发展而引起人体健康的更大危害，直至造成伤残、功能障碍或死亡结果。为了保证医疗活动的正常开展，保护人的生命健康，我国制定了一系列的法律、法规、规章，建立了较为完善的医疗管理制度，如《执业医师法》《医疗机构管理条例》《医疗事故处理条例》等。

（四）客观方面

医疗事故罪的客观方面表现为严重不负责任，造成就诊人死亡或者严重损害就诊人身体健康的行为。包括以下几个方面：

1. 医务人员在医疗活动中严重不负责任。它是指在医疗活动工作中严重违反医疗活动管理制度和诊疗规范、常规。医疗活动管理制度，是指在开展医疗活动中，为保障就诊人的生命健康安全制定的管理制度。主要是指全国人大及其常委会、国务院及其有关部委、地方人大、地方人民政府及其有关机构制定的法律、行政法规、部门规章所建立的制度。包括：医疗机构的管理、医师的管理、护士的管理等；《医疗机构管理条例》《全国医院工作条例》《医院工作制度》《医疗机构管理条例》《执业医师法》《医疗事故处理条例》等。诊疗规范、常规，是指医务人员在诊疗活动中遵守的医疗技术操作标准和要求。这些标准和要求，有些存在于有立法权的机关制定的规范性文件中，如原卫生部制定的《临床输血技术规范》、原卫生部和国家中医药管理局联合制定的《病历书写基本规范（试行）》、原卫生部制定的《常用计划生育技术常规》；有些存在于没有立法权的组织制定的规范性文件中，如中华医学会编著的《临床技术操作规范》以及系列《临床诊疗指南》；有的存在于权威书籍中，如医药院校通用教材《内科学》《外科学》《儿科学》《妇产科学》等；有些存在于医疗活动的约定俗成中，虽然没有文字规范，但这些准则和要求，医务人员在实践中都一致认可和遵循。《最高人民检察院、公安部关于公安机关管辖的刑事案件立案追诉标准的规定（一）》规定，严重不负责任行为具体是：(1)擅离职守的。(2)无正当理由拒绝对危急就诊人实行必要的医疗救治的。(3)未经批准擅自开展试验性治疗的。(4)严重违反查对、复核制度的。(5)使用未经批准使用的药品、消毒药剂、医疗器械的。(6)严重违反国家法律法规及有明确规定的诊疗技术规范、常规的。(7)其他严重不负责任的情形。

2.造成就诊人死亡或者严重损害就诊人身体健康的后果。《最高人民检察院、公安部关于公安机关管辖的刑事案件立案追诉标准的规定（一）》规定，医疗事故罪“严重损害就诊人身体健康”是指造成就诊人严重残疾、重伤，感染艾滋病、病毒性肝炎等难以治愈的疾病，或者其他严重损害就诊人身体健康的后果。该规定用了严重残疾、重伤和特殊疾病列举表述，因此，通过残疾鉴定、重伤鉴定、病情的诊断都可以用以确认是否造成严重损害就诊人身体健康，但在规定中还有“其他严重损害就诊人身体健康”的表述。2008 年 4 月《最高人民法院关于审理非法行医刑事案件具体应用法律若干问题的解释》有关于非法行医中“严重损害就诊人身体健康”的规定，规定非法行医“严重损害就诊人身体健康”的情形为：(1)造成就诊人中度以上残疾、器官组织损伤导致严重功能障碍的。(2)造成三名以上就诊人轻度残疾、器官组织损伤导致一般功能障碍的。并规定“轻度残疾、器官组织损伤导致一般功能障碍”“中度以上残疾、器官组织损伤导致严重功能障碍”参照原卫生部《医疗事故分级标准（试行）》认定。这一规定是否适用于医疗事故罪中关于“其他严重损害就诊人身体健康”的认定，产生了一些学术上的争议。大多学者认为应当适用，本书赞成这种观点。这说明医疗事故罪中严重损害就诊人身体健康的认定，除可以根据特别规定，通过残疾程度、伤情程度、病情种类的鉴定或诊断认定外，还可以适用非法行医中对严重损害就诊人身体健康的规定来认定。

3. 严重不负责任行为与造成就诊人死亡或者严重损害就诊人身体健康之间必须存在刑法上的因果关系。医疗过失损害是对已经受到疾病侵害的患者的人身损害。一种情况是，医疗过失使医疗措施未能有效阻止病情的发展而导致病情恶化，从而使患者受到伤害或死亡；另一情况是，过失医疗措施对患者直接造成侵害，结合疾病的侵害，导致患者受到伤害或死亡。医疗过失损害与一般的加害行为造成人身损害有所不同，在实践中，往往是疾病和医疗过失行为共同造成患者人身损害，因此在因果关系的认定上具有复杂性。医疗过失行为对病情的实际作用可能没有疗效，也可能有效，但对人体也有伤害，也可能无疗效并且对人体有伤害。过失医疗行为均与患者受到伤害或死亡结果之间存在一定的因果关系，但对所起作用的判定是一个比较复杂的技术问题，法官难以做出这方面的判定，一般要通过技术鉴定。医疗过失损害导致的伤害或死亡危害结果，往往是混合原因造成的，一般是多因一果。医疗损害司法鉴定一般都会根据医疗过失行为造成人身损害的作用大小判定医疗行为方承担相应的责任，一般分为全部责任、主要责任、次要责任、轻微责任。《刑法》和相关的司法解释都没有规定构成医疗事故罪的医疗过失行为在造成危害结果中的参与度，是承担全部责任才能构成犯罪，还是承担主要责任就构成犯罪，还是只要因果关系成立就构成犯罪。《刑法》第二编分则的一些条文中使用“致使”“造成”“引起”“因而发生”等词来明确规定危害行为与危害结果之间的因果关系。医疗事故罪条文没有用“引起”“致使”的表述，而是使用了“造成”一词，因而，本书主张医疗过失行为要对损害结果承担主要责任以上的才能构成犯罪。

二、医疗事故罪的认定

（一）罪与非罪的判定

具体注意区分以下概念：

1. 造成就诊人人身损害的程度。医疗活动造成就诊人人身伤害是经常发生的，有些是可以免责的，不承担法律责任，有些要承担民事责任。只有造成就诊人死亡或者严重损害就诊人身体健康的，才可能承担医疗事故罪的刑事责任。

2. 造成严重危害后果的行为性质及参与度。相关司法解释规定严重不负责任的行为种类，也就是行为的性质。在医疗活动中，可能因技术方面的失误造成患者人身损害，也可能因某些技术方面的问题没有准确把握而造成患者人身损害。不是所有的医疗过失行为都会构成犯罪，因此，区别严重不负责的行为种类是区别罪与非罪的重要方面。另外，由于医疗过失损害的特殊性，因此，过失行为在损害结果中的参与度是必须注意的问题。对于已经受到疾病侵害的患者，有些疾病通过医务人员的医治可治愈或缓解，可有些疾病是医疗技术无法挽回的。在医疗过程中，会因医疗过失行为和疾病本身的发展而造成患者人身伤害或死亡。因此，只有医疗过失行为起主要作用的才能认定构成犯罪。

3. 医疗事故罪与医疗事故的关系。医疗事故罪是指医务人员由于严重不负责任，造成就诊人死亡或者严重损害就诊人身体健康的行为。医疗事故是指医疗机构及其医务人员在医疗活动中，违反医疗卫生管理法律、行政法规、部门规章和诊疗护理规范、常规，过失造成患者人身损害的事故。构成医疗事故不一定构成医疗事故罪，构成医疗事故罪都达到了构成医疗事故的标准。

(二)医疗事故罪与相关罪的区别

1. 医疗事故罪与重大责任事故罪的区别。重大责任事故罪，是指工厂、矿山、林场、建筑企业或者其他企事业单位的职工，由于不服从管理、违反规章制度，或者强令工人违章冒险作业，因而发生重大伤亡事故或者造成其他严重后果的行为。两罪的相似之处在于：(1)两罪在主观方面均属过失犯罪。(2)两罪在客观上都造成了人员伤亡的后果。区别在于：(1)主体不同。本罪的主体是医务人员，而重大责任事故罪的主体是生产单位直接从事生产或指挥生产的人员。(2)客体不同。本罪侵犯的主要客体是医疗活动管理秩序，而重大责任事故罪侵犯的客体是工矿企业的生产安全和社会公共安全，危及的是不特定多数人的人身安全和公私财产安全。(3)过失行为发生的场合不同。本罪发生于医疗活动中，而重大责任事故罪发生于生产作业中。

2. 医疗事故罪与玩忽职守罪的区别。玩忽职守罪，是指国家机关工作人员严重不负责任，不履行或不正确履行职责，致使公共财产、国家和人民利益遭受重大损失的行为。它与医疗事故罪都表现为严重不负责任，都可能出现造成人员伤亡的严重后果。两罪的区别在于：(1)主体不同。本罪的主体是医务人员，而玩忽职守罪的主体则是国家机关工作人员。(2)客体不同。本罪侵害的主要客体是医疗活动的管理秩序，玩忽职守罪侵害的客体是国家机关的正常管理活动。(3)过失的内容不同。本罪是在医疗活动中出现的过失，而玩忽职守罪是在行政管理过程中出现的过失。(4)客观表现不同。本罪表现为在医疗活动中违反规章制度或诊疗操作常规，而玩忽职守罪表现为在行政管理工作中严重不负责任，不履行或不正确履行自己的职责。(5)危害后果不同。本罪的危害后果仅限于就诊人死亡或身体健康受到严重损害，而玩忽职守罪的后果既可以是人员伤亡，也可以是财产损失，还可以是恶劣的政治影响。

3. 医疗事故罪与过失致人死亡罪、过失致人重伤罪的区别。三罪在危害结果上基本相同。其区别在于:(1)主体不同。本罪的主体是特殊主体,即医务人员,后两罪的主体则为一般主体。(2)主观过失的性质不同。本罪的过失属于业务过失,而后两罪的过失属日常生活中的过失。(3)客体不同。本罪侵害的客体主要是医疗活动的管理秩序,而后两罪侵害的客体是人的生命健康权利。(4)客观方面不同。本罪的客观方面表现为在医疗活动中,严重不负责任,违反规章制度或诊疗护理操作常规,而后两罪分别表现为通过某种方式致人死亡或造成他人重伤。

4.医疗事故罪与生产、销售不符合标准的医用器材罪的区别。它们的主要区别是:(1)主体不同。前罪主体为特殊主体,后罪主体为一般主体。(2)主观方面不同。前罪主观方面只能是过失,而后罪在主观方面既可是故意也可是过失。(3)客观方面不同。前罪在客观方面表现为医务人员严重不负责任而造成就诊人死亡或严重损害就诊人身体健康,而后罪在客观方面表现为生产、销售、购买并使用不符合标准的医用器材而出现了严重危害结果。(4)客体不同。前罪的客体主要是医疗活动的管理秩序,而后罪的客体主要是国家对生产、销售医疗器械、医用卫生材料的产品质量的监督管理制度。

特别值得注意的是,当医疗机构或者个人知道或应当知道是不符合标准的医疗器材而购买、使用,从而发生了严重后果时,就容易在认定上出现混乱。两罪在一定情况下具有犯罪构成上的重合性。因而,在此情况下行为人基于一个行为可能触犯两个罪名,这在理论上应属于想象竞合犯。以想象竞合犯的处罚原则,应择一重处断,即以生产、销售不符合标准的医用器材罪处罚。

5.医疗事故罪与非法行医罪的区别。两罪在客观上都可能造成就诊人死亡或严重损害就诊人身体健康的后果,它们的区别主要在于:(1)主体不同。本罪的主体是医务人员,具有合法的行医资格,而非法行医罪的主体是不具有医生执业资格的人,不具有行医的资格,不是医务人员。(2)主观方面不同。本罪对造成严重人身损害所持心理态度是过失,而非法行医罪行为人对造成不良后果所持的心理态度是间接故意。(3)客观方面不同。本罪表现为行医资格合法前提下的行医中的严重不负责,并且造成严重的人身损害后果,而非法行医罪表现为行医资格不合法前提下的非法行医,并且情节严重。本罪一定要有人身损害结果的发生才构成犯罪,是结果犯,而非法行医罪可以在没有发生人身损害结果的情况下构成犯罪。

三、医疗事故罪的刑罚处罚

犯医疗事故罪的,处三年以下有期徒刑或者拘役。

相关法律条文

《刑法》

第三百三十五条　医务人员由于严重不负责任，造成就诊人死亡或者严重损害就诊人身体健康的，处三年以下有期徒刑或者拘役。

《最高人民检察院、公安部关于公安机关管辖的刑事案件立案追诉标准的规定(一)》

第五十六条　医务人员由于严重不负责任，造成就诊人死亡或者严重损害就诊人身体健康的，应予立案追诉。

具有下列情形之一的，属于本条规定的“严重不负责任”：

(一)擅离职守的；

(二)无正当理由拒绝对危急就诊人实行必要的医疗救治的；

(三)未经批准擅自开展试验性治疗的；

(四)严重违反查对、复核制度的；

(五)使用未经批准使用的药品、消毒药剂、医疗器械的；

(六)严重违反国家法律法规及有明确规定的诊疗技术规范、常规的；

(七)其他严重不负责任的情形。

本条规定的“严重损害就诊人身体健康”，是指造成就诊人严重残疾、重伤、感染艾滋病、病毒性肝炎等难以治愈的疾病或者其他严重损害就诊人身体健康的后果。

《最高人民法院关于审理非法行医刑事案件具体应用法律若干问题的解释》

第三条　具有下列情形之一的，应认定为《刑法》第三百三十六条第一款规定的“严重损害就诊人身体健康”：

(一)造成就诊人中度以上残疾、器官组织损伤导致严重功能障碍的；

(二)造成三名以上就诊人轻度残疾、器官组织损伤导致一般功能障碍的。

第五条　本解释所称“轻度残疾、器官组织损伤导致一般功能障碍”、“中度以上残疾、器官组织损伤导致严重功能障碍”，参照卫生部《医疗事故分级标准(试行)》认定。

第六章　破坏环境卫生罪

环境卫生是关系到人类生存的重要问题，党和国家历来高度重视。近年来，我国经济建设中一些人忽视对环境的保护，导致雾霾、土地污染、水污染严重。上述污染严重地影响到人们正常、健康的生活，为了保护环境卫生，加强对破坏环境卫生行为的打击力度，1997 年《刑法》中设置了走私固体废物罪、重大环境污染事故罪、擅自进口固体废物罪、非法处置进口的固体废物罪、环境监管失职罪。2002 年《刑法修正案（四）》取消走私固体废物罪，增设走私废物罪，把液态和气态废物的走私纳入打击的范围；对重大环境污染事故罪相关条文进行修改，取消重大环境污染事故罪，增设污染环境罪。这些罪名的规定以及与时俱进的修改，对打击破坏环境卫生的犯罪行为起到了非常重要的作用。

第一节　污染环境罪

一、污染环境罪的概念及特征

污染环境罪是指违反国家规定，排放、倾倒或者处置有放射性的废物、含传染病病原体的废物、有毒物质或者其他有害物质，严重污染环境的行为。2011 年《刑法修正案（八）》对《刑法》第二百三十八条做了较大修改，删除了“向土地、水体、大气”排放、倾倒或者处置的规定，将排放、倾倒或者处置的物质，由“危险废物”修改为“危险废物或有害物质”，将构成要件中的“造成重大环境污染事故，致使公私财产遭受重大损失或者人身伤亡的严重后果”修改为“严重污染环境”。《最高人民法院、最高人民检察院关于执行〈中华人民共和国刑法〉确定罪名的补充规定（五）》取消原“重大环境污染事故罪”罪名，增设“污染环境罪”。

本罪的特征是：

（一）主体

本罪的主体为一般主体，即凡是达到刑事责任年龄，具有刑事责任能力的人，均可构成本罪。单位可以成为本罪主体，并且主要是单位犯罪。

（二）主观方面

本罪在主观方面表现为过失。指行为人对严重污染环境的心理状态。行为人对严重污染环境本应预见，但由于疏忽大意而没有预见，或者虽已预见到但轻信能够避免。学术界有过失说、故意说、混合罪过说的争议。对于本罪的行为人来说，肯定不能是希望严重污染环境的心理状态，否则就不能构成本罪。但是，放任的心理状态是否存在，由于行为人文化水平、知识结构、年龄、工作经验等的差别，可能有的行为人是处于放任的心理状态，属于间接故意，而有的行为人确实是过失。由于在司法实践中难以做出准确的判定，故以主观方面为过失认定本罪更有利于打击犯罪，保护环境。

（三）客体

本罪侵犯的客体是国家对环境保护和防治环境污染的管理制度。为了保护环境，防治环境污染，保护和改善生活、生态环境，国家先后制定了《环境保护法》《大气污染防治法》《水污染防治法》《海洋环境保护法》《固体废物污染环境防治法》《放射性同位素与射线装置放射防护条例》《农药安全使用条例》等一系列法律法规。为了加强环境的保护，2014 年对《环境保护法》进行了修改，2015 年 1 月 1 日起正式施行，被称为“史上最严的环保法”。这些法律法规构建了国家对环境的保护和防治环境污染的管理制度。

（四）客观方面

本罪在客观方面表现为违反国家规定，排放、倾倒或者处置有放射性的废物、含传染病病原体的废物、有毒物质或者其他有害物质，严重污染环境的行为。

1. 必须实施了严重污染环境的行为。具体是违反国家规定实施了排放、倾倒和处置有放射性的废物、含传染病病原体的废物、有毒物质或者其他有害物质的行为。违反国家规定是指违反全国人大及其常务委员会制定的有关环境保护方面的法律，以及国务院制定的相关行政法规、行政措施，发布的决定或命令。排放是指把各种危险废物排入土地、水体、大气的行为，包括泵出、溢出、泄出、喷出、倒出等；倾倒是指通过船舶、航空器、平台或者其他载运工具，向土地、水体、大气倾卸危险废物的行为；处置是指以焚烧、填埋或其他改变危险废物属性的方式处理危险废物或者将其置于特定场所或者设施并不再取回的行为。

本罪中排放、倾倒和处置的是有放射性的废物、含传染病病原体的废物、有毒物质或者其他有害物质。其中有毒物质是指对人体有毒害，可能对人体健康和环境造成严重危害的固体、泥状及液体废物。2013 年 6 月《最高人民法院、最高人民检察院关于办理环境污染刑事案件适用法律若干问题的解释》规定以下物质为有毒物质：(1)危险废物，包括列入国家危险废物名录的废物，以及根据国家规定的危险废物鉴别标准和鉴别方法认定的具有危险特性的废物。(2)剧毒化学品、列入重点环境管理危险化学品名录的化学品，以及含有上述化学品的物质。(3)含有铅、汞、镉、铬等重金属的物质。(4)《关于持久性有机污染物的斯德哥尔摩公约》附件所列物质。(5)其他具有毒性,可能污染环境的物质。危险废物具体包括放射性废物、含传染病病原体的废物。放射性废物是指放射性核素超过国家规定限值的固体、液体和气体废弃物,主要包括放射性废水、废气和固体废物。放射性废水是指含放射性核素超过国家规定限值的液体废弃物,主要包括:核燃料前处理(如铀矿开采、水冶、精炼,核燃料制造等过程中)产生的废水;核燃料后处理第一循环产生的废液,原子能发电站,应用放射性同位素的研究机构、医院、工厂等排出的废水。放射性废气是指放射性核素含量超过国家规定限值的气体废弃物,主要包括:原子能工业的生产中或核设施运行中排出的含有核素的气体;核企业的各生产车间、设备室、热室及手套箱等地,排出放射性气体等。放射性固体废物是指放射性核素含量超过国家规定限值的固体废弃物,主要包括:从含铀矿石提取铀的过程中产生的废矿渣;铀精制厂、燃料元件加工厂、反应堆、核燃料后处理厂以及使用放射性同位素研究、医疗等单位排出的沾有人工或天然放射性物质的各种固体废弃物等。含传染病病原体的废物是指含有传染病病菌的污水、粪便等废物。

2.必须有严重污染环境的后果。排放、倾倒和处置有放射性的废物、含传染病病原体的废物、有毒物质或者其他有害物质严重污染环境才构成犯罪。2013年6月《最高人民法院、最高人民检察院关于办理环境污染刑事案件适用法律若干问题的解释》对“严重污染环境”做了专门的司法解释,列举以下情形:(1)在饮用水水源一级保护区、自然保护区核心区排放、倾倒、处置有放射性的废物、含传染病病原体的废物、有毒物质的。(2)非法排放、倾倒、处置危险废物三吨以上的。(3)非法排放含重金属、持久性有机污染物等严重危害环境、损害人体健康的污染物超过国家污染物排放标准或者省、自治区、直辖市人民政府根据法律授权制定的污染物排放标准三倍以上的。(4)私设暗管或者利用渗井、渗坑、裂隙、溶洞等排放、倾倒、处置有放射性的废物、含传染病病原体的废物、有毒物质的。(5)两年内曾因违反国家规定,排放、倾倒、处置有放射性的废物、含传染病病原体的废物、有毒物质受过两次以上行政处罚,又实施前列行为的。(6)致使乡镇以上集中式饮用水水源取水中断十二小时以上的。(7)致使基本农田、防护林地、特种用途林地五亩以上,其他农用地十亩以上,其他土地二十亩以上基本功能丧失或者遭受永久性破坏的。(8)致使森林或者其他林木死亡五十立方米以上,或者幼树死亡二千五百株以上的。(9)致使公私财产损失三十万元以上的。(10)致使疏散、转移群众五千人以上的。(11)致使三十人以上中毒的。(12)致使三人以上轻伤、轻度残疾或者器官组织损伤导致一般功能障碍的。(13)致使一人以上重伤、中度残疾或者器官组织损伤导致严重功能障碍的。(14)其他严重污染环境的情形。“公私财产损失”包括污染环境行为直接造成财产损毁、减少的实际价值，以及为防止污染扩大、消除污染而采取必要合理措施所产生的费用。

二、污染环境罪的认定

（一）罪与非罪的区别

认定罪与非罪的关键在犯罪的客观方面。虽然法律对构成犯罪的行为和危害结果要求以列举的方式进行了规定，应该说对于把握罪与非罪的界限已经有了明确的标准，但是列举的行为以及危害结果，也存在情节严重与“情节显著轻微危害不大”的问题，本罪造成的危害结果必须是“严重污染环境”，一般轻微的污染环境不构成犯罪，但应受到严厉的行政处罚。2015 年 1 月 1 日起实施的修订后的《环境保护法》对违法造成环境污染或可能造成环境污染的行为都规定了严厉的行政处罚措施。如第六十三条规定：“企业事业单位和其他生产经营者有下列行为之一，尚不构成犯罪的，除依照有关法律法规规定予以处罚外，由县级以上人民政府环境保护主管部门或者其他有关部门将案件移送公安机关，对其直接负责的主管人员和其他直接责任人员，处十日以上十五日以下拘留；情节较轻的，处五日以上十日以下拘留：（一）建设项目未依法进行环境影响评价，被责令停止建设，拒不执行的；（二）违反法律规定，未取得排污许可证排放污染物，被责令停止排污，拒不执行的；（三）通过暗管、渗井、渗坑、灌注或者篡改、伪造监测数据，或者不正常运行防治污染设施的等逃避监管的方式违法排放污染物的；（四）生产、使用国家明令禁止生产、使用的农药，被责令改正，拒不改正的。”因此，造成一般环境污染，“情节显著轻微，危害不大”，通过行政处罚足以规范的就不应认定构成本罪。

（二）污染环境罪与环境监管失职罪的区别

两罪都是其行为造成了环境污染，致使严重后果的发生，主要区别是：

1. 犯罪主体不同。本罪的主体既可以是自然人，也可以是单位，对自然人作为本罪的主体没有限制条件。而后罪的主体是特殊主体，即负责环境保护监管职责的国家机关工作人员，单位不构成该罪主体。

2. 犯罪客体不同。本罪客体是国家环境保护和环境污染防治的管理制度。而后罪侵犯的客体则是国家对环境保护工作的正常管理活动，属于渎职犯罪。

3. 犯罪的客观方面不同。本罪表现为违反国家规定，排放、倾倒或者处置有放射性的废物、含传染病病原体的废物、有毒物质或者其他有害物质，严重污染环境的行为。而环境监管失职罪表现为环境保护部门的国家机关工作人员严重不负责任，造成重大环境污染事故，这种严重不负责任主要体现为滥用职权和玩忽职守，不尽职责的行为。

三、污染环境罪的刑罚处罚

1. 严重污染环境的，处三年以下有期徒刑或者拘役，并处或者单处罚金。"严重污染环境"依据《最高人民法院、最高人民检察院关于办理环境污染刑事案件适用法律若干问题的解释》第一条的规定认定。

2. 后果特别严重的，处三年以上七年以下有期徒刑，并处罚金。"后果特别严重的"情节依据《最高人民法院、最高人民检察院关于办理环境污染刑事案件适用法律若干问题的解释》第三条的规定认定。

3. 从重及酌情从宽处理的情形，依据《最高人民法院、最高人民检察院关于办理环境污染刑事案件适用法律若干问题的解释》第四条、第五条、第八条的规定认定。

相关法律条文

《刑法》

第三百三十八条　违反国家规定，排放、倾倒或者处置有放射性的废物、含传染病病原体的废物、有毒物质或者其他有害物质，严重污染环境的，处三年以下有期徒刑或者拘役，并处或者单处罚金；后果特别严重的，处三年以上七年以下有期徒刑，并处罚金。

《最高人民法院、最高人民检察院关于办理环境污染刑事案件适用法律若干问题的解释》

第一条　实施刑法第三百三十八条规定的行为，具有下列情形之一的，应当认定为"严重污染环境"：

（一）在饮用水水源一级保护区、自然保护区核心区排放、倾倒、处置有放射性的废物、含传染病病原体的废物、有毒物质的；

（二）非法排放、倾倒、处置危险废物三吨以上的；

（三）非法排放含重金属、持久性有机污染物等严重危害环境、损害人体健康的污染物超过国家污染物排放标准或者省、自治区、直辖市人民政府根据法律授权制定的污染物排放标准三倍以上的；

（四）私设暗管或者利用渗井、渗坑、裂隙、溶洞等排放、倾倒、处置有放射性的废物、含传染病病原体的废物、有毒物质的；

（五）两年内曾因违反国家规定，排放、倾倒、处置有放射性的废物、含传染病病原体的废物、有毒物质受过两次以上行政处罚，又实施前列行为的；

（六）致使乡镇以上集中式饮用水水源取水中断十二小时以上的；

（七）致使基本农田、防护林地、特种用途林地五亩以上，其他农用地十亩以上，其他土地二十亩以上基本功能丧失或者遭受永久性破坏的；

（八）致使森林或者其他林木死亡五十立方米以上，或者幼树死亡二千五百株以上的；

（九）致使公私财产损失三十万元以上的；

（十）致使疏散、转移群众五千人以上的；

（十一）致使三十人以上中毒的；

（十二）致使三人以上轻伤、轻度残疾或者器官组织损伤导致一般功能障碍的；

（十三）致使一人以上重伤、中度残疾或者器官组织损伤导致严重功能障碍的；

（十四）其他严重污染环境的情形。

第三条　实施《刑法》第三百三十八条、第三百三十九条规定的行为，具有下列情形之一的，应当认定为“后果特别严重”：

（一）致使县级以上城区集中式饮用水水源取水中断十二个小时以上的；

（二）致使基本农田、防护林地、特种用途林地十五亩以上，其他农用地三十亩以上，其他土地六十亩以上基本功能丧失或者遭受永久性破坏的；

（三）致使森林或者其他林木死亡一百五十立方米以上，或者幼树死亡七千五百株以上的；

（四）致使公私财产损失一百万元以上的；

（五）致使疏散、转移群众一万五千人以上的；

（六）致使一百人以上中毒的；

（七）致使十人以上轻伤、轻度残疾或者器官组织损伤导致一般功能障碍的；

（八）致使三人以上重伤、中度残疾或者器官组织损伤导致严重功能障碍的；

（九）致使一人以上重伤、中度残疾或者器官组织损伤导致严重功能障碍，并致使五人以上轻伤、轻度残疾或者器官组织损伤导致一般功能障碍的；

（十）致使一人以上死亡或者重度残疾的；

（十一）其他后果特别严重的情形。

第四条　实施《刑法》第三百三十八条、第三百三十九条规定的犯罪行为，具有下列情形之一的，应当酌情从重处罚：

（一）阻挠环境监督检查或者突发环境事件调查的；

（二）闲置、拆除污染防治设施或者使污染防治设施不正常运行的；

（三）在医院、学校、居民区等人口集中地区及其附近，违反国家规定排放、倾倒、处置有放射性的废物、含传染病病原体的废物、有毒物质或者其他有害物质的；

（四）在限期整改期间，违反国家规定排放、倾倒、处置有放射性的废物、含传染病病原体的废物、有毒物质或者其他有害物质的。

实施前款第一项规定的行为，构成妨害公务罪的，以污染环境罪与妨害公务罪数罪并罚。

第五条　实施《刑法》第三百三十八条、第三百三十九条规定的犯罪行为，但及时采取措施，防止损失扩大、消除污染，积极赔偿损失的，可以酌情从宽处罚。

第六条　单位犯《刑法》第三百三十八条、第三百三十九条规定之罪的，依照本解释规定的相应个人犯罪的定罪量刑标准，对直接负责的主管人员和其他直接责任人员定罪处罚，并对单位判处罚金。

第七条　行为人明知他人无经营许可证或者超出经营许可范围，向其提供或者委托其收集、贮存、利用、处置危险废物，严重污染环境的，以污染环境罪的共同犯罪论处。

第八条　违反国家规定，排放、倾倒、处置含有毒害性、放射性、传染病病原体等物质的污染物，同时构成污染环境罪、非法处置进口的固体废物罪、投放危险物质罪等犯罪的，依照处罚较重的犯罪定罪处罚。

第十一条　对案件所涉的环境污染专门性问题难以确定的，由司法鉴定机构出具鉴定意见，或者由国务院环境保护部门指定的机构出具检验报告。

县级以上环境保护部门及其所属监测机构出具的监测数据，经省级以上环境保护部门认可的，可以作为证据使用。

第十二条　本解释发布实施后，《最高人民法院关于审理环境污染刑事案件具体应用法律若干问题的解释》（法释〔2006〕4号）同时废止；之前发布的司法解释和规范性文件与本解释不一致的，以本解释为准。

第二节　非法处置进口的固体废物罪

一、非法处置进口的固体废物罪的概念及特征

非法处置进口的固体废物罪，是指违反国家规定，将境外的固体废物进境倾倒、堆放、处置的行为。1991年国家环保局、海关总署发布的《关于严格控制境外有害废物转移到我国的通知》指出："近年来，在国际上有害废物和垃圾跨国间转移逐渐加剧，这已成为当今全球性最突出的环境问题之一。其表现形式主要是发达国家将大量的工业和生活废物，特别是其中的有害废物通过各种途径，以

种种名目向发展中国家转移。我国有些地方和单位，只顾眼前和局部利益，也让一些境外的有害废物和垃圾进入境内。”这种发达国家向发展中国家和不发达国家转嫁环境污染的情况引起了国际社会的注意，1989 年 3 月通过了控制这些废物越境转移及其处置的《巴塞尔公约》，我国已签署了该公约。为保护环境卫生，防止境外废物和垃圾在境内造成环境污染，我国 1995 年 10 月 30 日颁布了《固体废物污染环境防治法》，1996 年 3 月 1 日国家环境保护局、对外经济贸易合作部、海关总署、国家工商局、国家商检局联合发布了《废物进口环境保护管理暂行规定》，1996 年 7 月 26 日又联合发布了《关于废物进口环境保护管理暂行规定的补充规定》，1996 年 7 月 31 日《最高人民法院关于审理非法进口废物刑事案件适用法律若干问题的解释》出台。《刑法》第三百三十九条规定了本罪。本罪的特征是：

（一）主体

本罪的主体为一般主体，即凡是达到刑事责任年龄、具有刑事责任能力的人，均可构成本罪。单位也是本罪的犯罪主体。实践中，本罪的主体大多为废物进口单位或废物利用单位。

（二）主观方面

本罪在主观方面表现为故意，过失不构成本罪。行为人的故意表现为对违反法律规定倾倒、堆放、处置固体废物的希望或放任，同时表现为对环境污染结果放任的主观心理状态，当然也不排除希望环境污染结果发生的心理状态存在。环境污染结果不等于通过环境污染对人身造成损害或其他严重后果。如果行为人希望通过违反规定倾倒、堆放、处置固体废物损害不特定多数人或特定人的生命健康就不构成本罪。如故意向某人家中倾倒废物，使其家庭成员感染严重的传染病。

（三）客体

本罪侵犯的客体是国家对进口固体废物的管理制度。我国先后颁布《固体废物污染环境防治法》《废物进口环境保护管理暂行规定》《关于废物进口环境保护管理暂行规定的补充规定》《最高人民法院关于审理非法进口废物刑事案件适用法律若干问题的解释》《环境保护法》《海洋环境保护法》《水污染防治法》和《大气污染防治法》等法律、法规、规章，建立有关固体废物和环境污染防治的管理制度。

本罪的犯罪对象是境外的各种固体废物。1996 年 3 月 1 日国家环境保护局、对外经济贸易合作部、海关总署、国家工商局、国家商检局联合发布的《废物进口环境保护管理暂行规定》规定，固体废物是指在生产建设、日常生活和其他活动中产生的污染环境的固态半固态废弃物质。主要包括工业固体废物、城市生活垃圾等。虽然本罪的名称是“非法处置进口的固体废物罪”，但是《关于废物进口环境保护管理暂行规定的补充规定》规定：“废物进口是指一切废物（含废料）以任何贸易方式和无偿提供、捐赠等方式进入中华人民共和国境内。”因此，这里的进口固体废物泛指境外的各种固体废物进入境内。

（四）客观方面

本罪在客观方面表现为违反国家规定，将境外的固体废物进境倾倒、堆放、处置的行为。

1. 必须是违反国家规定的行为。我国为了防止环境污染，保护环境卫生，制定了一系列的法律、法规和规章，其中有《固体废物污染环境防治法》《废物进口环境保护管理暂行规定》《关于废物进口环境保护管理暂行规定的补充规定》等专门规范废物及固体废物的法律、法规，另外还有与废物及固体废物有关的保护环境卫生方面的法律规范。违反这些法律法规的行为都属于违反国家规定的行为。

2. 实施了将境外的固体废物倾倒、堆放、处置的行为。所谓倾倒，是指通过船舶、汽车等运载工具向我国境内任何地方倾卸固体废物的行为；堆放是指将境外的固体废物任意堆存在我国境内的任何地方；处置是指在我国境内将境外的固体废物进行焚烧和用其他方法改变固体废物物理、化学、生物特性的方法，达到减少已产生的固体废物数量，缩小固体废物体积，减少或者消除其危险成分的活动，或者将固体废物最终置于不符合环境保护规定要求的场所或者设施不再回取的活动。

本罪属行为犯，只要实施了进境倾倒、堆放、处置固体废物的行为之一，都构成犯罪，不需要三种行为同时发生。

二、非法处置进口的固体废物罪的认定

（一）罪与非罪的判定

本罪是行为犯，只要行为人违反规定将境外的固体废物进境倾倒、堆放、处置就构成本罪。《废物进口环境保护管理暂行规定》第二十七条规定，违反本规定将境外废物进境倾倒、堆放、处置的，按照《固体废物污染环境防治法》的规定处罚。但是“情节显著轻微，危害不大”的可认定不构成犯罪，根据有关法律法规的规定进行行政处罚。也就是说，不是所有违反本规定将境外废物进境倾倒、堆放、处置的行为都按犯罪论处。

（二）非法处置进口的固体废物罪与污染环境罪的区别

两者在犯罪主体和犯罪的同类客体上都相同，都会造成环境卫生的危害，主要区别是：

1. 直接客体不同。本罪的客体是国家对进口固体废物的管理制度；而后罪

的客体为国家对环境保护和防治环境污染的管理制度。

2.犯罪客观方面不同。本罪在客观上表现为违反国家规定，将境外的固体废物进境倾倒、堆放、处置的行为，犯罪对象仅限于境外的固体废物；而后罪则表现为违反国家规定，排放、倾倒或者处置有放射性的废物、含传染病病原体的废物、有毒物质或者其他有害物质，犯罪对象为危险废物，其中包括固体废物。

三、非法处置进口的固体废物罪的刑罚处罚

1.犯本罪的，处五年以下有期徒刑或者拘役，并处罚金。

2.造成重大环境污染事故，致使公私财产遭受重大损失或者严重危害人体健康的，处五年以上十年以下有期徒刑，并处罚金。"致使公私财产遭受重大损失或者严重危害人体健康的"情节依据《最高人民法院、最高人民检察院关于办理环境污染刑事案件适用法律若干问题的解释》第一条、第二条的规定认定。

3.后果特别严重的，处十年以上有期徒刑，并处罚金。"后果特别严重的"情节依据《最高人民法院、最高人民检察院关于办理环境污染刑事案件适用法律若干问题的解释》第三条的规定认定。

4.从重及酌情从宽处理的情形，依据《最高人民法院、最高人民检察院关于办理环境污染刑事案件适用法律若干问题的解释》第四条、第五条、第八条的规定认定。

相关法律条文

《刑法》

第三百三十九条　违反国家规定，将境外的固体废物进境倾倒、堆放、处置的，处五年以下有期徒刑或者拘役，并处罚金；造成重大环境污染事故，致使公私财产遭受重大损失或者严重危害人体健康的，处五年以上十年以下有期徒刑，并处罚金；后果特别严重的，处十年以上有期徒刑，并处罚金。

《最高人民法院、最高人民检察院关于办理环境污染刑事案件适用法律若干问题的解释》

第一条　实施《刑法》第三百三十八条规定的行为，具有下列情形之一的，应当认定为"严重污染环境"：

(一)在饮用水水源一级保护区、自然保护区核心区排放、倾倒、处置有放射性的废物、含传染病病原体的废物、有毒物质的；

(二)非法排放、倾倒、处置危险废物三吨以上的；

(三)非法排放含重金属、持久性有机污染物等严重危害环境、损害人体健康

的污染物超过国家污染物排放标准或者省、自治区、直辖市人民政府根据法律授权制定的污染物排放标准三倍以上的；

（四）私设暗管或者利用渗井、渗坑、裂隙、溶洞等排放、倾倒、处置有放射性的废物、含传染病病原体的废物、有毒物质的；

（五）两年内曾因违反国家规定，排放、倾倒、处置有放射性的废物、含传染病病原体的废物、有毒物质受过两次以上行政处罚，又实施前列行为的；

（六）致使乡镇以上集中式饮用水水源取水中断十二小时以上的；

（七）致使基本农田、防护林地、特种用途林地五亩以上，其他农用地十亩以上，其他土地二十亩以上基本功能丧失或者遭受永久性破坏的；

（八）致使森林或者其他林木死亡五十立方米以上，或者幼树死亡二千五百株以上的；

（九）致使公私财产损失三十万元以上的；

（十）致使疏散、转移群众五千人以上的；

（十一）致使三十人以上中毒的；

（十二）致使三人以上轻伤、轻度残疾或者器官组织损伤导致一般功能障碍的；

（十三）致使一人以上重伤、中度残疾或者器官组织损伤导致严重功能障碍的；

（十四）其他严重污染环境的情形。

第二条　实施《刑法》第三百三十九条、第四百零八条规定的行为，具有本解释第一条第六项至第十三项规定情形之一的，应当认定为“致使公私财产遭受重大损失或者严重危害人体健康”或者“致使公私财产遭受重大损失或者造成人身伤亡的严重后果”。

第三条　实施《刑法》第三百三十八条、第三百三十九条规定的行为，具有下列情形之一的，应当认定为“后果特别严重”：

（一）致使县级以上城区集中式饮用水水源取水中断十二个小时以上的；

（二）致使基本农田、防护林地、特种用途林地十五亩以上，其他农用地三十亩以上，其他土地六十亩以上基本功能丧失或者遭受永久性破坏的；

（三）致使森林或者其他林木死亡一百五十立方米以上，或者幼树死亡七千五百株以上的；

（四）致使公私财产损失一百万元以上的；

（五）致使疏散、转移群众一万五千人以上的；

（六）致使一百人以上中毒的；

（七）致使十人以上轻伤、轻度残疾或者器官组织损伤导致一般功能障碍的；

（八）致使三人以上重伤、中度残疾或者器官组织损伤导致严重功能障碍的；

（九）致使一人以上重伤、中度残疾或者器官组织损伤导致严重功能障碍，并致使五人以上轻伤、轻度残疾或者器官组织损伤导致一般功能障碍的；

（十）致使一人以上死亡或者重度残疾的；

（十一）其他后果特别严重的情形。

第四条　实施《刑法》第三百三十八条、第三百三十九条规定的犯罪行为，具有下列情形之一的，应当酌情从重处罚：

（一）阻挠环境监督检查或者突发环境事件调查的；

（二）闲置、拆除污染防治设施或者使污染防治设施不正常运行的；

（三）在医院、学校、居民区等人口集中地区及其附近，违反国家规定排放、倾倒、处置有放射性的废物、含传染病病原体的废物、有毒物质或者其他有害物质的；

（四）在限期整改期间，违反国家规定排放、倾倒、处置有放射性的废物、含传染病病原体的废物、有毒物质或者其他有害物质的。

实施前款第一项规定的行为，构成妨害公务罪的，以污染环境罪与妨害公务罪数罪并罚。

第五条　实施《刑法》第三百三十八条、第三百三十九条规定的犯罪行为，但及时采取措施，防止损失扩大、消除污染，积极赔偿损失的，可以酌情从宽处罚。

第八条　违反国家规定，排放、倾倒、处置含有毒害性、放射性、传染病病原体等物质的污染物，同时构成污染环境罪、非法处置进口的固体废物罪、投放危险物质罪等犯罪的，依照处罚较重的犯罪定罪处罚。

第十二条　本解释发布实施后，《最高人民法院关于审理环境污染刑事案件具体应用法律若干问题的解释》（法释〔2006〕4号）同时废止；之前发布的司法解释和规范性文件与本解释不一致的，以本解释为准。

第三节　擅自进口固体废物罪

一、擅自进口固体废物罪的概念及特征

擅自进口固体废物罪，是指未经国务院有关主管部门许可，擅自进口固体废物用作原料，造成重大环境污染事故，致使公私财产遭受重大损失或者严重危害人体健康的行为。本罪的特征是：

（一）主体

本罪的主体为一般主体，即凡是达到刑事责任年龄、具有刑事责任能力的

人，均可构成本罪。单位也可构成本罪。

（二）主观方面

本罪在主观方面表现为过失。也就是说，行为人对造成的严重危害后果主观是过失的，但是，对于未经国务院有关部门许可，擅自进口固体废物用作原料是法律禁止的，行为人则是明知的。也有观点认为是故意或过失，对违反国务院主管部门的规定是故意，对造成严重后果是过失。

（三）客体

本罪侵犯的客体是国家对固体废物污染环境的防治制度。为了防止境外固体废物转移到我国境内对我国环境卫生造成污染，我国制定了一系列关于废物，特别是固体废物进口的法律法规，建立了严格的固体废物进口管理制度，禁止进口不能用作原料的废物，限制进口可以用作原料的固体废物，防治境外固体废物对我国环境的污染。如《中华人民共和国进出口商品检验法》《国境卫生检疫法》《固体废物环境污染防治法》《控制危险废物越境转移及其处置的巴塞尔公约》《进出口商品检验法实施条例》《进口可用作原料的固体废物检验检疫监督管理办法》《进口可用作原料的固体废物国外供货商注册登记管理实施细则》《进口可用作原料的固体废物国内收货人注册登记管理实施细则（试行）》等。

（四）客观方面

本罪在客观方面表现为未经国务院有关主管部门许可，擅自进口固体废物用作原料，造成重大环境污染事故，致使公私财产遭受重大损失或者严重危害人体健康的行为。具体表现为：

1.实施了未经国务院有关主管部门许可，擅自进口固体废物用作原料行为。申请进口废物必须符合：(1)申请进口废物用作原料利用的单位必须是依法成立的企业法人，并具有利用进口废物的能力和相应的污染防治设备。(2)申请进口的废物已列入《国家限制进口的可用作原料的废物目录》。未经许可主要是指未经国务院有关主管部门许可，一般是指不符合申请进口废物的条件，或者已符合申请进口废物的条件，但没有国家环境保护主管部门批准的情形；伪造、变造国家环境保护行政主管部门进口废物批准书的情形；逾期未向国家环境保护行政主管部门补办进口废物经营审批手续，并继续从事进口废物经营活动的情形。除未经国务院有关主管部门许可外，还必须表现为同时擅自进口固体废物。另外，行为人擅自进口固体废物用作原料，即用于从事进口废物加工利用或专门从事对外贸易经营，为从事废物加工利用的单位提供固体废物。如果行为人以原料利用为名，擅自进口固体废物用于他途或是以此牟利，进行倒买倒卖的，则不构成本罪，而构成其他的罪名。

2.必须造成重大环境污染事故，致使公私财产遭受重大损失或者严重危害人体健康。擅自进口固体废物用作原料的行为必须是已经造成重大环境污染事故,致使公私财产遭受重大损失或者严重危害人体健康的后果才构成犯罪。"造成重大环境污染事故,致使公私财产遭受重大损失或者严重危害人体健康的"情形在《最高人民法院、最高人民检察院关于办理环境污染刑事案件适用法律若干问题的解释》中规定了八种情形:(1)致使乡镇以上集中式饮用水水源取水中断十二小时以上的。(2)致使基本农田、防护林地、特种用途林地五亩以上,其他农用地十亩以上,其他土地二十亩以上基本功能丧失或者遭受永久性破坏的。(3)致使森林或者其他林木死亡五十立方米以上,或者幼树死亡二千五百株以上的。(4)致使公私财产损失三十万元以上的。(5)致使疏散、转移群众五千人以上的。(6)致使三十人以上中毒的。(7)致使三人以上轻伤、轻度残疾或者器官组织损伤导致一般功能障碍的。(8)致使一人以上重伤、中度残疾或者器官组织损伤导致严重功能障碍的。

二、擅自进口固体废物罪的认定

本罪是结果犯,危害结果就是"致使公私财产遭受重大损失或者严重危害人体健康",因此,对于危害结果的认定是判定罪与非罪的关键。《最高人民法院、最高人民检察院关于办理环境污染刑事案件适用法律若干问题的解释》规定的八种情形是认定危害结果是否发生的依据。对于不满足规定条件的,可以进行行政处罚,我国有关固体废物进口的法律法规中都有相应的处罚措施。如根据《固体废物污染环境防治法》规定,海关可责令退运该固体废物,可以并处十万元以上一百万元以下的罚款。

三、擅自进口固体废物罪的刑罚处罚

1.造成重大环境污染事故,致使公私财产遭受重大损失或者严重危害人体健康的,处五年以下有期徒刑或者拘役,并处罚金。"造成重大环境污染事故,致使公私财产遭受重大损失或者严重危害人体健康的"情节依据《最高人民法院、最高人民检察院关于办理环境污染刑事案件适用法律若干问题的解释》第一条、第二条的规定认定。

2.后果特别严重的,处五年以上十年以下有期徒刑,并处罚金。"后果特别严重的"情节,依据《最高人民法院、最高人民检察院关于办理环境污染刑事案件适用法律若干问题的解释》第三条的规定认定。

3.从重及酌情从宽处理的情形依据《最高人民法院、最高人民检察院关于办理环境污染刑事案件适用法律若干问题的解释》第四条、第五条、第八条的规定认定。

相关法律条文

《刑法》

第三百三十九条 未经国务院有关主管部门许可，擅自进口固体废物用作原料，造成重大环境污染事故，致使公私财产遭受重大损失或者严重危害人体健康的，处五年以下有期徒刑或者拘役，并处罚金；后果特别严重的，处五年以上十年以下有期徒刑，并处罚金。

以原料利用为名，进口不能用作原料的固体废物、液态废物、气态废物的，依照本法第一百五十二条第二款、第三款的规定定罪处罚。

第三百四十六条 单位犯本节第三百三十八条至第三百四十五条规定之罪的，对单位判处罚金，并对其直接负责的主管人员和其他直接责任人员，依照本节各该条的规定处罚。

《固体废物污染环境防治法》

第七十八条 违反本法规定，将中华人民共和国境外的固体废物进境倾倒、堆放、处置的，进口属于禁止进口的固体废物或者未经许可擅自进口属于限制进口的固体废物用作原料的，由海关责令退运该固体废物，可以并处十万元以上一百万元以下的罚款。构成犯罪的，依法追究刑事责任。进口者不明的，由承运人承担退运该固体废物的责任，或者承担该固体废物的处置费用。

逃避海关监管将中华人民共和国境外的固体废物运输进境，构成犯罪的，依法追究刑事责任。

《最高人民法院、最高人民检察院关于办理环境污染刑事案件适用法律若干问题的解释》

第一条 实施《刑法》第三百三十八条规定的行为，具有下列情形之一的，应当认定为“严重污染环境”：

（一）在饮用水水源一级保护区、自然保护区核心区排放、倾倒、处置有放射性的废物、含传染病病原体的废物、有毒物质的；

（二）非法排放、倾倒、处置危险废物三吨以上的；

（三）非法排放含重金属、持久性有机污染物等严重危害环境、损害人体健康的污染物超过国家污染物排放标准或者省、自治区、直辖市人民政府根据法律授权制定的污染物排放标准三倍以上的；

（四）私设暗管或者利用渗井、渗坑、裂隙、溶洞等排放、倾倒、处置有放射性的废物、含传染病病原体的废物、有毒物质的；

(五)两年内曾因违反国家规定,排放、倾倒、处置有放射性的废物、含传染病病原体的废物、有毒物质受过两次以上行政处罚,又实施前列行为的;

(六)致使乡镇以上集中式饮用水水源取水中断十二小时以上的;

(七)致使基本农田、防护林地、特种用途林地五亩以上,其他农用地十亩以上,其他土地二十亩以上基本功能丧失或者遭受永久性破坏的;

(八)致使森林或者其他林木死亡五十立方米以上,或者幼树死亡二千五百株以上的;

(九)致使公私财产损失三十万元以上的;

(十)致使疏散、转移群众五千人以上的;

(十一)致使三十人以上中毒的;

(十二)致使三人以上轻伤、轻度残疾或者器官组织损伤导致一般功能障碍的;

(十三)致使一人以上重伤、中度残疾或者器官组织损伤导致严重功能障碍的;

(十四)其他严重污染环境的情形。

第二条　实施《刑法》第三百三十九条、第四百零八条规定的行为,具有本解释第一条第六项至第十三项规定情形之一的,应当认定为“致使公私财产遭受重大损失或者严重危害人体健康”或者“致使公私财产遭受重大损失或者造成人身伤亡的严重后果”。

第三条　实施《刑法》第三百三十八条、第三百三十九条规定的行为,具有下列情形之一的,应当认定为“后果特别严重”:

(一)致使县级以上城区集中式饮用水水源取水中断十二个小时以上的;

(二)致使基本农田、防护林地、特种用途林地十五亩以上,其他农用地三十亩以上,其他土地六十亩以上基本功能丧失或者遭受永久性破坏的;

(三)致使森林或者其他林木死亡一百五十立方米以上,或者幼树死亡七千五百株以上的;

(四)致使公私财产损失一百万元以上的;

(五)致使疏散、转移群众一万五千人以上的;

(六)致使一百人以上中毒的;

(七)致使十人以上轻伤、轻度残疾或者器官组织损伤导致一般功能障碍的;

(八)致使三人以上重伤、中度残疾或者器官组织损伤导致严重功能障碍的;

(九)致使一人以上重伤、中度残疾或者器官组织损伤导致严重功能障碍,并致使五人以上轻伤、轻度残疾或者器官组织损伤导致一般功能障碍的;

(十)致使一人以上死亡或者重度残疾的;

（十一）其他后果特别严重的情形。

第四条　实施《刑法》第三百三十八条、第三百三十九条规定的犯罪行为，具有下列情形之一的，应当酌情从重处罚：

（一）阻挠环境监督检查或者突发环境事件调查的；

（二）闲置、拆除污染防治设施或者使污染防治设施不正常运行的；

（三）在医院、学校、居民区等人口集中地区及其附近，违反国家规定排放、倾倒、处置有放射性的废物、含传染病病原体的废物、有毒物质或者其他有害物质的；

（四）在限期整改期间，违反国家规定排放、倾倒、处置有放射性的废物、含传染病病原体的废物、有毒物质或者其他有害物质的。

实施前款第一项规定的行为，构成妨害公务罪的，以污染环境罪与妨害公务罪数罪并罚。

第五条　实施《刑法》第三百三十八条、第三百三十九条规定的犯罪行为，但及时采取措施，防止损失扩大、消除污染，积极赔偿损失的，可以酌情从宽处罚。

第十二条　本解释发布实施后，《最高人民法院关于审理环境污染刑事案件具体应用法律若干问题的解释》（法释〔2006〕4号）同时废止；之前发布的司法解释和规范性文件与本解释不一致的，以本解释为准。

第四节　走私废物罪

一、走私废物罪的概念及特征

走私废物罪，是指违反海关法规和国家关于固体废物、液态废物、气态废物管理的规定，逃避海关监管，将境外固体废物、液态废物、气态废物运输进境的行为。

1997年《刑法》增设了走私固体废物罪，但没有规定走私液态废物和气态废物构成犯罪。2002年通过《刑法修正案（四）》对其进行修改，把走私液态废物和气态废物纳入走私废物罪的范围。《最高人民法院、最高人民检察院关于执行〈中华人民共和国刑法〉确定罪名的补充规定（二）》，取消走私固体废物罪，增设走私废物罪。

本罪的特征是：

（一）主体

犯罪主体为一般主体，自然人和单位均可成为本罪的主体。主要是指具备废物进口条件的单位和废物利用单位，没有进口资格的单位也是本罪的犯罪主体。

(二)主观方面

主观方面是故意,即明知是境外的固体废物、液态废物、气态废物,却逃避海关监管,将其偷运入境。如果受外方欺骗,将固体废物、液态废物、气态废物误认为是普通货物、物品偷运入境的,则构成走私普通货物、物品罪。如果没有逃避海关监管将固体废物运入国境的,构成擅自进口固体废物罪。

(三)客体

本罪的客体是海关监管制度和国家禁止固体废物、液态废物和气态废物进境的制度。犯罪对象是废物,包括固体废物、液态废物和气态废物。为保护环境卫生,我国制定了《固体废物污染环境防治法》《废物进口环境保护管理暂行规定》《关于废物进口环境保护管理暂行规定的补充规定》《环境保护法》《大气污染防治法》《水污染防治法》《海洋环境保护法》等涉及固体废物、液态废物和气态废物管理的法律法规,建立了废物进口的海关监管制度和进境的管理制度。

(四)客观方面

客观方面为违反海关法规和国家有关规定,逃避海关监管,将境外的固体废物、液态废物、气态废物运输进境的行为。具体表现为:一是行为违法,即违反海关法规和国家有关规定,逃避海关监管;二是情节严重。《最高人民法院关于审理走私刑事案件具体应用法律若干问题的解释(二)》第六条规定了"情节严重"的情形。

二、走私废物罪的认定

(一)罪与非罪的判定

走私境外废物行为是否构成犯罪,一是看走私的境外废物数量,二是看造成的后果,情节严重的才构成犯罪。《最高人民法院关于审理走私刑事案件具体应用法律若干问题的解释(二)》规定,逃避海关监管,走私国家禁止进口的废物或者国家限制进口的可用作原料的废物,具有下列情形之一的,属于"情节严重":(1)走私国家禁止进口的危险性固体废物、液态废物分别或者合计达到一吨以上不满五吨的。(2)走私国家禁止进口的非危险性固体废物、液态废物分别或者合计达到五吨以上不满二十五吨的。(3)未经许可,走私国家明令限制进口的可用作原料的固体废物、液态废物分别或者合计达到二十吨以上不满一百吨的。(4)走私国家禁止进口的废物并造成重大环境污染事故。如果进口废物数量没有达到司法解释规定的标准,同时又没有造成重大环境污染事故的,就不属于情节严重,不构成犯罪。

(二)走私废物罪与非法处置进口的固体废物罪的区别

两罪的主体相同,对象都可以是固体废物,都涉及对我国环境卫生的破坏,都是故意犯罪，主要区别表现在：

1. 客体不同。本罪的客体是海关监管制度和国家禁止固体废物、液态废物和气态废物进境的制度；而后罪的客体是国家对固体废物污染环境的防治制度。

2. 客观方面不同。本罪表现为逃避海关的监管，非法将境外的废物运入境内；而后罪是将境外的固体废物在境内非法倾倒、堆放、处置。

3. 对象不同。本罪侵犯的对象包括固体废物、液态废物和气态废物；而后罪侵犯的对象只有固体废物，不包括液态废物和气态废物。

（三）走私废物罪与擅自进口固体废物罪的区别

1. 对象不同。走私废物罪的对象包括国家允许进口的固体废物、液态废物、气态废物，也包括国家禁止进口的固体废物、液态废物、气态废物；而后罪仅限于国家限制进口的可作原料的固体废物。

2. 行为表现不同。走私废物罪表现为逃避海关的监管，非法将境外的废物运入境内；而后罪为未经国务院有关部门批准擅自进口可作原料的固体废物。

3. 结果不同。走私废物罪是行为犯罪，只要实施了走私固体废物、液态废物、气态废物的行为，情节严重的就构成犯罪；而后罪必须"造成重大环境污染事故，致使公私财产遭受重大损失或者严重危害人体健康的"才构成犯罪。

四、走私废物罪的刑罚处罚

1. 犯本罪的，处五年以下有期徒刑，并处或者单处罚金。

2. 情节特别严重的，处五年以上有期徒刑，并处罚金。"情节特别严重的"的情节依据《最高人民法院关于审理走私刑事案件具体应用法律若干问题的解释（二）》第七条的规定认定。

相关法律条文

《刑法修正案（四）》

二、在第一百五十二条中增加一款作为第二款："逃避海关监管将境外固体废物、液态废物和气态废物运输进境，情节严重的，处五年以下有期徒刑，并处或者单处罚金；情节特别严重的，处五年以上有期徒刑，并处罚金。"

原第二款作为第三款，修改为："单位犯前两款罪的，对单位判处罚金，并对其直接负责的主管人员和其他直接责任人员，依照前两款的规定处罚。"

五、将《刑法》第三百三十九条第三款修改为："以原料利用为名，进口不能用作原料的固体废物、液态废物和气态废物的，依照本法第一百五十二条第二款、第三款的规定定罪处罚。"

《最高人民法院关于审理走私刑事案件具体应用法律若干问题的解释(二)》

第六条　逃避海关监管,走私国家明令禁止进口的废物或者国家限制进口的可用作原料的废物,具有下列情形之一的,属于《刑法》第一百五十二条第二款规定的“情节严重”,以走私废物罪判处五年以下有期徒刑,并处或者单处罚金:

(一)走私国家禁止进口的非危险性固体废物、液态废物分别或者合计达到一吨以上不满五吨的;

(二)走私国家禁止进口的非危险性固体废物、液态废物分别或者合计达到五吨以上不满二十五吨的;

(三)未经许可,走私国家限制进口的可用作原料的固体废物、液态废物分别或者合计达到二十吨以上不满一百吨的;

(四)走私国家禁止进口的废物并造成重大环境污染事故。

第七条　走私国家禁止进口的废物或者国家限制进口的可用作原料的废物的数量,超过本解释第六条规定的数量标准,或者达到了规定的数量标准并造成重大环境污染事故,或者虽未达到规定的数量标准但造成重大环境污染事故且后果特别严重的,属于《刑法》第一百五十二条第二款规定的“情节特别严重”,以走私废物罪判处五年以上有期徒刑,并处罚金。

第八条　经许可进口国家限制进口的可用作原料的废物时,偷逃应缴税额,构成犯罪的,应当依照《刑法》第一百五十三条规定,以走私普通货物罪定罪处罚;既未经许可,又偷逃应缴税额,同时构成走私废物罪和走私普通货物罪的,应当按照《刑法》处罚较重的规定定罪处罚。

虽经许可,但超过许可数量进口国家限制进口的可用作原料的废物,超过部分以未经许可论。

第九条　走私置于容器中的气态废物的,参照本解释规定的有关固体废物、液态废物的定罪数量标准和处罚原则处理。

第十条　本解释施行后,最高人民法院法释〔2000〕30 号《关于审理走私刑事案件具体应用法律若干问题的解释》中有关走私固体废物犯罪的规定不再执行。

第五节　环境监管失职罪

一、环境监管失职罪的概念及特征

环境监管失职罪,是指负有环境保护监督管理职责的国家机关工作人员严重不负责任,导致发生重大环境污染事故,致使公私财产遭受重大损失或者造成人身伤亡的严重后果的行为。《刑法》规定了环境监管失职罪。

本罪的特征是：

（一）主体

本罪的犯罪主体是特殊主体，是指根据《刑法》规定对环境保护负有监督管理职责的国家机关工作人员。界定本罪的犯罪主体，首先应当弄清两个重要概念：第一，国家机关工作人员的范围；第二，负有环境保护监管职责的人员。现行《刑法》规定渎职罪的犯罪主体是国家机关工作人员，全国人大常委会《关于〈中华人民共和国刑法〉第九章渎职罪主体适用问题的解释》做出了较为明确的规定，即在依照法律、法规规定行使国家行政管理权的组织中从事公务的人员；在受国家机关委托代表国家机关行使职权的组织中从事公务的人员；虽未列入国家机关人员编制但在国家机关中从事公务的人员。在代表国家机关行使职权时，有渎职行为，构成犯罪的，依照《刑法》关于渎职罪的规定追究刑事责任。负有环境保护监督管理职责的国家机关工作人员，具体是指在国务院环境保护行政主管部门、县级以上地方人民政府环境保护行政主管部门从事环境保护工作的人员，以及在国家海洋行政主管部门、港务监督、渔政渔港监督、军队环境保护部门和各级公安、交通、铁路、民航管理部门中，依照有关法律的规定对环境污染防治实施监督管理的人员。此外，县级以上人民政府的土地、矿产、林业、农业、水利行政主管部门中依照有关法律的规定对资源的保护实施监督管理的人员，也可以构成本罪的主体。总之，本罪主体范围十分广泛，并不局限于某一特定部门，凡对环境保护负有监督管理职责的工作人员，无论在政府的何种部门工作，都可以构成本罪。

（二）主观方面

本罪在主观方面必须出于过失，即针对发生重大环境污染事故，致使公私财产遭受重大损失或者造成人身伤亡的严重后果而言，是应当预见却由于疏忽大意而没有预见，或者虽然预见但却轻信能够避免，以致发生严重后果。

（三）客体

本罪的客体是国家对保护环境防治污染的管理制度。环境是人类赖以生存和发展的基础。保护环境是所有单位和个人应尽的义务，更是环境保护部门及其工作人员的职责。环境保护部门的工作人员，因严重不负责任，造成重大环境污染事故，导致公私财物重大损失或者人身伤亡的，是一种严重的渎职行为，必须依法予以刑事制裁。

（四）客观方面

本罪在客观方面表现为严重不负责任，导致发生重大环境污染事故，致使公私财产遭受重大损失或者造成人身伤亡的严重后果的行为。必须具备以下三个方面的条件：

1.必须有严重不负责任的行为。严重不负责任，是指行为人有我国《环境保护法》《水污染防治法》《大气污染防治法》《海洋环境保护法》《固体废物污染防治法》等法律及其他有关法规所规定的关于环境保护部门监管工作人员不履行职责，工作极不负责的行为。从行为表现上看，本罪作为、不作为两种方式皆可。不作为方式主要是指不依法履行法定职责，即行为人玩忽职守，不履行应尽的监管义务。如：在建设项目的环评和审批上，特别是对建设项目的环境影响评价报告书不审查，或者对防治污染的设施不进行审查验收即批准投入生产或使用。作为方式主要是指不正确履行法定职责，即行为人违反环境保护法律法规规定，滥用职权、徇私舞弊，造成重大环境污染事故。如负有环境监管职责的国家机关工作人员滥用职权，违反规定发放排污许可证或滥用限期治理、停产治理决定权。

2.必须导致重大环境污染事故发生，致使公私财产遭受重大损失或者造成人身伤亡的严重后果。所谓环境污染，是指由于有关单位违反法律、法规规定，肆意、擅自向土地、水体、大气排放、倾倒或者处置有放射性的废物、含传染病病原体的废物、有毒物质或其他有害物质，致使土地、水体、大气等环境的物理、化学、生物或者放射性等方面特性改变，影响环境的有效利用、危害人体健康或者破坏生态环境，造成环境恶化的现象。《最高人民法院、最高人民检察院关于办理环境污染刑事案件适用法律若干问题的解释》第一条规定了严重污染环境的十四种情形。《最高人民检察院关于渎职侵权犯罪案件立案标准的规定》规定了"致使公私财产遭受重大损失或者造成人身伤亡的严重后果"的八种情形：(1)造成死亡一人以上，或者重伤三人以上，或者重伤二人、轻伤四人以上，或者重伤一人、轻伤七人以上，或者轻伤十人以上的。(2)导致三十人以上严重中毒的。(3)造成个人财产直接经济损失十五万元以上，或者直接经济损失不满十五万元，但间接经济损失七十五万元以上的。(4)造成公共财产、法人或者其他组织财产直接经济损失三十万元以上，或者直接经济损失不满三十万元，但间接经济损失一百五十万元以上的。(5)虽未达到(3)(4)两项数额标准，但(3)(4)两项合计直接经济损失三十万元以上，或者合计直接经济损失不满三十万元，但合计间接经济损失一百二十万元以上的。(6)造成基本农田或者防护林地、特种用途林地十亩以上，或者基本农田以外的耕地五十亩以上，或者其他土地七十亩以上被严重毁坏的。(7)造成生活饮用水地表水源和地下水源严重污染的。(8)其他致使公私财产遭受重大损失或者造成人身伤亡严重后果的情形。

3.严重不负责任行为与造成的重大损失结果之间，必须具有刑法上的因果关系，这是确定刑事责任的客观基础。严重不负责任行为与造成的严重危害结果之间的因果关系错综复杂，构成本罪，应当追究刑事责任的，则是指严重不负责任行为与造成的严重危害后果之间有必然因果联系的行为。

二、环境监管失职罪的认定

（一）罪与非罪的判定

1. 环境监管失职罪与工作失误的区别。工作失误是行为人由于做出错误决策，导致公共财产、国家和人民利益遭受损失的行为，行为人一般缺乏犯罪所必须具备的主观要件。

2. 环境监管失职罪与一般环境监管失职行为的区别。一般环境监管失职行为是行为人具有环境监管失职行为，但并没有造成公私财产、国家和人民利益遭受重大损失或者人身伤亡的严重后果，或者虽然造成了损失但并没有达到《刑法》所规定的重大损失的程度。二者的主要区别在于：(1)主观方面不同。环境监管失职罪要求行为人主观方面存在犯罪过失；如果行为人主观上并不存在过错，或者虽有过错，但危害结果的发生已经超出其职务的预见，则不构成本罪。若行为人业务水平和工作能力不足或者其他非主观因素而做出错误决策，导致发生公私财产的重大损失或者人身伤亡的严重后果，此种情况下，由于行为人缺乏犯罪所具备的主观要件，所以不以犯罪论处。(2)客观方面不同。环境监管失职罪要求行为人存在严重不负责任的行为，必须造成重大环境污染事故，致使公私财产遭受重大损失或者造成人身伤亡的严重后果；一般环境监管失职行为是指行为人虽然在客观上存在监管失职的行为，但其失职行为并没有造成重大环境污染事故及人员伤亡和财产损失。

（二）环境监管失职罪与重大责任事故罪的区别

1. 主体不同。环境监管失职罪的主体只能为国家机关工作人员及虽不是国家机关工作人员，但代表国家机关行使环境监管职责的国家机关中从事公务的人员；重大责任事故罪的主体是生产、作业人员。

2. 客体不同。环境监管失职罪的客体是国家机关的正常管理活动；重大责任事故罪的客体则是公共安全。

3. 客观表现形式不同。环境监管失职罪往往表现为行为人严重不负责任，不履行或者不认真、不正确履行法律所赋予的环境监管职责；重大责任事故罪，则一般表现为行为人不服从管理、违反规章制度，或者强令工人违章冒险作业。

4. 犯罪行为发生的场合不同。环境监管失职罪只能发生在国家机关的环境监管活动过程中；而重大责任事故罪却是发生在生产作业过程中。

（三）环境监管失职罪与污染环境罪的区别

1. 主体不同。环境监管失职罪的主体是负有环境保护监督管理职责的国家机关工作人员，属于特殊主体；污染环境罪的主体是一般主体，只要是达到刑事责任年龄、具有刑事责任能力的自然人，以及能够成为犯罪主体的单位，均能构成此罪的主体。

2.客体不同。环境监管失职罪的客体为国家对环境保护工作的正常监督管理活动，属于渎职犯罪；污染环境罪的客体是国家环境保护和环境污染防治的管理制度，属于破坏环境卫生的犯罪。

3.客观表现不同。环境监管失职罪在客观上表现为负有环境保护监督管理职责的国家机关工作人员在依法履行环境保护监督管理职责的过程中严重不负责任，不依法履行或者不正确履行法定职责，发生重大环境污染事故，造成人身伤亡的严重后果或者导致公私财产遭受重大损失的行为；污染环境罪则表现为行为人违反国家规定，排放、倾倒或者处置有放射性的废物、含传染病病原体的废物、有毒物质或者其他有害物质，造成严重环境污染的行为。

三、环境监管失职罪的刑罚处罚

构成环境监管失职罪的，处三年以下有期徒刑或者拘役。

相关法律条文

《刑法》

第四百零八条　负有环境保护监督管理职责的国家机关工作人员严重不负责任，导致发生重大环境污染事故，致使公私财产遭受重大损失或者造成人身伤亡的严重后果的，处三年以下有期徒刑或者拘役。

《最高人民法院、最高人民检察院关于办理环境污染刑事案件适用法律若干问题的解释》

第一条　实施《刑法》第三百三十八条规定的行为，具有下列情形之一的，应当认定为“严重污染环境”：

（一）在饮用水水源一级保护区、自然保护区核心区排放、倾倒、处置有放射性的废物、含传染病病原体的废物、有毒物质的；

（二）非法排放、倾倒、处置危险废物三吨以上的；

（三）非法排放含重金属、持久性有机污染物等严重危害环境、损害人体健康的污染物超过国家污染物排放标准或者省、自治区、直辖市人民政府根据法律授权制定的污染物排放标准三倍以上的；

（四）私设暗管或者利用渗井、渗坑、裂隙、溶洞等排放、倾倒、处置有放射性的废物、含传染病病原体的废物、有毒物质的；

（五）两年内曾因违反国家规定，排放、倾倒、处置有放射性的废物、含传染病病原体的废物、有毒物质受过两次以上行政处罚，又实施前列行为的；

（六）致使乡镇以上集中式饮用水水源取水中断十二小时以上的；

（七）致使基本农田、防护林地、特种用途林地五亩以上，其他农用地十亩以上，其他土地二十亩以上基本功能丧失或者遭受永久性破坏的；

（八）致使森林或者其他林木死亡五十立方米以上，或者幼树死亡二千五百株以上的；

（九）致使公私财产损失三十万元以上的；

（十）致使疏散、转移群众五千人以上的；

（十一）致使三十人以上中毒的；

（十二）致使三人以上轻伤、轻度残疾或者器官组织损伤导致一般功能障碍的；

（十三）致使一人以上重伤、中度残疾或者器官组织损伤导致严重功能障碍的；

（十四）其他严重污染环境的情形。

第七章 现代卫生技术与犯罪

第一节 死亡标准与犯罪

一、人类死亡标准的历史演变

死亡,即生命的终止。人类死亡判断标准正在经历从心死亡到脑死亡的演变过程。早期受医学科学与医疗技术的限制,人类以呼吸停止作为死亡的标准,随着医学科学的发展,心肺死亡说逐步取代呼吸停止说,成为人类公认的传统死亡标准,这也是中国现行法律承认的死亡标准。20 世纪 60 年代,随着现代医学的发展,脑死亡标准出现,传统死亡标准(心肺死亡说)受到前所未有的挑战。

(一)传统的死亡标准

传统的死亡概念即心肺呼吸停止概念。从死亡判定标准的历史演进看,人类最初的死亡判定标准是呼吸停止标准,即呼吸停止说。这种观点在很长时期都占据主导地位。1628 年,德国医生威廉·哈维通过动物试验的方法验证了心脏与血液循环的关系机理,并重新界定了心脏在人体中的地位,从一个侧面宣告了呼吸停止说的过时和一种新的死亡判定标准——心肺死亡说的问世。在此后的 300 多年时间里,心肺死亡标准取代呼吸停止标准,成为死亡判断的基本标准,并一直主导传统医学与法律实践。美国《布莱克法律词典》和英国《牛津法律大词典》都认为,死亡的最主要标准是心跳、脉搏和呼吸的停止。我国出版的《辞海》也将心跳和呼吸的停止作为判断死亡的主要标准。医学临床上也一直是以心跳停止、呼吸和血压消失以及体温下降作为宣告死亡的依据。

(二)现代脑死亡标准

1.“脑死亡”概念首先产生于法国。1959 年,法国学者 P. Mollaret 和 M. Goulon 在第 23 届国际神经学会上首次提出“昏迷过度”(Le Coma Dépassé)的概念,同时报道了存在这种病理状态的 23 个病例,并开始使用“脑死亡”一词。1963 年英国的 Potter 一案初次奠定了脑死亡标准的判例效力;1968 年,在第 22 届世界医学大会上,美国哈佛医学脑死亡定义审查特别委员会提出将“脑功能不可逆性丧失”作为新的死亡标准。现代医学科学研究表明,死亡是一个人体多器官功能的逐步丧失和分层次进行的复杂过程，心跳和呼吸的停止作为过程中的一个层次，并不预示着人作为一个整体死亡的必然发生。而且，心肺功能丧失具有医学可逆性，在心脏起搏器、人工呼吸机等先进医疗设备的帮助下，可以使生命进行长时间的人工维持。特别是心脏移植技术的临床应用，表明心脏是可以替换的，它与生命亦非同一，因而不是生命的象征。人脑是生命中枢，脑死后，其他器官功能不可逆转地相继丧失，并且脑死亡不可逆转，也不能使用替代疗法。迄今为止的最高医学成就仍然不能就脑功能丧失的可逆性做出有说服力的预期。因此，死亡判定的医学规则——脑死亡标准也就应运而生。

随着现代生命科学技术发展所带来的人们生命观念的日益理性化，越来越多的人开始接受了脑死亡这一相对更为科学和准确的死亡概念。芬兰、法国、阿根廷、澳大利亚、意大利、西班牙、日本、美国等制定有涉及脑死亡的立法，并直接以立法的形式承认脑死亡为宣布人死亡的依据。

2. 脑死亡概念的界定。脑死亡的概念在世界范围内并不统一。不同地区的学者对脑死亡的定义持不同看法：目前，许多国家和地区采用全脑死亡的概念，欧洲部分国家采用脑干死亡的概念，北欧各国认为是脑循环的不可逆转停止引起脑死亡，故称脑死亡为全脑梗塞。1973 年，第八届国际脑波·临床神经生理学大会提出了更为详细的定义，即“脑死亡是包括小脑、脑干，直至第一颈髓的全脑机能的不可逆转的丧失”。尽管脑死亡患者的其他脏器机能尚可以通过人工呼吸、药物疗法、输液、电解质的补充而得以维持，但这种状态绝不能持续长久。一般是脑机能丧失后 1～5 日以内，心脏跳动也随之停止。

一般认为，脑死亡(Brain Death)是指原发于脑组织严重外伤或脑的原发性疾病，致使脑的功能不可逆转地停止，最终导致人体的死亡。包括大脑、小脑和脑干在内的全脑死亡，即脑功能永久性不可逆地完全丧失。

3. 脑死亡判定标准。

第一，哈佛标准。1968 年，在第 22 届世界医学大会上，美国哈佛医学院脑死亡定义审查特别委员会提出将“脑功能不可逆性丧失”作为新的死亡标准，并制定了世界上第一个脑死亡诊断标准(哈佛标准)。该标准包含以下四个方面：(1)不可逆的深度昏迷。(2)自发呼吸停止。(3)脑干反射消失。(4)脑电波消失(平坦)。

凡符合以上标准，并在 24 小时或 72 小时内反复测试，多次检查，结果无变化，即可宣告死亡。但需排除体温过低(＜32.2℃)或刚服用过巴比妥类及其他中枢神经系统抑制剂两种情况。

除 1968 年美国哈佛大学脑死亡诊断标准外，各地制定了多种脑死亡诊断标准。但是“哈佛标准”是目前所有实行脑死亡的最权威标准，即便后来的标准发生了变化，但是其核心思想依然是“哈佛标准”，世界上许多地区还是采用“哈佛标准”或与其相近的标准。

第二，国际组织标准。世界卫生组织建立的国际医学科学组织委员会规定死亡标准为：(1)对环境失去一切反应。(2)完全没有反射和肌张力。(3)停止自主呼吸。(4)动脉压陡降。(5)脑电图平直。

第三，中国标准。在我国尽管脑死亡尚未合法化，但是原卫生部曾经制定《中国脑死亡诊断标准(成人)》，提出：(1)先决条件包括为昏迷原因明确，排除各种原因的可逆性昏迷。(2)诊断标准为深度昏迷，脑干反射全部消失，无自主呼吸。以上必须全部具备。(3)确认试验，脑电图平直，经颅脑多普勒超声呈脑死亡图形，体感诱发电位P十四以上波形消失。此三项中必须有一项阳性。(4)脑死亡观察时间为首次确诊后，观察12小时无变化，方可确认为脑死亡。

二、现代脑死亡标准对传统刑事责任理论与制度的挑战

死亡是自然人生命的终止，也标志着其承担责任和履行义务的终结，因此死亡在法律上具有十分重要的意义。由于在脑死亡概念出现之前，世界各地包括我国在内普遍使用心肺死亡标准，法律中关于死亡的规定均是建立在心肺死亡标准之上，因此脑死亡医学死亡标准势必会与现行法律产生冲突，并对传统刑事责任理论与制度带来挑战。

(一)脑死亡标准对定罪与量刑制度的挑战

脑死亡标准对传统的刑事责任理论与制度都带来了很大的挑战，而脑死亡标准的推行对故意杀人罪、故意伤害罪、过失致人死亡罪等案件的影响尤为突出。

1.脑死亡标准对此罪与彼罪界定的影响。依据传统的刑法理论与制度，死亡结果的发生经常成为区分此罪与彼罪的具有决定意义的要素。例如，根据《刑法》，过失致人死亡罪与过失致人重伤罪的关键在于法定的危害结果不同，前者的危害结果是他人的死亡，后者的危害结果是他人的重伤。行为人由于其过失行为导致他人处于“脑死亡”而心跳和呼吸尚存状态，以“脑死亡”为判定标准，则构成过失致人死亡罪，而以“心肺死亡”为判定标准，则构成过失致人重伤罪。

2.脑死亡标准对犯罪法定刑轻重的影响。以故意伤害罪为例，《刑法》第二编第二百三十四条规定：“故意伤害他人身体的，处三年以下有期徒刑、拘役或者管制。犯前款罪，致人重伤的，处三年以上十年以下有期徒刑；致人死亡或者以特别残忍手段致人重伤造成严重残疾的，处十年以上有期徒刑、无期徒刑或者死刑。本法另有规定的，依照规定。”被告人以伤害他人的故意实施暴力行为造成被害人处于“脑死亡”而心跳和呼吸尚存状态，若采用脑死亡标准则构成故意伤

害致人死亡，处十年以上有期徒刑、无期徒刑、死刑；若采用传统心肺死亡标准，则构成故意伤害致人重伤，处三年以上十年以下有期徒刑。有学说认为，脑死亡标准一旦采用，行为人的行为就会因为死亡标准的选择不同而加重对其的处罚，并且有可能将故意伤害罪扩大化。

3.脑死亡标准对犯罪既遂与未遂认定的影响。以故意杀人罪为例，行为人实施故意杀人行为导致被害人处于“脑死亡”而心跳和呼吸尚存状态，或者行为人对处于“心肺死亡”状态的人实施杀人行为导致被害人处于“脑死亡”而心跳和呼吸尚存状态，依据心肺死亡标准被告人构成故意杀人罪“未遂”，依据脑死亡标准则构成故意杀人罪“既遂”。而未遂和既遂在处罚上其量刑幅度必然会有很大差异。

（二）脑死亡标准对传统的刑事责任追究制度的挑战

死亡结果的发生与否在一些法定情形下也会影响到刑事责任的追究，依照《刑事诉讼法》的规定，在刑事诉讼中有许多因当事人的死亡而影响诉讼程序的情形。例如《刑事诉讼法》第十五条规定：“有下列情形之一的，不追究刑事责任，已经追究的，应当撤销案件，或者不起诉，或者终止审理，或者宣告无罪：……(5)犯罪嫌疑人、被告人死亡的。”若犯罪嫌疑人或被告人在犯罪后因某种原因（如自伤或患病）造成脑死亡但心跳尚存，按照“心死说”，其具有生命气息，属于法律意义上的人，故仍然需追究其刑事责任；反之，如果采取“脑死说”的标准，其已经不再具有生命气息，不再属于法律意义上的人，由于被告人已经不存在，追究其刑事责任便失去法律依据。

三、现代脑死亡标准的刑法应对

（一）境外脑死亡立法模式及刑事责任制度

随着脑死亡标准在医学界的公认，目前，世界上已有80多个国家和地区接受了脑死亡标准，并有十几个国家和地区颁布了与脑死亡标准相关的法律，如英国、美国、意大利、德国、日本、瑞士、西班牙、葡萄牙、挪威、荷兰、墨西哥、澳大利亚、奥地利、阿根廷等，都先后为之制定了相应的法律标准，将脑死亡予以法律认可和规制。

就各国或地区脑死亡立法的状况来看，脑死亡在各国或地区的法律地位主要有以下三种情况：

1.制定有关脑死亡的法律，承认脑死亡是宣布人体死亡的依据，如芬兰、法国、阿根廷、澳大利亚、加拿大、意大利、西班牙、日本、美国的33个州等。其中，芬兰是国家法律接受脑死亡的第一个国家。在这些为脑死亡立法的国家或地区，脑死亡判定作为一种合法行为为刑法所允许。但是即便是在这些已经为脑死亡立法的国家,也会发生一些围绕脑死亡判定操作而引发的非法确定死亡的犯罪。“因为尽管这些国家的法律为脑死亡判定与操作规定了严格的程序和条件,但这些程序和要求在实践中的作用总是有限的。只要法律允许医生可以采取脑死亡标准宣布他人死亡,客观上就会有医生违反法定程序和条件而非法判定他人脑死亡。此外,不少医生出于器官移植或节约公共卫生资源等目的,也可能会以非法律认可的标准宣布他人已经死亡。”但是,在此情况下,各国刑法通常配置相对较轻的法定刑。如,日本1997年7月16日开始实施的《器官移植法》中就专门规定了违反程序而进行的脑死亡判定操作的犯罪。该法第二十一条第一款、第二款分别规定:“第六条第五项规定的书面文书中记载虚伪内容的,处以三年以下徒刑或者五十万日元以下的罚金,违反第六条第六项规定,没有交付该条第五项规定的书面文件就摘除器官的,处以一年以下徒刑或者三十万日元以下罚金。”这类行为一般都是程序违法,因而为死亡判断所独有而确立在脑死亡法中,罪过一般较轻。

2.没有制定正式的法律条文承认脑死亡,但也不禁止临床医疗实践中进行的脑死亡判定操作,在临床上已承认脑死亡状态并以之作为宣布死亡的依据,如新西兰、泰国、韩国、爱尔兰、捷克等。

3.不承认脑死亡可以作为宣布人死亡的判定标准。在这些不承认脑死亡概念的国家或地区,医生采脑死亡标准而宣布病人死亡或放弃对脑死亡者继续救治的行为往往要被指控为谋杀,并会依照有关杀人罪的规定追究行为人的刑事责任。

综上,从当前各地关于脑死亡说的立法的情况来看,几乎所有地区都没有完全用脑死亡标准取代心肺死亡标准,而是采用传统心肺死亡标准与脑死亡标准的二元死亡操作判定标准。

(二)我国脑死亡判定操作相关犯罪

1.与脑死亡有关的医疗事故罪。与脑死亡有关的医疗事故罪主要有以下几个方面的具体表现:(1)违反医疗诊治技术操作常规,造成脑伤病就诊者死亡或者身体健康受到严重损坏的。(2)脑伤病人需要进行必要的化验和病理检查,但工作人员推诿搪塞,以致严重影响临床救治,延误抢救时机,造成严重不良后果的。(3)在救治脑伤病患者的过程中,检验人员定错血型,手术过程中输血时造成患者死亡或严重损害其健康的不良后果的。(4)在救治脑伤病患者的手术进行后不久,尚需特别护理期间,护理人员工作不负责任,观察病情不细致,不按时巡视病房,病情发生变化时发现不及时,造成脑伤病患者脑死亡的。(5)护理人员擅离职守,工作失职,直接影响对脑伤病患者的治疗与护理,造成其脑死亡或健康严重受损的。(6)在进行救治脑伤病患者的手术过程中,误将纱布、医疗器械等遗留在受术者体内或伤口内,造成其死亡或健康受到不可逆转的严重损害的。(7)在对脑伤病患者施行救治手术过程中，抢救药品准备有误，延误抢救时机，造成患者脑死亡的。(8)进行救治脑伤病患者的手术过程中错用麻醉药物，造成患者脑死亡或严重伤害的。

以上行为都是医疗事故罪在脑死亡方面的具体体现。对于这些行为，危害后果一经产生，即构成医疗事故罪，应当依照《刑法》第三百三十五条规定的医疗事故罪加以定罪处罚。

2.与脑死亡有关的非法行医罪。非法行医罪在医疗实践中有多种表现形式，其中，涉及脑死亡的非法行医罪主要有以下几种表现：一是取得医师执业资格但没有掌握基本的脑死亡知识与判定技术的医生，违法为他人实施脑死亡判定，宣布他人脑死亡，因此而造成他人被火化、埋葬等；二是在明知医疗条件不符合国家规定的基本标准的情况下，医生违规为他人实施脑死亡判定操作，造成严重后果的；三是没有取得医师执业资格的人冒充医师为他人实施脑死亡判定造成严重后果的；四是没有取得医师执业资格的人违法为他人实施脑死亡判定，造成他人死亡或健康受到严重损害的。

医疗实践中，只要行为人实施了以上几种行为，都应当视其情节的轻重，依照《刑法》第三百三十六条的规定加以定罪处罚。

3.脑死亡操作中的故意杀人罪和过失致人死亡罪。脑死亡操作中，故意杀人罪与过失致人死亡罪主要有以下两个方面的表现：一是负责实施脑死亡判定的医师明知患者还没有真正脑死亡而出于各种目的(如为获取其器官用于器官移植等)提前对其进行脑死亡判定，故意宣布患者已经脑死亡，造成患者被火化、埋葬或其他严重后果的。

二是负责实施脑死亡判定操作的医师明知自己或其所在的医疗单位不具备为患者实施脑死亡判定操作的条件，而实施脑死亡判定操作，导致误判或者本还有救治可能的脑伤病患者死亡的，或者医师所在的医疗单位不具备实施脑死亡判定操作所需要的设备，但医师擅自在本单位为他人实施脑死亡判定的，等等。

实施上述与脑死亡有关的行为应分别情况，依照《刑法》第二百三十二条、第二百三十三条的规定，以故意杀人罪或过失致人死亡罪定罪处刑。

4.脑死亡操作中的故意伤害罪与过失致人重伤罪。实践中，与脑死亡操作有关的故意伤害罪与过失致人重伤罪，主要表现为偷取或强制摘取类脑死者的器官用于器官移植，以致造成其身体伤害。具体而言，主要包括以下几种情况：(1)偷取或强制摘取植物人、严重老年痴呆症患者、严重的低能儿或精神病人等的器官用于器官移植造成其身体伤害的。(2)因报复或出于其他目的而故意伤害植物人等类脑死者身体的。(3)在患者被判定为脑死亡后，负责摘取其器官用于器官移植的医生发现供体依旧具有生命体征，可能属于误判为脑死亡者的情形，而依旧摘取其器官用于器官移植，造成供体身体伤害的。

《刑法》第二百三十四条规定："故意伤害他人身体的，处三年以下有期徒刑、拘役或者管制。犯前款罪，致人重伤的，处三年以上十年以下有期徒刑；致人死亡或者以特别残忍手段致人重伤造成严重残疾的，处十年以上有期徒刑、无期徒刑或者死刑。本法另有规定的，依照规定。"第二百三十五条规定："过失伤害他人致人重伤的，处三年以下有期徒刑或者拘役。本法另有规定的，依照规定。"因此，行为人实施涉及脑死亡的上述行为而造成他人伤害时，应依法追究其刑事责任。

5. 与脑死亡有关的盗窃、侮辱尸体罪。在脑死亡方面，盗窃、侮辱尸体罪的主要表现为以下情形：(1)未经脑死者本人生前同意而在脑死者死亡后又未征得其家属同意而擅自从其遗体上摘取器官用于器官移植或者贩卖的。(2)未经脑死者本人生前同意而在脑死者死亡后又未征得其家属同意而擅自将其遗体用于医学教学或科研的。(3)以脑伤病患者死后摘取其器官用于移植或其他正当用途为由征得了患者本人同意捐献其器官或在患者脑死亡后征得了其家属同意捐献其器官，但实际上将脑死亡者的器官用于出卖等不正当用途的。(4)以脑伤病患者死后摘取其器官用于移植或其他正当用途为由征得了患者本人同意捐献其遗体用于器官移植或医学科研或教学，或在患者脑死亡后征得了其家属同意捐献脑死者的遗体用于医学科研或教学，但实际上将脑死亡者的遗体用于商业用途或其他非原先约定用途的(如用于制造木乃伊、用于展览或用于医学解剖等)。(5)其他盗窃脑死者遗体或侮辱脑死者遗体的情形。如对脑死亡者进行鞭尸、将脑死亡者的尸体非法肢解等。

根据我国《刑法》第三百零二条，犯盗窃、侮辱尸体罪的，处三年以下有期徒刑、拘役或者管制。因此，对于以上盗窃、侮辱脑死亡者遗体的行为，应当依照该规定定罪处罚。

(三)我国脑死亡判定操作犯罪的刑法应对

在我国，由于人们对脑死亡认识的日趋理性，尽管有法律和伦理的限制，但脑死亡标准已不止一次地被启用，从而向法律和传统的标准发起挑战，脑死亡立法是刑法应对现代脑死亡挑战的需要。借鉴国外立法经验，结合我国司法实践的需要，我国立法者应适时制定脑死亡法。就刑事立法来看，我国脑死亡立法应采用以下主要策略：

1. 刑法将脑死亡作为判定人死亡的唯一法定标准，即在刑事犯罪领域统一的对被害人(犯罪嫌疑人)依据脑死亡标准作为认定死亡的标准。如果被害人或犯罪嫌疑人已经脑死亡，则应当认定其已经死亡，并依此来判定犯罪嫌疑人是否应当承担刑事责任以及应当承担何种刑事责任。在我国，由于整个社会对脑死亡尚未完全接受，并且各级各类医疗机构在技术、设施诊疗水平等方面存在差异，因此，在民法上可以选择传统心肺死亡与脑死亡并存的死亡判定标准。但是，二元死亡标准在刑法中的应用必然导致性质相同的行为，由于死亡操作标准的不同，而出现罪与非罪以及此罪与彼罪、罪行轻重的不同结果，这与罪刑法定原则是根本对立的，所以，刑法只能采用一元死亡标准，将脑死亡作为判定人死亡的唯一法定标准。

2. 采用"专门规制模式"，在刑法中专门设立非法脑死亡判定操作罪。为了防范脑死亡判定操作被滥用而可能招致的负面效应，应当将那些严重违反条件与程序而进行的脑死亡判定行为单独设罪规制。

其原因在于：一方面，这类行为具有严重的社会危害性，其对于医疗行业的信用往往会带来致命的打击，在罪刑法定基本原则情况下，只有依靠在刑法中增设非法脑死亡判定操作罪对脑死亡判定标准非法操作进行刑法评价；另一方面，对于违反脑死亡判定操作标准严重危害社会的行为与刑法已有罪名在构成上不尽相同，采用参照规制模式与现代罪刑法定原则相违背。

3. 加强司法解释，充分利用现行刑法中已有的刑事责任制度惩罚脑死亡判定操作中的各种犯罪。例如，对于未取得医师执业资格而从事脑死亡判定，造成实际上尚有脑功能的患者终止生命的，应依照刑法关于非法行医罪的规定追究刑事责任；对于明知他人尚未脑死亡而为了获取器官或出于其他目的而非法宣判脑死亡，导致他人死亡的，应当依照刑法关于故意杀人罪的规定追究刑事责任。

第二节　"安乐死"与犯罪

一、"安乐死"及其对刑法理论的冲击

"安乐死"一词源于希腊文 euthanasia，原义为"快乐地死亡"。其常态行为为：撤除呼吸机的行为、给予镇痛药物的行为、停止治疗的行为、给予药物结束(缩短)生命的行为。

(一)"安乐死"实施与犯罪

1. 伴随着生命缩短副作用的止痛药实施的"安乐死"。依据现代刑法理论，故意或者过失引起他人死亡，即构成故意杀人罪或过失致人死亡罪。如果医护人员受利益驱使而实施"安乐死"，或者不能排除是其给予病人药物的行为导致了病人死亡，即满足了刑法故意杀人罪的构成要件。但是，当法益之间发生冲突时，身患绝症的病人疼痛难忍时，止痛药能够帮助其减轻难以忍受的痛苦，尽管

会以生命缩短为代价，但是，此时同生命维持相比其所涉及的利益价值较大，正常的价值关系在特定的情形下被颠覆。当忍受疼痛对于生命已不再有意义，那么就仅仅只是一个缓解疼痛的问题了，而决定拯救价值较高的利益的行为并不构成违法。

2.放弃生命延长治疗的“安乐死”(被动的 Euthanasie)。对于放弃生命延长治疗的“安乐死”亦称之为被动的“安乐死”。严格地讲，放弃是指根本上排除了一个生命延长的治疗。依据现代刑法理论，行为人负有作为的义务时，其不作为应受刑罚处罚。医护人员对病人的生命和健康负有特别照顾义务，如放弃了尽全力维护病人的生命的义务，应依法受到刑罚处罚。但是，生命维护义务是否有界限，界限在哪里？如果有辨别能力的病人被告知了自己的病情，其所做出的意思决定是否约束每一个人，包括医生？如果病人不想使用生命延长的治疗手段，病人的意思是否必须被尊重？在这种情况下，不允许着手开始治疗，一个已经开始的治疗是否必须被终止？如果医生无视病人的意愿，继续对病人实施治疗，是否将触犯法律？

3.旨在缩短生命的“安乐死”(积极的 Euthanasie)。积极“安乐死”即出自对病危者和垂死者痛苦境遇的同情，通过积极的作为有目的地缩短其生命的行为。世界各地刑法均对目的性明确的非法对他人实施杀害的行为规定为犯罪，对于行为受体的资格法律并无要求，因此，病人因疾病而面临死亡并不能改变犯罪行为的因果关系，病人之外的任何人对一个遭受极度痛苦并毫无希望的病人注射致命的药物，都必须承担刑事责任。但是，法律不禁止自杀，法律可否授予特定主体以经他人同意而杀害其的权利，这两者之间是否存在着明显的区别？对于一些病人忍受着难以忍受的疼痛而实施的积极“安乐死”病例，是否存在在紧急避险法的框架内申辩的可能性？

(二)“安乐死”的违法阻却事由

刑法学界认为，就行为的性质而言，在符合一定的条件下，即所谓存在违法阻却事由的情形下，对他人实施的“安乐死”行为应当被排除其犯罪性。所谓阻却违法事由，是指行为符合犯罪构成要件但此行为同时又成为排除其违法性的根据的事由。因为非违法行为是适法、正当的，所以近来“阻却违法事由”也多用“正当化事由”的词语来代替。由于行为在客观上能够，而且在事实上已经造成了一定的损害结果，同时行为人又是在有刑事责任能力的状态下实施的，因而又符合某种犯罪构成要件的主客观要素，但因与社会既定的价值观念和价值体系并不抵触，刑法才有必要将此列为犯罪阻却事由。因此，犯罪阻却事由的刑法规定并不是阻却行为的事实，而是阻却其构成犯罪的性质，属于价值评判体系的应有内容。“安乐死”阻却违法性的事由存在以下几种情形：

1.因情节显著轻微,危害不大而去犯罪。犯罪最本质的特征在于严重的社会危害性,《刑法》第十三条规定:“情节显著轻微危害不大的,不认为是犯罪。”可见,依据《刑法》的规定,犯罪不仅要有质的规定,也要有量的限制,任何一种行为构成犯罪,都必须以严重的社会危害性为前提条件。“安乐死”行为人虽然剥夺了病患者的生命,但其根本目的却是减少病人临死前不堪忍受的痛苦,行为人剥夺他人生命的行为,是病人本人渴望着死亡的降临,且对病人而言免受痛苦地死比痛苦不堪地生更有价值,因此,“安乐死”不具有构成犯罪所要求的相当社会危害性。

2.基于被害人承诺的去犯罪化。所谓被害人的承诺行为构成阻却违法事由,就是承诺人把自己所属的利益的保护权自愿放弃,从而把侵害性变成放任性并经国家承认而被视为正当的行为。被害人的承诺历来作为违法阻却事由而影响犯罪的成立。对于“安乐死”而言,患者对所承诺的法益是否具有处分权?权利的实质是对一种利益的合法诉求,人有权选择利益而拒绝不利益。无论什么情况下,当继续生存下去是一种利益时,生存权神圣不可侵犯;当继续生存下去成为一种不利益时,“死亡权”神圣不可侵犯。当然,被害人承诺必须符合一定的条件才能阻却违法性:一是承诺者对被侵害的法益具有处分权;二是承诺者必须对所承诺的事项的意义、范围具有理解力;三是承诺必须出自于被害人真实的意思表示;四是必须存在现实的承诺,承诺至迟必须存在于结果发生时;五是经承诺所实施的行为不得超过承诺的范围。

事实上,“安乐死”的四种常态行为中,对于撤除呼吸机的行为是否可以解释为是基于对治疗权的放弃呢?如果能,则因治疗权属于可处分权利,可以阻却违法性。对给予镇痛药物诸如氯丙嗪(冬眠灵)之类能否解释为对可处分的健康权的放弃呢?镇痛药物并不必然导致患者死亡,故也可以解释为一种放弃健康权的承诺行为。当然,“安乐死”的行为是否超出了承诺的限度需结合其他因素进行判定,超过承诺限度的“安乐死”行为仍然构成犯罪。至于注射毒药的行为,由于在这种类型的“安乐死”中,该毒药必然导致患者生命的丧失,只能视为一种对生命权放弃的承诺,但对于生命权能否处分,尚没有令人信服的理由,因此,基于被害人承诺而言不能将此类形式的“安乐死”做非犯罪化处理。

3.基于紧急避险的去犯罪化。《刑法》第二十一条规定:“为了使国家、公共利益、本人或者他人的人身、财产和其他权利免受正在发生的危险,不得已采取的紧急避险行为,造成损害的,不负刑事责任。”可见,紧急避险,是指为了国家、公共利益、本人或者他人的人身和其他权利免受正在发生的危险,不得已而采取损害另一个较小合法利益的行为。但是,因缓解疼痛而使用镇痛药物和注射毒品的行为所保护的合法权益是否一定大于所避免的损害呢?在某些情况下,在现实的、急迫的、难以忍受的疼痛会致患者死亡，如果使用镇痛剂和注射毒品在缓解疼痛的同时也会导致患者死亡的情况下，显然解除现实的生命危险优于将来可能的生命危险，紧急避险此时便能成立。从这种意义上来说，"安乐死"属于违法阻却事由中基于一般利益衡量原则的行为。

4.基于期待可能性的去犯罪化。所谓期待可能性，是指在行为之际的具体情况下，能够期待行为人避免犯罪行为实施适法行为的情况。没有期待可能性时，虽然有对犯罪事实的认识，也存在违法性的意识的可能性，但认为阻却故意责任或过失责任的学说，称为期待可能性的理论。《刑法》第十六条规定："行为在客观上虽然造成了损害结果，但不是出于故意或者过失，而是由于不能抗拒或者不能预见的原因所引起的，不是犯罪。"该条体现了期待可能性的思想，即如果不能期待行为人做出适法行为时，就属于不可抗力事件。国外也有以此理由作为"安乐死"非犯罪化的先例，比如荷兰，先后以"义务冲突"和"心理上的不可抗力"作为"安乐死"的辩护理由。

二、境外"安乐死"的刑法规制

（一）境外"安乐死"的立法概况

综观世界各地"安乐死"立法，均采取十分谨慎的态度，并有一个渐进的过程。

在美国，最早出现的是1906年俄亥俄州的"安乐死"法案。1937年，内布拉斯加州提出了"安乐死"法案，波特尔牧师建立了美国"安乐死"协会。1976年9月30日，加州颁布了人类历史上第一个"安乐死"法案——《自然死亡法案》，首次为被动"安乐死"的实施确定了合法地位，目前美国已有40个州和华盛顿哥伦比亚特区正式通过《生命遗嘱法规》。

荷兰是第一个将"安乐死"合法化的国家。荷兰议会于2001年11月29日通过"安乐死"法令，并于2002年4月1日起正式生效。"安乐死"从此在荷兰结束了近30年的"不合法"历史，开始拥有"合法身份"，荷兰也由此成为世界上第一个给"安乐死"立法的国家。但是，对于"安乐死"，荷兰的法律进行了严格的规定，医生对垂危病人实施"安乐死"时，必须满足以下所有条件：(1)由患者本人深思熟虑后提出实施"安乐死"申请。(2)确认患者病情根本无望好转且病人在经受病魔"令人无法忍受"的折磨。(3)向患者如实通报其病情及以后的发展情况。(4)与患者协商并得出结论，认为"安乐死"是唯一的解脱办法。(5)一直看护患者的医生就上述四条写出书面意见。(6)征得另一位独立医生的支持。(7)对病人实施规定的"安乐死"程序。荷兰规定，所有上述条件仅是对成年患者而言，对未成年的患者，需要有附加条件：16到18岁的未成年患者可以在同家长商讨后一同做出决定；而 12 至 16 岁的青少年，必须由家长或监护人做出决定。

2002 年 5 月 16 日，比利时众议院亦通过“安乐死”法案，允许医生在特殊情况下对病人实施“安乐死”，继而成为第二个将“安乐死”合法化的国家。2013 年 12 月，比利时参议院通过一项“让重症患儿享有‘安乐死’权利”的法案，成为全球首个对“安乐死”合法年龄不设限的国家。

1936 年，英国成立了自愿“安乐死”协会，并向英国国会提出了“安乐死”法案。

1976 年底，在日本东京举行了“国际‘安乐死’的讨论会”，会议宣称要尊重人的尊严死的权利。在这次会议上，澳大利亚、日本、荷兰、英国、美国的代表共同签署了“东京宣言”。

1995 年 9 月 25 日，澳大利亚北部地区议会通过了人类历史上第一部承认积极“安乐死”的法律——《晚期病人权利法》，并于 1995 年 7 月 1 日起实施，使“安乐死”在该地区合法化。但就澳大利亚全国而言，至今仍无“安乐死”的国家立法。

综上所述，以法律形式确认“安乐死”合法化的地区为数不多，大多数地区的刑法都没有在立法上将“安乐死”确认为合法行为。

（二）境外“安乐死”操作犯罪及其刑事责任

1.“安乐死”非法操作的刑事责任。与日益高涨的刑法学界要求“安乐死”合法化的呼声形成鲜明对比的是，目前，几乎所有地区的刑法都没有在立法上将“安乐死”合法化。相反，大多数地区的刑法在杀人罪的规定中都把“受嘱托杀人”或“被害人同意的杀人”作为杀人罪的一种。这些地区在处理所谓“安乐死”的案件时，往往是以杀人罪来判刑的。例如，《奥地利刑法》第七十七条规定：“由于他人之诚挚且令人感动及迫切之请求而杀人者，处六月以上五年以下自由刑。”《瑞士刑法典》第一百一十四条规定：“受本人诚挚及迫切之请求而杀人者，处轻惩役。”《日本刑法》第二百零二条规定：“教唆或帮助他人使之自杀，或受被杀者嘱托或得其承诺而杀之者，处六月以上七年以下惩役或禁锢。”《丹麦刑法典》第二百三十九条规定：“根据被害人之明确请求将其杀害的，应当处以不超过三年之监禁。”《挪威一般公民刑法典》第二百三十五条第二款规定：“经被害人同意将其杀死或者重伤，基于同情剥夺身患绝症人的生命帮助实施前述行为的，减轻处罚或者适用较轻的刑罚。”《瑞士联邦刑法典》第一百一十四条规定：“因值得尊敬的动机，尤其是出于同情，经被杀之人严肃且迫切的请求而将之杀死的，处监禁刑。”而《德国刑法典》第二百一十六条也做了类似规定：“应受害人明示且真诚之要求而将其杀死的，处六个月以上五年以下自由刑。”

2.“安乐死”违法操作的刑事责任。目前仅有的将“安乐死”合法化的国家均规定了“安乐死”实施的严格限制条件和程序，违法进行“安乐死”操作构成犯罪的，则依法追究相应的刑事责任。比利时“安乐死”法规定：“医生在实行‘安乐死’行动时要想不受到刑事追究，必须遵守严格的规定：必须向病人讲明他的身体状况和是否有活着的希望，提出病人有治愈的可能性；必须对病人进行合理的治疗，使他能够承受肉体和精神上的痛苦；必须与同事一起对得了不治之症的病人进行会诊；必须在医疗小组和亲属的陪同下，一起与要求‘安乐死’的病人进行谈话。”

三、我国“安乐死”立法的刑法学分析

由于“安乐死”立法既是一个涉及生命伦理的复杂问题，也是一个关涉刑事责任的法律问题，在我国“安乐死”具备相当社会基础的条件下，应不失时机地制定“安乐死”法，依法对“安乐死”予以严格规范。

（一）“安乐死”刑事立法的基础

1. 伦理争端的解决。法律必须维系最小限度的伦理，现代意义上的“安乐死”涉及了不同的人或群体，包括“安乐死”者本人、医务人员、“安乐死”者亲属及其他需要医疗救助者。由于各方的社会身份、社会角色、责任和义务的不同，引发诸如生命神圣论与生命质量论、中国传统“孝道”与现代亲情理念等伦理之争，我国“安乐死”的刑事立法须获得伦理上的支持。

2. 医学科学的发展使“安乐死”实施条件的判断标准确定。“安乐死”的适用对象必须是身患绝症的、有不可忍受的病痛的患者。因此，“安乐死”合法化需医学科学的发展，使得“安乐死”实施条件的判断标准能够确定。

3. “安乐死”实施的司法成本适当。司法成本是指各级法院在审理案件做出裁判过程中所需要的花费，以及维护法院各部门机关正常运转所需的费用。而且，在司法过程中必须保证审判程序的合法有效，严格依法进行，不得减漏任何环节。立法可以通过明示“安乐死”的实施条件而规范“安乐死”行为，但是，“安乐死”实施条件的判断需要相当的医疗专业水准，因此，“安乐死”立法在能够保障法律实施有效性的同时不应过分加重司法成本。

（二）“安乐死”立法的基本原则

“安乐死”法的基本原则至少应当有如下两个方面：

1. 个人生命权神圣不可侵犯原则。个人生命权神圣不可侵犯，既指任何个人或国家不得非法剥夺、限制、侵害他人健康地延续生命的权利（也即通常说的“生存权”）；也指任何个人和国家不得非法剥夺、限制他人正当地处分自己生命的权利（可简称为“死亡权”）。

2. 死亡权有限制的自主决定权原则。法律的目的不是废除和限制自由，而

是保护和扩大自由。这是因为在一切能接受法律支配的人类状态中，哪里没有法律，哪里就没有自由。但是，生命不仅具有个人意义，而且具有社会意义，所以不能容许个人享有毫无限制的选择死亡的自由。只有当选择死亡真正成为一个人的最佳利益的时候，才能够让其行使死亡权这种神圣的，但绝非随意的，对他来说是他一生中所行使的最后的权利。因此，“安乐死”立法中具体设定若干限制病人选择死亡的条件，这也是更好地保障自主决定权的最优原则。

（三）“安乐死”的限制条件

“安乐死”实施的条件，是“安乐死”合法化的核心内容。目前，世界上将“安乐死”合法化的国家均规定了“安乐死”实施的条件。荷兰、美国、澳大利亚、日本等国的“安乐死”立法，共同的限制条件主要有：(1)经确诊，病人患有目前医学证明确实是不治之症。(2)该不治之症给病人带来无法忍受的极端痛苦。(3)必须由病人本人亲自提出“安乐死”要求。

我国“安乐死”立法应借鉴国外立法，规定严格限制条件的“安乐死”。这些条件应当包括实体上的和程序上的两种条件。

1. 实体条件。实体条件，是指应当具备什么样的条件或标准，才能对病患者实施“安乐死”。这些条件应当包括以下几点：(1)可以施于“安乐死”的只能是那些身患绝症、临近死期的病患者。所谓绝症，是指所患的疾病按照当时的医学水平是无任何治愈的希望的。所谓临近死期，是根据一定医学标准判断某一病患者因患绝症即将死亡，也就是说，实施“安乐死”的时间与被判断的病患者因病而亡的时间不能相差太久。至于具体离死期应该是多长时间，需要立法者进行必要的实证研究。(2)病患必须是极端的痛苦，且已达到不堪忍受的程度。这里的痛苦仅限于肉体痛苦，精神痛苦不在此列。精神痛苦，是不易识别并且易变化的，所以，仅因精神痛苦对病人施以“安乐死”，是不合适的。肉体痛苦也有强有弱，只有病人的肉体痛苦达到不堪忍受的程度，才能准许予以“安乐死”。(3)“安乐死”必须基于患者真诚的愿望和始终确定的明示才能实施。所谓患者真诚的愿望，是指患者出于自我的真实意愿，而不是因为受到任何的强制而被迫提出“安乐死”的要求；所谓患者始终确定的明示，是指具有表达自己意志的能力的患者在没有任何外界的压力下，经过深思熟虑的反复考虑后，毫无更改并完全自愿地提出“安乐死”申请。对于任何其他人，包括患者的家属、监护人，代替患者提出“安乐死”的请求；以及未成年人、精神病患者和由于疾病而神志不清的不具有表达自己意志的能力的人提出“安乐死”的要求，以及患者在死亡前对“安乐死”有任何犹豫的，都不能实施“安乐死”。当然，对于某些因病而神志不清的人来说，如其在神志清楚的时候曾立下嘱托，要求在其病重和痛苦而又不能表达自己意志时对其施以“安乐死”，经查明这一嘱托是出于患者真诚的愿望，也可以对之实施“安乐死”。

2.程序条件。所谓程序上的条件，是指对病患者实施“安乐死”时，应当按照什么样的程序，以什么样的方法，由什么样的人或组织来实施。(1)请求程序：申请程序上要求患者自愿，是神志清醒时做出的真实意思表示，患者本人须签字盖章，经过公证后方产生效力。受欺诈、胁迫或是在其他违背自己意愿的情况下做出的表示均属无效。如果患者的神志不够清醒，精神也已失常，可以由患者的直系亲属，至少两人以上提出申请，签字盖章后经公证生效；对重病患者需要患者或家属的书面委托或请求申请，并列出其患病及要忍受的巨大痛苦；对恶性传染病患者应共同具备其本人请求和家属同意。(2)审查程序：审查程序上要求专门机关(可成立由医学专家、法医学专家、法学专家组成的审查委员会)对患者的病症情况、申请条件进行合理性和合法性的审查，确定符合实施“安乐死”的要求，并报请专门机关对医疗诊断进行审查、核准。(3)操作程序：执行程序上要求严格依照法律规定，由具有一定资质的医院指定的医生实施，并严格按照专门机关批准的时间、地点、方式、参加人员执行操作，操作程序结束后，参加人员均应在有关材料上签字，并将所有材料送交司法机关归档。(4)司法监督程序：司法监督程序上要求“安乐死”实施完毕后，要报经有关司法部门备案，以便日后的核查，便于解决有关“安乐死”实行过程中出现的问题或是患者家属对患者遗体捐赠等事项的安排。

(四)刑事法律责任

1.强制实施“安乐死”操作的法律责任：医生未经病人同意或病人不知情而对其实施“安乐死”操作的，应构成故意杀人罪，按照刑法关于故意杀人罪的规定追究行为人的刑事责任。

2.违反程序进行“安乐死”操作的法律责任：违反程序进行“安乐死”操作的，构成非法从事死亡操作罪，应依法追究相应的刑事责任。

3.不履行或疏于履行监管职责的法律责任：对“安乐死”操作负有监管职责的相关监管部门的工作人员不履行或疏于履行监管职责，后果严重的，应以玩忽职守罪追究直接责任人员的刑事责任。

4.出具虚假鉴定结论的法律责任：对于就患者病情出具虚假证明文件的医师，后果严重的，应当追究医务人员或医疗机构出具虚假证明文件罪的刑事责任。

第三节　器官移植与犯罪

一、器官移植及其对刑法的挑战

器官移植是20世纪生命医学领域具有划时代意义的技术，是人类改变传统的药物治疗方式而使伤病器官恢复功能的一种新型医疗模式，它给医学领域带来了革命性的变化。但与此同时，器官移植也引发了极为复杂的伦理和法律问题。

（一）器官移植的概念

器官移植（Organ Transplantation）是指摘取捐献人具有特定功能的器官（也包括某些组织）的全部或者部分，将其植入接受人身体内以代替病损器官（或组织）的过程。在器官移植中，提供器官的一方被称为供体（或供者），而接受器官的一方则被称为受体（或受者）。

在医学上，根据供体器官来源的不同，可以将器官移植分为四种：一是异种移植，也称跨种移植，即将一种生物的器官移植到另外一种生物上；二是同种自体移植，简称自体移植，即将同一生物个体某一部位的器官移植到该个体的另一部位上；三是同种异体移植，即将同一种生物某一个体的器官移植到该种生物中的另外一个个体身上；四是人造机械器官移植，即用人造的机械器官作为供体器官，将其移植到受者身上。当前，由于自体移植和异种移植不涉及供体权利的转移，一般不发生法律问题，刑事责任问题发生的可能性就更小。人造机械器官移植则由于更多地关涉供者的财产权利而较少涉及其人身权利，因而也极少产生刑事责任方面的问题。因此，同种异体移植为刑法所关注和研究。

（二）器官移植对传统刑法理论与制度的挑战

器官移植技术的日益成熟及其在医疗临床上的广泛应用，为身患器质性疾病的病人恢复健康乃至延长生命带来了福音，同时也引发了诸多伦理与法律问题，并对传统刑法理论与制度带来了挑战。特别是器官移植中的关联犯罪以及所诱发的新型犯罪均与现行刑法理论及制度相冲突。

1. 活体器官移植与故意伤害罪。依据《刑法》第二百三十四条的规定，故意伤害罪是指故意非法损害他人身体健康的行为。器官的摘取与故意伤害罪有一定的相似性，然而医生实施的摘取供体器官的行为，一方面可以因为被摘取器官者事先同意捐献器官的行为，表面上似乎符合伤害罪的构成要件的行为，存在同意伤害这一阻却违法性的事由，从而使行为正当化；另一方面也可以因为摘取供体器官行为的严重违法，而导致故意伤害罪的成立。《刑法》第二百三十四条第四款规定，未经本人同意摘取其器官，或者摘取不满18周岁的人的器官，或者强迫、欺骗他人捐献器官的，依照第二百三十四条、第二百三十二条的规定定罪处罚。

2.尸体器官移植与盗窃、侮辱尸体罪。由于器官移植中供体的严重不足，盗窃尸体、摘取尸体器官的现象时有发生，依据《刑法》第三百零二条及《刑法修正案(八)》第三十七条的规定，“违背本人生前意愿摘取其尸体器官，或者本人生前未表示同意，违反国家规定，违背其近亲属意愿摘取其尸体器官的，依照本法第三百零二条的规定定罪处罚”。但是，对于医务人员为救治病人生命而摘取尸体器官进行移植的行为应如何处理？依据《刑法》的规定以及犯罪构成理论，很显然，这种行为与侮辱尸体罪的客观构成——侮辱尸体不相符，但是，根据2007年《人体器官移植条例》规定，医生进行器官移植活动必须以自愿捐献为原则，在符合一定条件的情况下才能够摘取尸体器官。即医生必须充分考虑死者生前是否有捐献身体器官的真实意思表示，以及充分尊重其近亲属的意愿，才能摘取死者尸体器官。如果违反了自愿捐献的原则，其行为就是非法的，应该追究刑事责任。

3.器官移植与非法行医罪。《刑法》第三百三十六条第一款规定，非法行医罪是指未取得医生职业资格非法行医，情节严重的行为。

由于器官移植技术本身的高技术性和专业性，进行器官移植需要相应的条件，《人体器官移植条例》第十一条规定，对医疗机构从事人体器官移植的条件做了非常严格的限制性规定：(1)有与从事人体器官移植相适应的执业医师和其他医务人员。(2)有满足人体器官移植所需要的设备、设施。(3)有由医学、法学、伦理学等方面专家组成的人体器官移植技术临床应用与伦理委员会，该委员会中从事人体器官移植的医学专家不超过委员人数的1/4。(4)有完善的人体器官移植质量监控等管理制度。

对于一些不具备器官移植条件的单位和个人非法进行器官移植，给供者和患者的身体健康带来严重后果的，应该以非法行医罪定罪处罚。但是，上述行为尽管具有非法行医罪的某些外观特征，但其并不具备非法行医罪的全部构成要件，故以非法行医罪定罪处罚与现行刑法理论相矛盾。

4.买卖人体器官的犯罪行为。买卖人体器官的行为，是指以牟利为目的，将人体器官作为买卖的对象进行交易的行为。人体器官不能沦为商品而被买卖，器官商业化是违反人道主义的，也是对人类尊严的亵渎，并且会导致一系列违法犯罪行为的发生。人体器官买卖犯罪行为是器官移植技术的发展与应用所诱发的新型犯罪，目前，国际社会普遍将这类行为视为犯罪而要求追究相关行为人的刑事责任。2007年国务院公布实施的《人体器官移植条例》第三条规定任何组织或者个人不得以任何形式买卖人体器官，不得从事与买卖人体器官有关的活动；第二十六条规定了违反该条例买卖人体器官或者从事与买卖人体器官有关的活动所应当承担的法律责任。《刑法修正案(八)》规定组织他人出卖人体器官的，处五年以下有期徒刑，并处罚金；情节严重的，处五年以上有期徒刑，并处罚金或者没收财产。

但是，如何从法理上阐述人体器官商业化犯罪性的问题是现代刑法理论与制度面临的重大挑战。

二、器官移植犯罪的概念、特征及其表现

(一)器官移植犯罪的概念

器官移植犯罪是指与器官移植有关的具有刑事违法性的、应受刑罚惩罚的各种严重危害社会的行为的总称。器官移植犯罪是伴随生命科学特别是器官移植的广泛应用而产生的新型犯罪，由于《刑法》尚未就这一犯罪问题进行专门规定，所以，理论界关于器官移植犯罪概念的界定也不完全相同。比如，有些学者认为："所谓器官移植犯罪，是指与器官移植有关的各种严重危害社会的行为的总称。"另有学者认为："器官移植犯罪是指在器官移植之前、器官移植过程中和器官移植以后与器官移植有关的法定犯罪和'待法定化'的各种严重危害社会行为的总称。"等等。以上关于器官移植犯罪概念的界定，充分认识到犯罪的最本质特征——严重社会危害性，值得肯定。但是未能体现犯罪的刑事违法性以及刑罚当罚性。我国《刑法》第十三条规定，一切危害国家主权、领土完整和安全，分裂国家、颠覆人民民主专政的政权和推翻社会主义制度，破坏社会秩序和经济秩序，侵犯国有财产或者劳动群众集体所有的财产，侵犯公民私人所有的财产，侵犯公民的人身权利、民主权利和其他权利，以及其他危害社会的行为，依照法律应当受刑罚处罚的，都是犯罪，但是情节显著轻微危害不大的，不认为是犯罪。可见，在我国，任何犯罪都应当具备三个方面的特征，即刑事违法性、严重社会危害性和刑罚当罚性。

(二)器官移植犯罪的特征

1. 主体。该类犯罪的主体为一般主体，既可以是自然人，也可以是单位。具体表现为以下三种情形：(1)以医疗机构的工作人员为主的特殊主体。这类主体占器官移植犯罪的大多数。例如，医生为实施器官移植手术而偷取死者的器官或者强制采摘精神病人、植物人的器官的，即属于这种情况。(2)一般主体。如实施非法出卖、贩卖、偷取、骗取或强制采摘他人器官的行为的，既可以是医生等特殊主体，也可以是其他达到刑事责任年龄并具备刑事责任能力的人。(3)单位犯罪主体。在器官移植犯罪中，客观存在以单位的名义、为了单位的利益而实施

的犯罪，例如，医疗单位、外贸公司或其他单位非法采摘、供应人体器官、走私人体器官以及未经许可而非法组织医生进行器官移植手术等。

2.主观方面。根据犯罪构成的基本理论，罪过(包括故意和过失)是构成犯罪的要件之一，器官移植犯罪在主观上要求行为人须具有主观罪过，包括故意或过失。即行为人明知自己的行为会发生危害社会的结果并希望或放任这种结果的发生，或者行为人应当预见自己的行为会发生危害社会的后果但由于疏忽大意而没有预见或虽已预见但轻信能够避免。其中，器官移植中的故意犯罪就其目的而言，有相当多数的具有一定的获利性。

3.客体。器官移植犯罪侵犯的是他人的生命、健康权益以及国家的公共卫生安全和人体器官移植管理制度。一方面，器官移植犯罪通常会直接危害到受害人的生命健康，侵害其身体的完整性等生命权益；另一方面，国家负有监督和管理器官移植行为，以维护正常的公共卫生秩序的职责，因而器官移植犯罪也是严重破坏公共卫生秩序和国家器官管理制度的行为。

本罪的犯罪对象是人体器官，包括活体器官、尸体器官、骼肌、皮肤、细胞等。

4.客观方面。器官移植犯罪在客观方面表现为行为人实施了非法的器官移植行为或者与器官移植有关的其他非法行为。其犯罪行为主要表现为：非法买卖人体器官；走私人体器官；非法采摘人体器官，包括偷取、骗取、强制采摘他人身体器官等；以单位为中介非法供应人体器官；非法强迫、组织出卖人体器官；非法实施器官移植手术等。

(三)器官移植犯罪的表现

从各国刑事立法和司法实践来看，器官移植犯罪行为主要涉及以下几类：

1.违反知情自愿原则的器官移植犯罪。器官移植以供体真诚同意，自愿捐献器官为前提条件。如果违背供体的知情同意权，采取暴力、胁迫、麻醉、欺骗或其他违背他人意愿的方式进行器官移植则属于违法行为，理应受到刑事制裁。依照行为方式的不同，可以将该类犯罪进一步分为强制类、盗窃类和诈骗类犯罪。强制类犯罪主要表现为强制或胁迫摘取罪犯、战俘身体器官的行为；盗窃类犯罪主要表现为擅自从植物人或尸体身上摘取器官；诈骗类犯罪则主要表现为欺骗植物人、老年痴呆症患者、精神病人和未成年人而挖取其器官的行为。

2.无资质类器官移植犯罪。所谓无资质类犯罪主要是指欠缺实施手术所必需的医疗资格和能力，没有得到合法授权而私自进行的器官移植行为。对于无资质类的器官移植行为，各国立法均明确予以刑法规制。

3.商业化的器官移植犯罪。商业化的器官移植犯罪主要包括买卖人体器官、走私人体器官、人体器官买卖契约行为和人体器官买卖服务行为等。器官的商业化违反人道主义，是对人类尊严的亵渎，并容易诱发一系列问题，如：器官供者、买卖中间商有意掩盖供者疾病，造成某种疾病的传染；某些不具备条件的医院为了获利，无视病人的利益开展器官移植；等等。因此，对于带有商业性质的器官转让行为，对于有偿移植或有偿转让而为自己或他人制作或发送广告的行为，对于医疗机构或个人未经合法授权而进行人体器官存储以牟利的行为，各国法律法规也对之严加禁止。

4.其他类别的器官移植犯罪。器官移植除上述犯罪，还涉及其他种类的犯罪行为，如为异种器官移植而进行的人体试验行为等。

三、器官移植犯罪及其刑事责任制度

（一）器官移植的正当化对违法性的阻却

1.医生摘取供体器官的正当化依据与不构成犯罪的条件。同种异体器官移植都需要通过牺牲或损害一个个体的利益去实现另外一个个体的利益。医生在何种条件下摘取供体器官的行为具有正当性而不构成犯罪？综合目前国内外学者对医生摘取供体器官的正当化依据与不构成犯罪的条件的各种观点，医生摘取活体器官必须满足以下几个方面的条件才得以阻却其违法性：(1)摘取器官须以移植为目的。(2)器官的摘取具有医学上的适应性。(3)在供者具有意思自治能力、能够自由做出捐献意愿的前提下，摘取器官须建立在供体充分知情同意的基础之上，“任何违背知情同意原则的行为，都应受到刑事处罚。(4)器官的摘取符合法律规定的程序及医疗操作常规，不会对供者今后的生活造成严重不良影响。(5)供者器官的捐献以无偿为条件，且不违反生命伦理。

2.医生摘取尸体器官的正当化依据与不构成犯罪的条件。(1)因征得本人生前同意或者对尸体有管理处分权的人的同意而阻却其违法性。任何人都是平等、自主的主体，只有自己才具有处分自己利益的最高权利。对于他自己的身和心，个人是最高的主权者。因此，无论是摘取活体器官用于器官移植，还是摘取尸体器官用于器官移植，都必须建立在尊重器官所有者自主权的基础之上。任何违反自主原则而获得器官的行为都是为生命伦理所不容的，是不正当的，也都会对人类社会所赖以存续的生命伦理秩序带来冲击，从而危及整个人类社会的稳定。对于这种行为，法律不宜默许、纵容，更不宜倡导。对于那些违背自主原则利用器官并造成严重社会危害的行为，刑法应当追究其刑事责任。因此，医生摘取尸体器官的正当化依据也应当是知情同意——征得本人生前同意或者对尸体有管理处分权的人的同意。(2)因“紧急避险”的成立而阻却其违法性。生命对任何人来说都属于最高利益，相对于生者的利益而言，死者的利益只能处于次要地位。因此，在紧急情况下，医生从尸体上摘取器官用于救助受体，尽管对死者造成了一定侵害，但死者只能作为法律关系的客体而不能作为法律关系的主

体，这种侵害的社会危害性相对较小，而在客观上，这种行为又拯救了另一个个体的生命，其实质是以一个相对较小的利益换取了一个更大的利益，属于紧急避险。

（二）境外器官移植犯罪及其刑事责任制度

1.有关活体器官移植犯罪及其刑事责任的制度。目前，世界上绝大多数国家和地区都在立法及医疗实践中承认了活体器官移植的正当性，然而，为了使活体器官移植得以有序开展，各个国家和地区无一不对活体捐献的程序和条件进行了严格规定，而构成犯罪的器官移植通常都是由于不符合这些条件或程序所导致的。(1)违背供体意志而进行活体器官移植的刑事责任。目前，各个国家和地区基本上都将违背供体意志而进行活体器官移植的行为规定为犯罪。在英国，根据1989年《人体器官移植法案》，活体器官移植必须满足以下条件才合法：①医生已就捐献的风险和程序向捐献者做了说明和解释；②捐献者理解了这种说明和解释；③供体的同意不是通过强制或物质诱惑而获得的；④供体知悉他有随时撤回捐献的权利……以此为前提，供体的同意是医生摘取其器官用于移植而不构成犯罪的前提，然而，如果供体的同意可能会导致其死亡，则该同意就属于无效同意，此医生就可能因此而承担刑事责任，除非该同意是出于供体的最佳利益考虑。意大利法律规定，未取得合法授权而非法实施器官移植的，判处十二年监禁，并处两年以下禁业；法国法律规定，未得到批准的机构或医师开展摘取、移植器官或组织，或保存、转接组织、移植器官的，判处两年监禁并处三万欧元的罚金；我国澳门特别行政区也规定，违反摘取手术安全性的要求，未按规定在许可医院以外进行此类手术的，处以两年徒刑或科以二百四十万元的罚款。(2)使用暴力或胁迫手段非法采集人体器官或人体组织的刑事责任。《俄罗斯联邦刑法典》第一百二十条规定：使用暴力或以暴力相威胁，强制摘取人的器官或组织做移植的，处四年以下的剥夺自由，并处或不并处三年以下剥夺担任一定职务或从事某种活动的权利。犯罪人明知他人处于孤立无援的状态，或在物质方面或其他方面处于对犯罪人的从属地位而对其实施上述行为的，处两年以上五年以下的剥夺自由，并处或不并处三年以下剥夺担任一定职务或从事某种活动的权利。在蒙古，使用暴力或胁迫手段非法采集人体器官或人体组织的，要被处四年以下徒刑，或者并处禁止三年内担任一定职务或从事特定职业的刑罚；而明知是孤立无援的人或利用物质上或其他方面的优势而使用暴力或胁迫手段非法采集人体器官或人体组织的，则要被处以五年以上十年以下徒刑，或者并处禁止三年内担任一定职务和从事特定职业的刑罚。(3)违反器官移植的条件与程序的刑事责任。《澳大利亚联邦刑法典》关于活体器官移植犯罪的规定是目前世界上最为严厉的。该法典第268.96条规定："如果符合下列情形，则行为人的行为构成战争罪中的为移植而输出血液、切除组织和器官罪：(a)犯罪人为了移植而从一人或数人的身体上转移血液、组织或器官；而且(b)在转移血液的情形中——该转移：①不是为了输血；或②在没有此人或数人同意的情况下；而且(c)在转移皮肤的情形下——该转移：③不是为了移植；或④在没有此人或数人同意的情况下移植；而且(d)该转移的目的不是治病；而且(e)该转移不是在和一般可予接受的医疗标准相一致的条件下执行，也不是为了此人或该数人或接受者的利益而有计划地实施；而且(f)此人或该数人作为某一国际武装冲突的结果被敌方所掌控、拘禁、扣押或者其他方式的剥夺；而且(g)行为发生在某一国际武装冲突中，或者与某一国际武装冲突有关。”依据《澳大利亚联邦刑法典》的规定，对这类犯罪可判处二十五年监禁。法国的《公共卫生法典》对器官移植的条件与程序进行了严格限定，如禁止摘取未成年人活体器官，摘取成年人活体器官须以具备医学上的必要性为前提且须获得捐献人之自愿同意，移植必须在得到法定机构批准的基础上进行等，如果医生违反这些规定，都将会被追究刑事责任。(4)对受者进行活体瑕疵器官移植的刑事责任。在活体器官移植方面，一些国家和地区规定了活体接受瑕疵器官移植的刑事责任。《瑞士联邦刑法典》第二百三十一条规定了故意或过失传播疾病罪，对包括利用器官捐献或移植而传播危险的、可传染的人类疾病的行为进行了惩罚性规定。《芬兰刑法典》也规定了危害健康罪，对利用器官捐献传播危险性疾病而对他人生命健康造成一般危险的，处以四个月以上四年以下的监禁。俄罗斯、法国、丹麦、意大利等国家也都在其刑法中设置了类似的犯罪。

2.有关尸体器官移植犯罪及其刑事责任制度。一般认为，医生为移植而摘取尸体器官，应该以自愿捐赠为原则，不能违背死者本人或其近亲属的意愿，否则就是非法的，应承担相应的法律责任。在英国，根据1961年《人体组织法》的规定，医生必须出具死者生前明确同意捐献遗体器官的证据才可以从死者身上摘取器官，且必须严格根据死者的要求摘取相应的部分，否则，便可能会被诉之以罪责。在法国，尸体受到严格的法律保护，任何未经死者本人生前同意或其家属同意而私自处理其遗体或摘取其器官的行为都构成对死者尸体之侵犯，将会被处以一年监禁并科以一百五千欧元罚金。此外，日本、德国、意大利、奥地利等国刑法典或器官移植法中也都有类似的规定。

3.有关人体器官商业化犯罪及其刑事责任的制度。严惩人体器官商业化犯罪，是目前各个国家和地区在规范人体器官移植方面的基本刑事立场。为此，很多国家和地区都制定了专门针对人体器官商业化运作的法律，如英国1989年的《人体器官移植法案》、日本1997年的《器官移植法》以及我国香港特别行政区的《人体器官移植条例》等。

英国《人体器官移植法案》(Human Organ Transplants Act，1989)明确禁止人体器官的商业化运作，该法第1(1)条规定："如果行为人在英国：(a)为提供已经或将要于英国或其他任何地方之去世或在生的人身上摘除并将被移植于另一人体内的器官或为意图提供这样的器官之要约而作出或接受付款，(b)谋求寻觅愿意为获取付款而提供该器官的人或为获取付款而要约提供该器官，(c)提出或商议涉及为该器官的提供或提供该器官的要约而作出付款的任何安排，(d)参与管理或参与控制其所从事的事务包含或包括提出或商议作出任何这种安排的法人或非法人社团，则其将构成犯罪。"此外，该法第2(1)条规定："行为人如果在英国：(a)从活体身上摘取拟移植入另一人体内的器官，或(b)移植从活体身上摘取的器官到另一人体内，则将构成犯罪——除非器官被植入者与器官供应者有基因联系。"所谓"有基因联系"，主要是指器官捐献者是受体的血缘双亲或子女、具有全部或一半血缘的兄弟姐妹、生物学父母任何一方的具有全部或一半血缘的兄弟姐妹，以及具有全部或一半血缘的兄弟姐妹的生物学子女，或生物学父母任何一方的具有全部或一半血缘的兄弟姐妹的生物学子女。日本1997年7月16日起实施的《器官移植法》也明确禁止人体器官的商业化操作，该法第二十条规定了非法出售人体器官罪、非法买受人体器官罪、从事人体器官买卖中介罪以及为获利而非法为他人实施器官移植罪四项犯罪，并规定对这些犯罪可以分处或者并处五年以下徒刑或五百万日元以下的罚金。

《法国刑法典》则在第511-2条第二款设立了人体器官买卖广告罪，规定："充当中介，为付款取得人之器官提供方便条件，或者有偿转让他人人体器官的，处七年监禁并处十万欧元罚金。"第三款设立了走私人体器官罪，规定："向国外走私人体器官的，处七年监禁并处十万欧元罚金。"

《新加坡器官移植法》第十四条设立了人体器官买卖契约罪，规定一个人出于经济的考虑，使自己得到或给予他人(经济利益)，而同意出卖或得到他自己或他人的任何器官，无论在他或他人生前或死后，都构成犯罪。

我国香港特别行政区《人体器官移植条例》则规定得更为详尽，其第四条明文禁止将人体器官做商业交易。

除此之外，法国、德国、美国、加拿大、新加坡、智利、西班牙、津巴布韦以及我国台湾、澳门地区等，也都明确禁止人体器官的商业化操作，并明确将人体器官的商业化规定为犯罪而科以刑罚。

(三)我国器官移植犯罪及其刑事责任立法

1.我国器官移植的现状。随着我国器官移植技术的飞速发展及其在医疗临床上的广泛应用，无论是地方性的人体器官移植立法，还是人体器官移植中央立法，均已在我国起步。尽管与器官移植技术的飞速发展及其在医疗临床上的广泛应用相比较，我国器官移植立法起步比较晚，且是从地方立法开始，但是近几年立法进程不断加快。

2003 年 8 月 22 日，深圳市的《深圳经济特区人体器官捐献移植条例》是我国首部地方性人体器官移植法。此后，福建省于 2005 年 6 月 2 日制定了《福建省遗体和器官捐献条例》。2006 年 3 月，原卫生部颁布了《人体器官移植技术临床应用管理暂行规定》，该规章是我国第一部器官捐献移植法，在此基础上，2007 年 3 月国务院出台了《人体器官移植条例》，以效力层级更高一级的行政法规形式对人体器官捐献与移植做出了规范。特别是《刑法修正案（八）》对人体器官买卖做出了明确、细致、严厉的法律规制：(1)组织他人出卖人体器官的，处五年以下有期徒刑，并处罚金；情节严重的，处五年以上有期徒刑，并处罚金或者没收财产。(2)未经本人同意摘取其器官，或者摘取不满 18 周岁的人的器官，或者强迫、欺骗他人捐献器官的，依照本法第二百三十四条、第二百三十二条的规定定罪处罚。(3)违背本人生前意愿摘取其尸体器官，或者本人生前未表示同意，违反国家规定，违背其近亲属意愿摘取其尸体器官的，依照本法第三百零二条的规定定罪处罚。

在这些法规的规范和引导下，我国的人体器官捐献移植工作正在步入法制化、规范化的轨道。

2. 我国器官移植的刑事立法建议。(1)修正、增补《刑法》条文，对有关器官移植犯罪单独设罪。由于我国《刑法》并没有设置器官移植方面的专门罪刑，缺乏对器官移植犯罪及其刑事责任的实质性规定，面对实践中屡屡发生的器官移植犯罪，为了有效防范并打击器官移植犯罪，维护社会秩序的稳定并促进社会的健康发展，我国应当在《刑法》中增设“器官移植罪”这一类罪，以及在该类罪中增设一些具体的器官移植犯罪罪名，例如非法买卖人体器官罪，走私人体器官罪，非法利用尸体、尸体器官罪等。这样才能依法有效地防范和打击各种由器官移植而引发的犯罪行为，保障器官移植的合法有序进行。(2)加强刑法解释工作，利用现行《刑法》中已有的一些规定处理器官移植中遇到的刑法问题。刑法解释是弥补《刑法》缺陷，实现刑法功能的重要途径，可以最大程度地挖掘刑法用语内涵性，增强刑事司法实践的操作性，从而保持刑法的稳定性。尽管《刑法修正案（八）》对器官买卖犯罪等做出严厉、明确、细致的规范，但是，我国现行《刑法》对大量的器官移植犯罪没有直接规定，必须依赖于对《刑法》的解释，增强《刑法》的司法适用效果，保障器官移植行为的合法进行。如对故意将动物肢体移植到人体身上的有意侮辱行为直接按照侮辱罪处理；对由于医师严重不负责任而造成器官移植供体或受体重伤或死亡的，依照《刑法》第三百三十五条医疗事故罪的规定定罪处罚；而对不具备执业医师资格或者虽具备执业医师资格但依法未获得从事器官移植许可证的人非法从事器官移植的，则依照《刑法》第三百三十六条非法行医罪的规定定罪处罚；等等。

第四节　辅助生殖与犯罪

辅助生殖技术既是现代医学发展过程中的一个飞跃性进展，又是人类对包括自身在内的整个生物界认识的一个实质性突破。辅助生殖技术的问世和应用，对各种生育疾病的治疗和由此引发的各种家庭和社会问题的解决带来了技术上的可能性，为计划生育和优生优育提供了医学保障，对整个人类社会的长远发展具有极其深远的意义。但与此同时，与辅助生殖技术有关的各种伦理和法律问题随之产生，辅助生殖犯罪便是其中之一。

一、辅助生殖及其对刑法的挑战

（一）辅助生殖的概念

辅助生殖技术（Assisted Reproductive Technology，ART），又称人工生殖技术，是指利用现代医学科学技术和方法代替人类自然生育过程中某一环节或全部过程的人工技术方法，包括人工授精、体外受精和无性生殖等。

（二）辅助生殖技术对现代刑事责任理论与制度带来的挑战

辅助生殖客观上干预甚至改变人类传统的自然生殖，必然对人类绵延已久的繁衍方式带来了挑战，并引发诸多负面问题，给现代刑事责任理论与制度带来了挑战。

1.辅助生殖技术的滥用冲击已有的社会关系，严重危害人类社会秩序。（1）冲击婚姻生育关系从而影响社会家庭稳定。美国学者亨利·蒲尔指出："婚姻是一男一女为了共同的利益而自愿终身结合、互为伴侣、彼此提供性的满足和经济上的帮助以及生男育女的契约。"生育子女对于保持家庭结构的稳定性具有重要作用。而人工授精却切断了婚姻与生儿育女的关系，将家庭的神圣殿堂变成了生物医学实验室，令传统的性爱和家庭模式濒临危机，进而影响社会结构的有序与稳定。（2）导致亲子关系混乱从而引发诸多法律纠纷。比如，异源人工授精造成新型亲情关系以及复杂的权利义务关系。并且，由于目前各国大都无统一的AID标准，对供精者进行遗传学检查的很少，同一供精者的精子被多次使用的情况比较普遍。此外，代孕问题，使传统的亲情关系、家庭关系乃至整个社会关系都发生了改变，这种改变势必影响人们的生命伦理观念，对社会的稳定带来威胁。

2.辅助生殖技术的滥用使非商品化物质商品化并引发各种违法犯罪。随着人工授精的不断普及适用，以往靠捐献精子、卵子进行人工辅助生殖的活动逐渐失范，日益突出的精子、卵子或胚胎等的商品化现象，不仅对人类生命伦理秩序乃至整个社会秩序的稳定都带来了冲击，而且精子、卵子或胚胎等的商品化也直接影响了用于辅助生殖的精子、卵子等的质量，给人们的公共卫生安全带来了隐患。更为严重的是精子、卵子或胚胎等的商品化引发了各种严重侵犯人权的行为，比如强采他人精子、卵子的行为，在妇女不同意的情况下对其进行强制供精的行为，强迫、利用妇女从事代人受孕业务等与代孕有关的行为，等等。

上述问题对辅助生殖技术的健康发展与合理应用提出了严峻挑战，也对以惩罚并借助惩罚来防范和治理犯罪为己任的刑法制度带来了挑战。

二、辅助生殖犯罪的概念及其构成特征

（一）辅助生殖犯罪的概念

辅助生殖犯罪是伴随着辅助生殖技术的发展而出现的一种新的犯罪类型，理论界对其概念尚处于探讨阶段，但是从本质上而言，辅助生殖犯罪，是指利用现代辅助生殖技术所实施的、具有严重社会危害性、产生或可能产生严重危害生命社会关系等的重大后果的一系列行为及与此相关的某些行为的总称。运用刑法学理论综合境外对辅助生殖犯罪的刑法规制，辅助生殖犯罪具有下列特征：

（二）主体

辅助生殖犯罪的主体为一般主体，但是作为一种新兴的高科学技术，辅助生殖技术为一般人所难以掌握和应用，因此，辅助生殖犯罪的主体以那些掌握和利用或者有能力和条件掌握和利用辅助生殖技术的人为主。这里的人既包括自然人，也包括单位。具体为：

1. 从事辅助生殖技术研究并掌握了相关技术的科研人员。
2. 持有辅助生殖技术资料或掌握重要技术秘密的人员。
3. 从事辅助生殖技术开发、转让和应用的法人或其他组织。
4. 以牟取经济利益为目的，代人受孕或者强迫、利用妇女从事代人受孕业务的人。

（三）主观方面

根据犯罪构成的基本理论，主观过错是构成犯罪的要件之一，辅助生殖犯罪也须以行为人的主观过错为要件，而且其过错的范围也包括故意和过失两种情况。具体有关个罪而言，某些犯罪如从事克隆技术开发罪、代孕罪等应当以故意为要件，而另有一些犯罪如非法转让辅助生殖技术罪，非法出售受精卵、胚胎罪等，则既可以是出于故意，也可以是出于过失。

此外，该类犯罪中的一些具体罪名，行为人以获取经济利益为主要目的。

（四）客体

辅助生殖犯罪所侵犯的客体为复杂客体。辅助生殖犯罪作为一种类罪，其所侵害的客体为国家的医疗卫生管理秩序与生命社会关系。所谓生命社会关系，就是指因生命科技活动而发生，为促进生命科技的发展并保障人类生命的存在、健康与长寿而形成、可据以协调生命科技劳动者、劳动组织和管理机构内部关系及相互关系的社会关系。辅助生殖犯罪对生命社会关系的侵害主要是通过对人的生命健康权、人格权等的侵犯来直接得以体现的。

（五）客观方面

辅助生殖犯罪在客观上表现为行为人违法实施了与辅助生殖技术有关、严重危害社会的行为，主要表现为：

1.严重违规转让辅助生殖技术的行为。

2.医疗工作人员违法为他人提供辅助生殖技术服务的行为。

3.利用辅助生殖技术进行跨种动物杂交的行为。

4.从事代人受孕或者强迫、利用妇女从事代人受孕业务等与代孕有关的行为。

5.非法买卖人类遗传物质资料的行为。

6.医疗工作人员非法为他人实施无医学指征的性别鉴定的行为。

7.非法从事生殖性克隆技术研究及应用的行为。

8.其他涉及辅助生殖技术的严重危害行为。

三、辅助生殖犯罪及其刑事责任

辅助生殖技术的应用关涉人类新的生命体的创造，任何技术的滥用，都会给社会造成难以估量的危害甚至灾难。为此，倡导刑法手段介入辅助生殖领域，通过一定的刑事责任制度来防范辅助生殖犯罪的发生，就成为各国刑法学界关注和探讨的一个重要问题。

（一）辅助生殖的正当性对违法性的阻却

1.伦理上的正当性。辅助生殖是用人工辅助手段替代自然生殖的一部分或全部，从某种意义上说，辅助生殖是违背自然生殖规律的一种人类繁衍方式。客观上，辅助生殖技术存在被滥用以致给整个人类社会造成危害的可能性，但辅助生殖技术本身是中性的，无善恶之分。正如爱因斯坦所指出的："科学是一种强有力的工具。怎样用它，究竟是给人类带来幸福还是灾难，全取决于人自己，而不取决于工具。"尽管国内外学者对辅助生殖存在很大争议，但是，辅助生殖的出现客观上给那些身患不孕不育症的夫妻带来了希望，在现代社会中，它已成为治疗不孕不育症患者的一个最重要手段，并同时也成为保持婚姻家庭和谐的一个重要手段。辅助生殖行为本质上并不违背人类伦理，反而应当受到伦理的肯定与认可，尤其是其在被用于治疗不孕不育的情况下。

2. 应用的合条件性。辅助生殖的实施必须遵循一定的伦理底线，满足一定的条件，具体来说：(1)接受辅助生殖的主体必须是合法婚姻关系者，未婚、离婚男女或寡妇鳏夫应被排除。(2)已婚夫妻必须是一方或双方患有不育症经治疗无效或者患有先天性、遗传性疾病不适宜自然生殖，即其使用限于对不育者的救治和消极优生。(3)提供精卵供体或代孕育的人必须有完全的民事行为能力并经检查身体健康合格者。(4)精卵或胚胎之供应者，必须只捐献一处，并以成功受孕一次为限，不得多处捐献或多次使用。(5)要求施用人工生殖的夫妻必须与子女有关联因素，即供精、供卵、受孕、妊娠、分娩等五个环节中应至少有一个环节有夫或妻参与，以确保养育父母与子女存在着自然的联系。

(二)境外辅助生殖犯罪的刑事责任制度

辅助生殖技术在各个国家和地区的飞速发展及其在现代医疗临床上的广泛应用带来了一系列伦理难题，同时也引发了诸多犯罪现象，为此，世界上越来越多的国家和地区积极推进其刑事立法，形成了一套相对行之有效的防范和打击辅助生殖犯罪的刑事责任制度。

1. 境外辅助生殖立法概况。辅助生殖技术在世界范围内的发展极大地推动了相关国家和地区立法的进程。

瑞典是世界上首先对辅助生殖技术进行特别立法的国家之一，早在 1985 年《授精法》就生效，并同时修改《瑞典亲子法》的有关内容，与《授精法》同时颁行。

英国于 1985 年制定了《代孕协议法》，并于 1990 年制定了《人类受精与胚胎法案》，2008 年颁布了《人类受精与胚胎学法案》；德国于 1990 年制定了《胚胎保护法》；加拿大则于 2004 年通过了《辅助性人类生殖法》；哥斯达黎加于 1995 年 3 月 3 日颁布了《辅助生殖技术条例》；冰岛于 1996 年 5 月 29 日颁布了《人工授精法》；土耳其于 1996 年制定了《试管授精和胎胚移转中心条例》；丹麦于 1997 年制定了《人工生殖法》；斯洛文尼亚于 2001 年颁布了《医学辅助生殖法》；希腊于 2002 年颁布了《医学辅助生殖法》；荷兰于 2002 年 7 月颁布了《胚胎法》；乌拉圭于 2003 年 6 月 2 日颁布了《人类辅助生殖技术条例》；意大利于 2004 年 2 月 19 日颁布了《医学辅助生殖规范》；比利时于 2004 年 5 月 11 日颁布了《试管胎胚保护法》；等等。

2. 境外立法对辅助生殖犯罪及其刑事责任的规定。在已对辅助生殖技术进行立法的国家和地区中，不少国家和地区都对辅助生殖技术发展与应用引发的法律问题给予刑法规制。

一是违反辅助生殖程序的刑事责任。英国的《人类受精与胚胎学法案》对辅助生殖的程序进行了规定,依据这些规定,从事辅助生殖的人须获得人类授精与胚胎学机构颁发的牌照,并在该牌照许可的范围内开展辅助生殖服务,任何人超出许可范围实施辅助生殖活动的,如体外制造胚胎的行为、将人类胚胎植入其他动物体内的行为、利用人类胚胎上的原始细胞制造或培养人类的行为等等,都将构成犯罪并被追究相应的刑事责任。

法国也对辅助生殖技术操作过程中的犯罪问题给予了高度关注。在法国1994年7月制定的第94-653号法律中,也明确规定了擅自从活人身上采集配子罪。

我国香港特区2000年6月通过的《人类生殖科技条例》第三十六条规定,没有牌照或不依据牌照从事人类生殖科技活动的构成犯罪;澳大利亚在《人类胚胎研究法案》中,则专门设置了超期使用人类胚胎罪、使用非超期人类胚胎罪及违反许可从事辅助生殖罪,并规定对这类犯罪可判处五年监禁。

二是强制采精、采卵,未经妇女同意对其进行人工授精的刑事责任。英国《人类受精与胚胎学法案》规定:从事人工授精须征得他人同意,不得强制采精、采卵,未经妇女同意则不得对其进行人工授精,任何人违反这些规定,强制采精、采卵或强制供精,都要依法被追究相应的刑事责任。

三是从事代人受孕或者强迫、利用妇女从事代人受孕业务等与代孕有关的行为的刑事责任。英国1985年通过的《代孕协议法》中,则对围绕代孕而引发的犯罪进行了明确规定。根据该法第2(1)节,下列行为构成犯罪,并将被追究刑事责任:(a)发起或参加代孕协议磋商事宜的;(b)提供或同意代孕的;(c)收集信息帮助代孕的。此外,该法案第3节还规定,刊登代孕母亲广告的行为也构成犯罪。

四是利用辅助生殖技术进行人兽杂交的刑事责任。英国对人兽杂交科以十年监禁;在德国,根据其1990年的《胚胎保护法》,从事人类与动物之接种或混合合成之试验,要被处以相当的刑罚。

五是非法买卖人类遗传物质资料的刑事责任。法国1994年7月制定的第94-653号法律,明确规定了擅自从活人身上采集配子罪、购买配子罪、购买胚胎罪、为买卖胚胎从事中介服务罪、用非法精子进行人工授精罪、为商业目的进行试管胎儿受孕罪等二十余项罪名及刑事责任。我国香港特区的《人类生殖科技条例》第三十九条规定,以下情形——购买或出卖进行生殖科技程序所必需的物质的,谋求寻觅愿意出卖进行生殖科技程序所必需的物质的人的,提出或商议涉及出卖或打算出卖进行生殖科技程序所必需的物质安排的,或参与管理或参与控制其事务包括或包括提出或商议涉及出卖或打算出卖进行生殖科技程序所必需的物质安排的,安排发布或分发或明知而发布或分发购买、出卖或打算购买、出卖进行生殖科技程序所必需物质的广告的，进行商业性质的代母安排的，一经首次定罪，可处第四级罚款及监禁六个月。一经再次罚款，可处第六级罚款及监禁两年。

六是医疗工作人员非法为他人实施无医学指征的性别鉴定的行为。德国《胚胎保护法》规定对胚胎性别选择之试验与操作要被处以相当的刑罚。我国香港特区《人类生殖科技条例》第三十六条规定，借科技程序进行性别选择的，一经首次定罪，可处第四级罚款及监禁六个月。一经再次罚款，可处第六级罚款及监禁两年。

七是非法从事生殖性克隆技术研究及应用的刑事责任。生殖性克隆人对人类传统生殖繁衍方式及生命伦理带来了难以预测的毁灭性冲击，各国立法几乎毫无例外地反对并禁止生殖性克隆人。为此，日本的《克隆技术规制法》，俄罗斯的《暂时禁止克隆人法案》，美国众议院 2001 年通过的旨在禁止克隆人的法案，澳大利亚的《禁止克隆人法案》，法国的《生物伦理法案》，等等，都明确禁止生殖性克隆人，并将其规定为犯罪而予以惩治。在美国，从事生殖性克隆人及其相关研究的，最高可被处以十年监禁和一百万美元罚款；而在澳大利亚，这类行为最高可被科以十五年有期徒刑。

（三）我国辅助生殖犯罪的刑法对策

辅助生殖技术的研究和应用在我国起步较晚，但其发展却极为迅速。为了保障辅助生殖技术的健康发展，法律介入辅助生殖技术应用的过程便凸显出其必要性，刑法的介入显然也在其中。

1. 我国规制辅助生殖科技活动的刑法原则。(1)保障科学发展的原则。辅助生殖技术刑事法律规范的实质在于以“双刃剑”来规范“双刃剑”，因而客观上也会产生促进该技术进步与阻碍该技术发展的正负两方面效应。为此，刑事立法者在规制辅助生殖技术时应充分保持刑法的“谦抑性”，谨慎介入辅助生殖技术领域，把保障辅助生殖技术朝着有利于促进整个人类社会公益的方向健康发展作为一项基本原则。(2)风险防范的原则。法律尤其是刑法对辅助生殖技术进行规范的目的，应当在于防范该技术的滥用，以保障其朝着有利于促进整个人类社会公益的方向健康发展，而不会给人类的生存和发展带来威胁。辅助生殖技术的滥用对于人类的延续与发展的危害是极其严重甚至是毁灭性的，并由此而成为社会的风险之一，为此，在立法的过程中，刑事立法者必须坚持风险防范的原则，从全社会安全的角度出发，积极应对辅助生殖技术发展与应用的挑战，严厉打击那些滥用或意图滥用辅助生殖技术而可能给社会造成危害的行为。

2. 我国辅助生殖犯罪的具体刑法对策。一是修改现行《刑法》的规定，增加对辅助生殖犯罪及其刑事责任的规定。具体来说，《刑法》有必要根据辅助生殖犯罪在医疗实践中的各类表现形式，分别增设滥用辅助生殖技术罪，代孕罪，从事代孕业务罪，实施代孕手术罪，商业存储人类精子、卵子、胚胎罪，使用非法精子为他人提供辅助生殖技术服务罪，强制供精罪，非法进行无医学指征的胎儿性别鉴定罪，擅自采精罪，非法买卖精子、卵子、受精卵或胚胎罪以及非法买卖人类遗传物质罪等具体罪名，并依据这些犯罪所具有的社会危害性，配设适宜的刑罚措施。

二是加强司法解释，以充分利用现有刑法规范。对于其他与辅助生殖技术有关的某些对社会具有严重危害的行为，如果其行为特征符合现行《刑法》中的某一犯罪的犯罪构成，则应当充分利用现行《刑法》中的现有规定。例如，现行《刑法》对玩忽职守罪的规定，对妨害传染病防治罪的规定，对非法行医罪的规定，对非法进行节育手术罪的规定，对医疗事故罪的规定，以及对杀人罪、伤害罪的规定，等等，都是刑法应对和防范辅助生殖犯罪的具体条款。

第五节　人体试验与犯罪

《赫尔辛基宣言》中提到："医学进步取决于对人体对象进行试验的研究。"人体研究是证实医学救治措施疗效与安全性的最为有效的方式，是当代生命科技尤其是医学研究领域不可缺少的重要环节。与此同时，由于缺少必要的法律监管措施，人体试验的进行也引发了大量因滥用人体试验而产生的非法人体试验犯罪这一法律难题。

一、人体试验与非法人体试验释义

（一）人体试验的概念与特征

人体试验（Human Experiment，Human Experimentation），通常又称人体实验、生体试验或生体实验，是指以人体为受试对象，采用相应的试验手段，有计划并有控制地对受试者进行观察和研究，以达到某种预期目标或取得某种预想效果的行为。

人体试验是一种医学上对新领域的探索与研究，它具有以下主要特征：

1. 人体试验以人体为受试对象。人体试验的受试者只能是人本身，包括尸体、活体、个体和群体。

2. 人体试验具有伦理性。人体试验以人体为对象，对人体试验进行合法性考察首先要对人体试验的伦理性进行评价，对于违背人类伦理的人体试验要立法禁止，对于违背人类伦理的人体试验所获结论要审慎对待。

3. 人体试验具有研究性。人体试验的目的在于得到新的医学知识，确定医疗领域的技术、药品对于保健医疗方面有无裨益以及是否具有预期的效能。人体试验不同于一般医疗行为，其主要目的是获得医学知识，开发、改善医疗领域的技术、药品等。

4.人体试验具有探索性。人体试验是以开发、改善医疗技术及增进医学新知，而对人体进行医疗技术、药品或医疗器材研究的行为。

5.人体试验具有风险性。人体试验是一个尝试性的工作，这种尝试性不同于已有的医学界公认的医治方式，其本身具有较大的风险。

（二）非法人体试验的概念与表现形式

非法人体试验是指违反法律规定以人体为受试对象进行的尝试性研究。它背离了目的正当性原则、知情同意原则、有利无害原则和保护弱势群体原则等。

非法人体试验的表现形式为：

1.违背知情同意原则进行非法人体试验的行为。这类行为主要表现为试验者对受试者隐瞒真相、虚假陈述和告知，利用受试者与试验者的依赖关系使受试者做出了意思表示不真实的表达，或者与受试者签订了具有欺骗性的知情同意书面文件，或者与法律授权的受试者代表串通进行损害受试者利益的意思表示，严重威胁人体生命健康的行为。

2.违反利益大于风险原则进行非法人体试验的行为。收益大于风险原则要求以风险防范为理念，以利益衡量为手段，对各种探索性人体试验进行具体分析，采取不同的法律对策。具体而言，违反收益大于风险原则进行非法人体试验的行为表现为严重违背、脱离医学实践，违背医学常规，严重威胁受试者生命健康的人体试验行为。

3.违反伦理评价原则进行非法人体试验的行为。《世界医学协会赫尔辛基宣言》规定，在研究开始前，研究规程必须提交给伦理委员会，供其考虑、评论、指导和同意。该委员会必须有权监督研究的开展。美国法律要求伦理审查委员会（Institutional Review Board，IRB）必须在会议上做有意义的、全面的审查报告，并详细记录他们的想法，包括对有争议的问题的解决办法。IRB还要审查知情同意书，确保所有要求的信息都针对受试人群清楚明白地表达出来。此外，非法人体试验中试验方案的任何修改均应经伦理委员会批准；试验中发生严重不良事件（Adverse Event），应及时向伦理委员会报告。不良事件是患者或者临床试验受试者接受一种药品后出现的不良医学事件，但并不一定与治疗有因果关系。及时报告不良事件有利于正确、科学、及时评估人体试验的风险，采取有效措施防止危害受试者群体事件的发生。因此，如果发生对不良事件的瞒报或者虚报，贻误事故抢救，情节严重的行为，也应当按照非法人体试验罪处罚。

二、非法人体试验犯罪的概念及其构成特征

非法人体试验犯罪是指违反国际公约以及国内法律关于人体试验的禁止性规定，非法对他人进行人体试验，严重威胁人体生命健康，应当受到刑法处罚的行为。

参照境外国家和地区的立法与司法，结合我国犯罪构成理论，建议增设非法人体试验罪，以维护人体生命健康。其犯罪构成应当具备以下特征：

（一）主体

本罪的犯罪主体包括单位和自然人，既可以是专门从事医学科学研究和医疗科研的企事业单位及其工作人员，也包括不具备上述资格的单位与个人。

（二）主观方面

本罪的主观方面为间接故意。人体试验以科学研究为目的，基于科学研究的目的否定了进行人体试验对受试者因接受人体试验而遭受的损害所持希望态度——犯罪的直接故意。

（三）客体

非法人体试验罪的直接客体为国家的医疗卫生管理制度和受试人的生命权、健康权和人格权。人体试验是以人体为试验对象，因此，非法人体试验的犯罪对象为人。

（四）客观方面

非法人体试验罪在客观上表现为行为人违反医疗管理制度，实施了非法人体试验的行为，并且，该行为致受试人重伤或者死亡。非法人体试验行为的客观表现方面有：(1)从事试验的主体不符合规定的资质条件。(2)未通过试验前的评审或者以欺骗的手段骗取评审。(3)未履行告知义务的欺骗性人体试验。(4)未征得受试者同意的强制性人体试验。(5)对无民事行为能力的未成年人和精神病人及无意志自由的犯人、战俘实施的人体试验。根据纽伦堡法典和赫尔辛基宣言，胎儿、儿童、犯人、战俘不能作为受试者。(6)在试验中未履行谨慎的注意义务，造成严重损害结果的。

三、非法人体试验犯罪的刑法应对

（一）增设非法人体试验罪的根据

在当代非犯罪化、轻刑化趋势日益明显的国际形势下，非法人体试验行为犯罪化必须进行严格的理论和实践论证，以求其合理性和必要性。根据刑法学理论以及刑法的立法精神，行为具有严重的社会危害性是犯罪的本质属性，因而判断人体试验行为是否应当认定为犯罪，首先需要考证其行为的社会危害性。

1.非法人体试验行为侵犯了公民的生命健康。“二战”中滥用人体试验残害人类以及战后出现的滥用人体试验进行科研，严重践踏了人的生命健康权和人格尊严。1989年，美国疾病控制和预防中心与加利福尼亚的一家公司在没有告知真相的情况下，在洛杉矶联手给1500名黑人和拉美后裔婴儿注射了正处于试验阶段的麻疹疫苗，结果导致一名年仅22个月的婴儿死亡。非法人体试验直接侵害或者威胁着人体试验受试者的生命健康。

2.非法人体试验侵害了人保有生命健康的选择权。人体试验具有尝试性和风险性，为充分保护人的生命健康，人体试验的进行要遵循知情同意、收益大于风险等准则，让受试者进行风险评估、利益衡量。非法人体试验违反上述准则，侵害了人保有生命健康的选择权。

3.非法人体试验危害甚至严重危害人类生命伦理。刘长秋在《论人体实验的刑法规制》一文中说：“由于人们在认识和改造世界过程中所可能具有的各种主观上的非理性，一些人体试验最终游离出了人体试验所应当遵循的伦理原则，成为危害甚至严重危害人类生命伦理以及社会秩序的违法犯罪行为。”非法人体试验以人作为受试目标，其背离保护、尊重和促进人的生命价值和尊严的基本原则，严重危害人类生命伦理。如应用人畜嵌合体胚胎产生的干细胞可能产生一些预料不到的后果，有失人的尊严。

（二）非法人体试验之刑法应对的境外模式

在世界各地，由于法律传统与法律文化的差异，非法人体试验的刑法应对模式亦不尽相同，概括来说，可以划分为两类。

1.单独规制模式。即对非法人体试验单独设罪，刑法明确规定非法人体试验犯罪的模式。从国际条约及各地的刑法立法看，将非法人体试验行为作为单独的犯罪是世界上很多地区的做法。

随着人体试验过程中各种问题的凸显，设立单独的罪名处罚非法人体试验行为的立法方式也为某些地区所采取。现行《法国刑法典》《匈牙利刑法典》和《澳大利亚联邦刑法典》均专门规定了有关非法人体试验的犯罪。

法国是世界上最为重视非法人体试验刑事规制的国家之一。在法国《新刑法典》中专门设置了用人身进行试验罪这一项罪名，并详细规定了其刑事责任。法国《新刑法典》第223-8条规定：“在《公共卫生法典》有规定之场合，未取得当事人、拥有亲权的人或监护人自由、明确的明文同意，在人身上进行或指使他人进行生物医学研究的，处三年监禁并科四万五千欧元罚金。原来表示同意但已经撤销之场合，仍继续进行生物医学研究，适用同样之刑罚。”

《匈牙利刑法典》第十二章第二节“关于医学程序、医学研究秩序和违反医学程序中的自治权利的犯罪”第173/D条规定了违反人体试验研究规则罪。其规定:"未获得或者违背《保健法》规定的许可证进行人类医学试验的,构成重罪,应当判处五年以下监禁。第173/F规定:"出于操纵人类胚胎基因结构目的而实施人类胚胎科学试验的,构成重罪,判处五年以下监禁。"《匈牙利刑法典》不仅规定了关于非法人体试验的犯罪,而且专门针对人体胚胎和配子试验两种特殊人体试验规定了相应的罪名,其规定详细,具有可操作性。根据《匈牙利刑法典》的规定,关于非法人体试验的诸种罪名是重罪,只要行为者实施了非法人体试验的行为而不要求有任何实际危害结果的发生就可以认定犯罪成立。

《澳大利亚联邦刑法典》第八章"反人道及其相关犯罪"第二百六十八条第二十七款规定,如果符合下列情形则行为人的行为构成战争罪中的一个罪名——生物学试验罪:(a)犯罪人对一个或者多个人实施了特定生物试验;并且(b)试验严重威胁到一个或者多个人的身体或者精神健康、身体完整性;并且(c)犯罪人的行为不是出于药物、牙医或者医院治疗理由,也不是为了此一个或者此多个人的利益而实施;并且(d)一个或者多个人处在《日内瓦公约》之一项或者多项的保护之下,或者出于《日内瓦公约第一议定书》的保护之下;并且(e)犯罪人对此一个或者多个人受到如此保护的事实是明知或者轻率的心态;并且(f)犯罪人的行为发生于某一国际武装冲突之中,或者与此有关。对该类犯罪行为,可判处二十五年监禁;而且严格责任适用于对于(1)款(d)项。

2.参照规制模式。即对非法人体试验不单独设罪,而是参照侵害生命健康的犯罪进行惩治的模式。

德国是最早制定人体试验法的国家之一。早在1900年,普鲁士就出台了《人体试验条例》,开创了国家规制人体试验的先例。1931年,德意志帝国卫生署颁布了有关治疗方法和人体试验的更为详尽的指导规则。然而,德国刑法并没有专门规定单独的非法人体试验罪,而是适用刑法中其他规定侵害生命健康犯罪的条文对非法人体试验行为进行处罚。

1979年,日本制定了《药品事务法》,针对人体的药品试验问题进行了初步规定。1990年与1992年,日本又分别出台了《关于医药制品临床试验的实施基准》与《关于医疗用具的临床试验的实施基准》,对人体试验进行了更为具体的规定。尽管日本法律对人体试验进行了细致的规定,但是,并没有设置独立的非法人体试验罪,对于非法人体试验的刑事惩治,一般依照伤害罪、杀人罪等罪名处罚。

此外,阿根廷、葡萄牙立法禁止医生实施性转换手术等人体试验,医生进行性转换手术等人体试验将被判处人身伤害罪。

(三)我国《刑法》对非法人体试验的应对

1.我国《刑法》对非法人体试验之规范的立法现状。20世纪80年代之后,伴随着现代生命科学技术在我国的飞速发展，各种人体试验也陆续在我国展开。为此，我国加强了对人体试验的引导与规范。1994 年《医疗机构管理条例》、1998 年《执业医师法》、2003 年《药物临床试验质量管理规范》以及 2007 年《涉及人的生物医学研究伦理审查办法（试行）》等法律条文对人体试验进行了详细规定。但是，我国对非法人体试验之刑法应对并未单独设罪，而是采取了“参照规制模式”。

2. 我国《刑法》对非法人体试验之规范的立法缺陷。

一是“参照规制模式”利用现行《刑法》中已有罪名来应对人体试验犯罪。由于《刑法》中没有直接规定非法人体试验方面的专门罪名，在罪刑法定原则的制约下，对医师违背患者意愿而非法开展治疗性人体医学试验的行为，只能依照《刑法》关于医疗事故罪、过失杀人罪或过失致人重伤罪的规定来追究刑事责任；而对于医师之外的研究者所开展的非法人体医学试验，则只能依据《刑法》关于非法行医罪、过失杀人罪或过失致人重伤罪的规定来追究刑事责任。

人体试验犯罪尽管外观上符合现行《刑法》中上述某一犯罪的某些构成要件，但却未必符合所有构成要件，参照现有《刑法》定罪处罚，难以避免刑罚过轻或过重的问题。

二是与相关行政法规不能衔接。1999 年《执业医师法》第三十七条规定，医生未经患者或其家属同意而进行试验性临床医疗，情节严重而构成犯罪的，应当追究其刑事责任。2007 年，原卫生部亦在医学伦理上对此发布了规范性文件。《药品管理法》《药品临床试验管理规范》《医疗器械临床试验管理规范》亦做了类似规定。但另一方面，《刑法》中没有直接规定非法人体试验犯罪。

3.《刑法》应对非法人体试验犯罪的立法建议。

第 ·，借鉴境外非法人体试验立法经验，采用“单独规制模式”。非法人体试验行为具有多样性。它不仅包括我国现有《刑法》侵害生命健康的犯罪所规定的行为，而且包括试验者对受试者隐瞒真相、虚假陈述和告知，利用受试者与试验者的依赖关系使受试者做出了意思表示不真实的表达，或者与受试者签订了具有欺骗性的知情同意书面文件，或者与法律授权的受试者代表串通进行损害受试者利益的意思表示等行为。因此，采用“参照规制模式”，按照侵害生命健康的犯罪惩治非法人体试验行为，难以对非法人体试验行为进行有效的惩处。

第二，非法人体试验罪的犯罪形态应当规定为危险犯，同时规定结果加重犯形式。危险犯是危害行为产生危害法益的危险犯罪即成立的客观形态。人体试验具有尝试性以及受试者的群体性和不特定性，非法人体试验危害的不仅仅是某个人的生命健康，而且往往是多数或者不特定人的生命健康。因此，对于非法人体试验不须等待实际严重后果的发生，而应当在严重侵害法益的危险已然产生的情形下,认定犯罪的成立。

第三,对严重违反卫生法规,具有下列情形之一,导致严重危险状态的,应追究相应的刑事责任:(1)进行人体试验的目的不正当。(2)试验的对象为法律所禁止的不得作为受试对象的主体(如胎儿、罪犯、战俘、精神病人等无法或难以进行自主意思表达者)。(3)违背受试者的意愿的。(4)未经过相关的动物试验或相关的动物试验尚未成熟。(5)尚不具备能够为生命科学界所认可的、进行人体试验的时机与条件(如是否已经确实具备了技术上的可行性和合理性、试验执行者所采取的试验方法与手段是否是对受试人最有利的方法和手段、试验者是否已经收集了进行该试验所必需的生命科学资料、是否已经配齐了相关的试验设备等)。

第六节　基因技术与犯罪

一、基因技术及其对传统刑法理论与制度的挑战

(一)基因技术的概念

基因技术,又称基因工程,包括利用载体系统的重组基因技术,以及利用物理或者化学方法把异源基因直接导入有机体的技术。

(二)基因技术对传统刑法理论与制度的挑战

飞速发展的基因技术在造福人类的同时,对传统社会秩序也带来了冲击,客观上引发了基因犯罪现象的出现。

1.基因技术冲击医疗卫生秩序并诱发新型犯罪。基因技术对医疗卫生秩序的严重冲击表现在诸多方面,其中,最为主要的表现则是公共卫生安全方面,或者说主要体现在对公众生命健康权的威胁与侵害上。

2.基因技术冲击人类现存的生命伦理秩序并诱发新型犯罪。人类社会发展的每一个历史阶段都存在着某些作为生命伦理底线的公共生命伦理准则,例如,生命尊严准则、不伤害准则、非商业化准则、有利准则等。这些伦理准则作为人类社会在该历史发展阶段上的生命伦理底线,在维护和保障人类社会伦理安全尤其是生命伦理安全方面发挥着支柱作用。基因技术进步所带来的生殖性人类克隆问题、新的亚人种问题、对人体进行无性系试验的行为等等,都已经严重冲击了人类现存的相对稳定的伦理秩序,并诱发诸如非法开发生殖性克隆人(转基因造人)技术犯罪、利用基因技术制造怪物犯罪、利用基因技术选择人种犯罪等等。

3.基因技术的发展引发国家与民族安全问题并诱发新型犯罪。毫无疑问,

基因技术给人类社会带来极大的福利，但是，一旦人们利用其所掌握的基因技术来制造基因武器，用于战争、制造杀人工具、进行种族灭绝等等，则极有可能会给人类乃至整个生物圈带来灭顶之灾——人类社会或至少是某一个种族迅速灭亡。

二、基因犯罪的概念及特征

基因犯罪是指利用基因技术所实施的犯罪或者，与基因技术滥用有关的其他一些犯罪的总称。

其特征是：

（一）主体

本罪的犯罪主体为一般主体，包括单位和自然人，既可以是专门从事基因科学研究和医疗科研的企事业单位及其工作人员，也可以是不具备上述资格的单位与个人。

（二）主观方面

基因犯罪主观罪过多数情况下是故意，也有少数情况为过失。例如，故意利用人工手段干预生殖细胞以控制后代的生理和情感特征；故意通过改善基因来改良人种，淘汰所谓低等民族的行为；故意使基因治疗行为失败，侵害病人生命健康的行为；等等。但由于基因技术的社会高风险性，对于那些造成严重后果的过失行为，也应以犯罪论处。

（三）客体

基因犯罪所侵犯的客体是国家对基因技术的管理制度以及人的生命健康权、人格尊严、人体和人种的完整性以及遗传物质的不可改变性等。

（四）客观方面

基因犯罪是伴随着现代基因技术的发展而出现的一种新型犯罪。其犯罪的客观方面是行为人实施了基因技术滥用的行为或有助于基因技术滥用的行为。其行为主要有以下几种类型：

1. 非法制造转基因生命体犯罪行为。
2. 不当基因技术科研犯罪行为。
3. 非法走私、生产、销售、运输、持有转基因动植物、食品犯罪行为。
4. 侵犯基因资源犯罪行为。
5. 侵犯基因信息犯罪行为。
6. 生产、销售不符合卫生标准的转基因食品犯罪行为。
7. 生产、销售有毒、有害转基因食品犯罪行为。
8. 基因环境污染事故犯罪行为。

9. 不当基因治疗犯罪行为。

10. 研究、制造、使用、走私、运输、贩卖基因武器犯罪行为。

11. 研究、制造、使用、走私、运输、贩卖、传播针对携带特定基因人群的致病病毒、细菌犯罪行为。

三、基因犯罪的刑法规制

（一）境外基因犯罪的刑法规制

面对基因技术的飞速发展及其负面效应的日渐显露，运用刑法手段，借助刑事责任制度来防范和打击基因犯罪，已经成为世界上很多国家和地区生命科技政策的一项基本内容。为此，越来越多的国家和地区都在其刑法典中或通过制定专门的单行法对基因犯罪及其刑事责任予以规范。

1. 立法模式。受制于现代卫生技术飞速发展所带来的利益与安全的不确定性，以及各国和地区伦理观念、法律传统等方面的差异，各国和地区对基因科技活动的刑法介入还没有形成一种相对统一的立法模式，从世界各国和地区的立法实践来看，其基本立法模式主要有三种。

一是刑法典模式。如西班牙、俄罗斯、芬兰、蒙古等，都在其刑法典中直接规定基因犯罪及其刑事责任。如《西班牙刑法典》对“与基因操作相关的犯罪”之规定，《芬兰刑法典》关于“基因技术罪”的规定，等等。

二是专项单行法模式。如新加坡、澳大利亚、美国、英国、摩洛哥针对基因技术犯罪制定了专门的单行法，在单行法中规定了其刑事责任。1976 年 6 月 23 日，美国国家卫生研究院（NIH）制订并公布了世界上第一个实验室基因工程应用法规——《重组基因分子实验室准则》，开政府对生物技术的发展进行控制的先例。以后，英国、德国、法国、日本、澳大利亚、瑞士、巴西、墨西哥等国也相继颁布了类似法规。此外，这些国家和地区的判例中还确立了一些具体形式的基因犯罪及其刑事责任。

三是刑法典与专项单行法相结合模式。如法国、德国、日本等，在这些国家和地区的刑法典中仅规定了个别基因犯罪，而更多的基因犯罪及其刑事责任则被规定在了专项单行法中。

以法国、日本为例。法国基因治疗的法律比较健全。20 世纪 90 年代初，法国《刑法典》曾经将某些基因治疗行为犯罪化。1994 年 3 月由议会通过了强化尊重人格和公共卫生措施的三个法案，其内容涉及基因疗法、人工生殖和器官移植三个方面。日本的《刑法典》中并没有就克隆人方面的犯罪及其刑事责任做出任何规定，而仅规定了作为传统生命科技犯罪的医疗犯罪及其刑事责任。然而，在其 2001 年 6 月开始实施的《禁止克隆人法》中专门对从事生殖性克隆人犯罪做出了规定，且规定了多个罪名。

2.刑事责任制度。一是严惩人体基因商业化行为的刑事责任制度。尽管各国文化、传统、习俗等差异导致了各国和地区在对各类生命科技犯罪的犯罪性及刑法介入规范这类犯罪上的差别，但各国和地区却几乎无一例外地严格控制人体基因的商业化运作。并在其刑法典或单行刑法中，针对商业化的基因犯罪而规定了相应的刑事责任。如澳大利亚《禁止克隆人法案》规定："因他人提供人类卵子、人类精子或人类胚胎，而故意给予此人或向其提供对价(等价回报)，即犯此罪，并可判最高有期徒刑十年。"法国《新刑法典》规定："付款从人身上摘取组织、细胞或人体所生之物的，无论形式如何，处五年监禁并处七十五万欧元罚金。"我国台湾地区有关人工生殖的法规规定："意图借由从事生殖细胞、胚胎买卖营利或居间介绍者，可处二年以下有期徒刑、拘役或科或并科新台币二十万元以上一百万元以下罚金，没收犯罪所得。"等等。

二是侵犯基因秘密犯罪的刑事责任制度。基因秘密(包括一国某群体的基因信息资料、某个人的病理资料等)影响各国和地区安全与利益，并直接影响每个人的生命安全与人格利益，作为贯彻风险预防理念之具体制度之一，在各国和地区立法中有专门对侵犯保密制度而设置的刑事责任制度。如芬兰《刑法典》第三十八章对"信息罪"及其刑事责任的规定。

三是防范基因技术危害公共卫生安全的刑事责任制度。基因技术的发展给现代社会所带来的一个最为严峻的挑战，便是其可能对公共卫生安全所带来的挑战。为此，各国和地区都在其刑法或公共卫生法中专设了大量危害公共卫生方面的犯罪，以惩治那些意图利用基因技术传播病菌，制作或贩卖有害食品、药品、麻醉品或生物制品等危害公共卫生安全的行为。

(二)我国《刑法》对基因技术危害行为规制的现状

由于基因技术发展所带来的利益与安全的不确定性，我国现行《刑法》对基因危害行为的规制尚不完善，主要表现在以下几个方面：

1.没有基因技术危害行为的专有罪名。我国现行《刑法》还没有设立专门条文对基因技术危害行为进行规制，对严重危害社会的基因犯罪只能通过《刑法》其他罪名的适用进行规制。如：故意杀人、伤害罪(利用转基因技术故意杀人、伤害的行为)，过失致人重伤、死亡罪(使用转基因技术时，因过失致人重伤、死亡的行为)，故意毁坏财物罪(如故意毁坏转基因动植物的行为)，破坏生产经营罪(故意破坏国家设立的基因库的正常生产、经营活动的行为)，非法获取国家秘密罪(如非法获取列为国家秘密的转基因技术信息的行为)，非法持有国家绝密、机密文件资料、物品罪(如非法持有列为国家绝密、机密的转基因技术文件资料、物品的行为)，虚假广告罪(如隐瞒所销售食品为转基因食品的广告)，非法经营罪(如非法生产、销售转基因食品的行为），假冒专利罪（假冒转基因专利行为），侵犯商业秘密罪（侵犯他人基因技术商业秘密行为），传染病菌种、毒种扩散罪（从事试验、保藏、携带、运输转基因传染病菌种、毒种的人员，违反国务院卫生行政部门的有关规定，造成转基因传染病菌种、毒种扩散，后果严重的行为），医疗事故罪（转基因医疗事故行为），非法行医罪（未取得医生执业资格的人非法行医的或虽具有医生执业资格，但未取得转基因治疗专项资格非法行医的行为），等等。

2.《刑法》对具有严重社会危害性的基因技术规制缺失。基因技术进步带来了生殖性人类克隆问题、复制克隆人问题，如：在体细胞基因治疗过程中，行为人故意使治疗手术失败，或者利用手术为病人植入非目的异常基因导致严重后果的行为；在优生基因工程中，将人和其他动物的遗传物质结合在一起，形成一个新的亚人种的行为等具有严重社会危害性的行为。目前一些国家的立法已经针对这类犯罪采取了相应的对策，我国《刑法》尚待设定相关罪名。

3.《刑法》对基因技术的危害风险控制不利。基因犯罪往往关联着不可预知的基因风险，基因风险的系统性、不可测量性、复杂性，要求《刑法》须由法益保护的基点，转换到风险控制的维度，方能有效应对。我国现有可以适用于基因危害行为的条文，或者要求实害结果的发生，如过失致人重伤、死亡罪，或者要求后果严重，如传染病菌种、毒种扩散罪，医疗事故罪，非法行医罪，或者限于故意犯，如故意杀人、伤害罪，故意毁坏财物罪，破坏生产经营罪，非法获取国家秘密罪，非法持有国家绝密、机密文件资料、物品罪，等等，在很大程度上抑制了《刑法》的风险控制作用。

4.与相关行政法规不能衔接。我国目前已有的规范基因技术相关的行政法规、规章规定了违反条文时所要承担的法律责任，除了行政责任外，往往表述为"构成犯罪的，依法追究刑事责任"，如《基因工程安全管理办法》第二十八条规定："违反本办法的规定，造成下列情况之一的，负有责任的单位必须立即停止损害行为，并负责治理污染、赔偿有关损失；情节严重，构成犯罪的，依法追究直接责任人员的刑事责任：（一）严重污染环境的；（二）损害或者影响公众健康的；（三）严重破坏生态资源、影响生态平衡的。"《刑法》对上述行为等有待于设置相应的规定。在其他法规中存在大量指引性刑事责任规范的情况，因受制于罪刑法定原则的规定，需要有相应的条款加以适用，否则会直接影响这些指引性规范的权威性。

（三）我国应对基因技术发展的刑法对策

1.立法理念。应对现代生物医学领域里基因技术发展中的某些行为犯罪化，在制定法律时，需在促进科技进步与保护人类尊严和社会全面进步之间保持平衡，以切实保障人的生命健康权不受侵犯，保障人体的完整性和人种的完整性以及人类遗传特性不受侵犯。

第一，保持刑事责任制度对基因技术活动介入的适度性。刑法介入规范基因技术活动是防范和打击基因犯罪以保障公众权益的需要，但刑法的过度介入则会妨害基因技术工作者的科研权，阻碍基因技术的健康发展。刑法的价值目标体现在基因研究和治疗领域，就是既要保证科学研究的自由和科技的正常发展，又要保证当事人的基本权利不受侵犯。为此，在制定“生命科技刑法”尤其是设计基因犯罪与刑事责任时，应当做出谨慎的立法安排。具体来说：对某些极有可能会导致基因滥用从而容易诱发基因技术负面效应的行为，如制造人兽混种或人兽合体的生物，是对人伦关系的公然践踏，以及将基因技术用于战争、制造杀人工具、进行种族灭绝等等，应明确规定为犯罪，并通过刑事责任的设置坚决予以禁止。对某些发展尚未成熟，或者那些利益与安全都还很不确定的技术应用行为（如转基因食品），则应给予适当限制，仅将那些客观上造成极其严重危害后果的行为规定为犯罪，并追究相关行为人的刑事责任。而对于一般的基因技术研究、应用等活动，则不宜提倡刑事责任制度的过早介入。这是保障生命科学技术合理开发与健康应用，以保障公众生存权与发展权的内在需要。

第二，突显风险预防理念以危险犯规制基因犯罪。因为罪责刑法只有在应受处罚的行为造成客观侵害的时候做出反应才认为是合理的，这在风险社会中，不能适应减少、限制风险的客观需要。而安全刑法以行为的危险性为前提，只要应受处罚的行为具有威胁法秩序共同体的危险，刑法就应当在该危险变成现实之前提前介入，对具有人身危险性的行为人，只要其危险性威胁到法秩序共同体的安全，刑法同样应当对其做出一定的反应，从而降低社会风险的存在。基因犯罪所侵害的法益不是单一的法益类型，其关系到国家、公共安全。基因危害结果一旦显现，就会造成难以估计，甚至毁灭性的后果。为防范基因技术滥用给人类社会带来的严重灾难，刑法必须以风险预防为其理念，并依据风险预防的需要具体设计各项相关的刑事责任制度。因此，刑法规定的基因犯罪应该是危险犯。

2. 立法模式。在目前乃至今后一段时期，我国在刑事立法上采取“法典式＋附随式”的立法模式背景下，参考和借鉴其他国家和地区有关基因犯罪及其刑事责任制度的规定，《刑法》对基因危害行为的规制宜采用下述模式：一是在我国现行《刑法》中将具有严重社会危害性的基因行为犯罪化，并配置相应的刑事责任；二是附随在其他法律、法规中规定的某种基因违法行为情节严重构成犯罪的，应当依法追究刑事责任。

3. 增设基因犯罪专门罪名。在《刑法》第二编分则中增设“基因犯罪”这一类罪名，并在该类罪名下分设具体罪名，如非法开发生殖性克隆人（转基因造人）技术罪，非法研制、取得存储及取得基因武器罪，利用基因或基因技术破坏人类及动植物生存罪，利用基因技术制造怪物罪，非法买卖人类遗传资源罪，非法买卖克隆人罪，利用基因技术选择人种罪以及非法转让基因技术罪，等等。

4.加强对现有《刑法》条文的解释。尽管基因犯罪行为具有多样性与复杂性，但是对于某些与基因技术滥用有关的但不需以新的罪名规制的基因犯罪行为，可以通过司法解释扩大相关罪的适用范围，以便直接运用《刑法》已有条文对基因技术危害行为予以规制。如重大环境污染事故罪，可以将污染的对象扩大到基因污染；违规制造、销售枪支弹药罪，将枪支弹药的范围包涵到基因武器；等等。

主要参考文献

[1] 张明楷.刑法学[M].北京:法律出版社,2011.
[2] 贾宇.刑法学[M].北京:中国政法大学出版社,2011.
[3] 陈兴良.刑法全书[M].北京:中国人民公安大学出版社,1997.
[4] 吴崇其.卫生法学[M].北京:法律出版社,2005.
[5] 石俊华.医事法学[M].成都:四川科学技术出版社,2004.
[6] 刘远.危害公共卫生罪[M].北京:中国人民公安大学出版社,2003.
[7] 刘维新.医事刑法学初论[M].北京:中国人民公安大学出版社,2009.
[8] 徐正东,刘博.医事争议处理法学[M].成都:四川大学出版社,2011.
[9] 刘家琛.新刑法条文释义[M].北京:人民法院出版社,2001.
[10] 高格.定罪与量刑[M].北京:中国方正出版社,1999.
[11] 高铭暄,马克昌.刑法学[M].北京:中国法制出版社,1999.
[12] 全国人大常委会法工委研究室编写组.中华人民共和国刑法释义[M].北京:人民出版社,1997.
[13] 赵秉志.新刑法全书[M].北京:中国人民公安大学出版社,1997.
[14] 周振想.中国新刑法释论与罪案[M].北京:中国方正出版社,1997.
[15] 曹子丹.新刑法罪名量刑与案例通览[M].吉林:吉林人民出版社,2000.
[16] 樊凤林,等.中国新刑法理论研究[M].北京:人民法院出版社,1997.
[17] 刘家琛.新刑法修改对照适用图解[M].北京:人民法院出版社,1997.
[18] 赵秉志.新刑法学教程[M].北京:中国人民大学出版社,1997.
[19] 中国检察理论研究所.刑法新罪名通论[M].北京:中国法制出版社,1997.
[20] 左坚卫,史丹如.危害公共卫生和环境资源犯罪司法适用[M].北京:法律出版社,2006.
[21] 胡康生,李福成.中华人民共和国刑法释义[M].北京:法律出版社,1997.
[22] 赵秉志.新刑法典释义与应用[M].吉林:吉林人民出版社,1997.
[23] 黄京平.危害公共卫生犯罪比较研究[M].北京:法律出版社,2004.
[24] 卫生部.中华人民共和国传染病防治法及其实施办法条文释义[M].北京:法律出版社,1992.
[25] 斯科特·伯里斯,申卫星.中国卫生法前沿问题研究[M].北京:北京大学

出版社,2005.
[26] 卫生部政策法规司.卫生专业法规读本[M].北京:中国法制出版社,1992.
[27] 陈广君.中华人民共和国刑法释义[M].北京:人民出版社,1997.
[28] 李希慧.妨害社会管理秩序罪新论[M].武汉:武汉大学出版社,2001.
[29] 马登民,王东.新刑法精解与适用[M].天津:南开大学出版社,1997.
[30] 叶峰.刑法新罪名通论[M].北京:中国法制出版社,1997.
[31] 欧阳涛,等.中华人民共和国新刑法注释与适用[M].北京:人民法院出版社,1997.
[32] 苏惠渔.刑法学[M].修订本.北京:中国政法大学出版社,1999.
[33] 周振想.刑法学教程[M].北京:中国人民公安大学出版社,1997.
[34] 赵同刚.卫生法[M].3版.北京:人民卫生出版社,2008.
[35] 倪正茂,李惠,杨彤丹.安乐死法研究[M].北京:法律出版社,2005.
[36] 刘长秋.生命科技犯罪与现代刑事责任理论与制度研究[M].上海:上海世纪出版集团,2011.
[37] 熊永明.器官移植关联犯罪及其刑法应对[J].中国刑事法杂志,2008(1).
[38] 黄丁全.医疗法律与生命伦理[M].北京:法律出版社,2004.
[39] 丁朝刚.卫生法学案例分析[M].重庆:西南师范大学出版社,2008.
[40] 斯科特·伯里斯,申卫星.中国卫生法前沿问题研究[M].北京:北京大学出版社,2005.
[41] 缪树权.脑死亡立法与刑事责任[J].检察实践,2002,6(41).
[42] 刘长秋.刑法学视野下的脑死亡及其立法[J].中国刑事法杂志,2008(2).
[43] 康均心.人类生死与刑事法律改革[M].北京:中国人民公安大学出版社,2005.
[44] 戴庆康.死亡标准与器官移植时的伦理痛苦与法律的无奈[J].医学与哲学,2006(7).
[45] 张伟.谈死亡标准的转变——脑死亡问题研究[J].中国卫生法制,2003(2).
[46] 野村稔.日本刑法总论[M].北京:法律出版社,2001.
[47] 杨兴培.犯罪构成原论[M].北京:中国检察出版社,2004.
[48] 大冢仁.刑法概说(总论)[M].冯军,译.北京:中国人民大学出版社,2003.
[49] 刘莹.刑法罪名与定罪量刑标准精解[M].最新修订版.北京:法律出版社,2013.
[50] 大谷实.刑法讲义总论[M].4版.东京:成文堂,1994.
[51] 郭自立.基因治疗与法律调控[J].北京大学学报:哲学社会科学版,2001

(1).
[52] 约翰·洛克.政府论:下[M].叶启芬,瞿菊农,译.北京:商务印书馆,2004.
[53] 刘长秋.安乐死操作中的刑事责任[J].山西警官高等专科学校学报,2008(4).
[54] 刘长秋.刑法视野下的器官移植[J].现代法学,2008(6).
[55] 赵卯生,等.医学法学概论[M].北京:中国物资出版社,2003.
[56] 曹薇.器官移植的刑法学思考[J].现代商贸工业,2009(5).
[57] 刘明祥.器官移植涉及的刑法问题[J].中国法学,2001(6).
[58] 法律考试中心.2012年国家司法考试法律法规汇编[M].法律版.北京:法律出版社,2011
[59] 刘长秋.论器官移植犯罪的概念、构成及其立法应对[J].北京人民警察学院学报,2005(2).
[60] 郭自力.生物医学的法律和伦理问题[M].北京:北京大学出版社,2002.
[61] 约翰·密尔.论自由[M].程崇华,译.北京:商务印书馆,1959.
[62] 罗结珍.法国新刑法典[M].北京:中国法制出版社,2003.
[63] 厄莱斯代尔·麦克林.医疗法简明案例[M].武汉:武汉大学出版社,2004.
[64] 熊永明.器官移植关联犯罪及其刑法应对[J].中国刑事法杂志,2008(1).
[65] 吕国强.生与死:法律探索[M].上海:上海社会科学院出版社,1991.
[66] 陈明华.刑法学[M].北京:中国政法大学出版社,1999.
[67] 刘长秋.浅论辅助生殖犯罪及其法律防范[J].法律与医学杂志,2002(4).
[68] 倪正茂.科技法学原理[M].上海:上海社会科学院出版社,1998.
[69] 爱因斯坦.爱因斯坦文集:第3卷[M].许良英,等,译.北京:商务印书馆,1979.
[70] 刘长秋.人类辅助生殖技术的刑法学思考[J].东方法学,2008(2).
[71] 陈小君,曹诗权.浅论人工生殖管理的法律调控原则[J].法律科学,1996(1).
[72] 布伦丹·格瑞尼.医疗法基础[M].影印本.武汉:武汉大学出版社,2004.
[73] 植木哲.医疗法律学[M].冷罗生,等,译.北京:法律出版社,2006.
[74] 丁朝刚.卫生法学[M].贵阳:贵州科技出版社,2011.